O INSACIÁVEL ESPÍRITO DA ÉPOCA

Dados Internacionais de Catalogação na Publicação (CIP)
(Câmara Brasileira do Livro, SP, Brasil)

O insaciável espírito da época : ensaios de psicologia analítica e política / Humbertho Oliveira, Roque Tadeu Gui, Rubens Bragarnich (orgs.). – 1. ed. – Petrópolis, RJ : Vozes, 2021. – (Coleção Reflexões Junguianas)

Bibliografia.

1ª reimpressão, 2021.

ISBN 978-65-5713-195-4

1. Arquétipos (Psicologia) 2. Jung, Carl Gustav, 1875-1961 3. Psicologia analítica 4. Psicologia política 5. Teoria junguiana I. Oliveira, Humbertho. II. Gui, Roque Tadeu. III. Bragarnich, Rubens. IV. Série.

21-55800 CDD-320.19

Índices para catálogo sistemático:
1. Psicologia política 320.19

Maria Alice Ferreira – Bibliotecária – CRB-8/7964

Humbertho Oliveira
Roque Tadeu Gui
Rubens Bragarnich
(orgs.)

O INSACIÁVEL ESPÍRITO DA ÉPOCA

Ensaios de psicologia analítica e política

EDITORA VOZES

Petrópolis

Rua Frei Luís, 100
25689-900 Petrópolis, RJ
www.vozes.com.br
Brasil

Editoração: Leonardo A.R.T. dos Santos
Diagramação: Raquel Nascimento
Revisão gráfica: Alessandra Karl
Capa: Editora Vozes

ISBN 978-65-5713-195-4

Editado conforme o novo acordo ortográfico.

Este livro foi composto e impresso pela Editora Vozes Ltda.

Sumário

Prefácio, 7

Apresentação, 15

1 Carta a jovens psicoterapeutas sobre a cidade, 19
Cristiano Costa

2 Nise da Silveira e Leonardo Boff: o encontro do Brasil com Jung, 42
Humbertho Oliveira

3 Individuação e política: sobre como nos tornamos seres políticos, 62
Roque Tadeu Gui

4 Educação e política no Brasil, 87
Rosa Maria Brizola

5 Por dentro do complexo coletivo político-ideológico brasileiro: hiperpolarização, rupturas e fantasias refundacionais, 103
Rubens Bragarnich e Bruno Correia da Mota

6 *Arkhés* africanas e a descolonização da psicologia: a clínica como quilombo imaginal, 141
Carmen Lívia Girade Parise e Guilherme Scandiucci

7 *Tekoa* como espaço espiritual e político guarani: reciprocidade entre espíritos, humanos e animais, 172
Ana Luisa Teixeira de Menezes

8 Teologia evangélica brasileira acerca do mal e o voto eleitoral, 191

Sílvio Lopes Peres

9 Pólis, psique e política: caminhos do poder e o adoecimento da alma, 223

Vera Lúcia Colson Valente

10 O fenômeno psíquico coletivo no Brasil: a escuta clínica do analista junguiano, 252

Denis Canal Mendes

11 Intoxicação prometeica em tempos de aquecimento global: o aceleracionismo como fantasia antropocêntrica e sua compensação, 272

Maurício Silveira dos Santos

12 *Bacurau*, bacurando-me, bacurando-se, 295

Amnéris Maroni

Biografias, 313

Prefácio

Amnéris Maroni

Três aspectos nos chamam a atenção na coletânea que o leitor tem em mãos. O primeiro refere-se a Carl Gustav Jung, fonte inspiradora dos autores deste livro. O segundo diz respeito aos escritos da coletânea e à sua importância no momento atual. O terceiro fala dos autores dos ensaios que, de formas diversas, se inscrevem na comunidade afetiva-emotiva junguiana.

1 C.G. Jung

Dizemos que alguns autores, grandes autores, são clássicos e podemos assim nomeá-los, com legitimidade, quando não falam apenas para os anos ou o século em que viveram, mas atravessam os séculos. É uma proposição simples sobre o que é ser um autor clássico que, é claro, está longe de dizer tudo.

Jung nunca pertenceu propriamente ao presente, ao seu tempo presente; antes manteve com o seu tempo tensões, fricções, dissonâncias, discrepâncias; destacava-se de sua Contemporaneidade e mantinha com ela uma relação agonística. Longe então esteve ele de manter com o seu tempo uma adesão, uma serena pertinência. Se tivermos em mente que Jung foi um grande leitor de Friedrich Nietzsche (1844-1900), compreenderemos isso mais facilmente.

Essa distância que Jung estabeleceu com o seu tempo lhe permitia inventar novos gestos que, aliás, contrariavam esse presente – suspenso e posto à luz a certa distância. O pessimismo em relação ao progresso foi um dos seus gestos mais incisivos. Para onde vamos tão acelerados, tão extrovertidos, tão aparentemente racionais? Para onde vai a civilização ocidental? Essa pergunta incômoda e insistente em cada um dos seus artigos, principalmente na última fase de sua vida, dá a pensar e mostra a força e sutileza de percepção do psicólogo suíço para uma das questões que estão a nos afetar neste momento. É com esse mesmo tom dissonante em relação ao presente que Jung, por meio da sua experiência, trará à tona sua maior contribuição: o processo de individuação – experiência energética de morte e renascimento, de iniciação, de espiritualidade. Frisamos que essa contribuição é única e incompatível com qualquer teoria moderna do indivíduo, visto sempre como já constituído, dado de uma vez por todas. Indivíduos-individuantes, antídotos da política moderna! Esse desajuste em relação ao tempo presente é necessário, para alguns autores, pois é por meio dessa discrepância que se insinua o que está por vir, intui-se o que vem vindo. Ao invés de se submeter à lógica do presente, Jung subverteu essa lógica e com isso fez elogio ao extemporâneo – nas pegadas de Nietzsche.

Jung usa o passado, não o sacraliza. Damos três exemplos de um uso extremamente criativo do passado: a redescoberta que fez da alquimia, lendo os alquimistas como os que o antecederam nas suas descobertas sobre o processo de individuação. Outro exemplo pungente desse uso criativo do passado e não adesão ao presente é a forma como Jung e depois os junguianos se relacionaram com o tempo; refiro-me a *cronos*, um tempo quantitativo, recente, de controle social. Jung valorizava o *aion*, propiciador de rupturas e de sentidos e *kairós*, o tempo certo dos antigos gregos. Ainda, o uso que fez das religiões mistéricas, ancoradas na morte e no renascimento do iniciado e na conquista da espiritualidade. As alianças possíveis para Jung estavam no passado e seus companheiros eram os alquimistas, os iniciados.

Jung também fazia alianças com o futuro. Sua principal contribuição, o processo de individuação, indivíduos-individuantes apontavam para o vir-a-ser. Vivendo "fora de seu tempo", Jung olhava para trás e para frente. Essas alianças foram motivos de críticas incessantes, venenosas, torturantes e, todavia, incapazes de arrefecê-lo exatamente porque esse olhar de Jano permitia a Jung cultivar uma certa cegueira em relação ao presente, cegueira que lhe impedia a adesão, o mantinha fora de seu tempo, descolado do rebanho.

Na formulação de Giorgio Agamben o contemporâneo é extemporâneo![1] Jung transpira essa proposição. Para ser contemporâneo é preciso estar desajustado, discrepante do seu tempo presente. Os que coincidem plenamente com a sua época não são contemporâneos pois não conseguem enxergar esse tempo, não conseguem fixar nele o seu olhar, não conseguem apreendê-lo[2].

---

1. Este item foi inspirado em um pequeno e precioso livro de Giorgio Agamben, *O que é o contemporâneo? e outros escritos* (2009). Vali-me dele com liberdade.

2. O que significa para Agamben poder olhar para o seu tempo? Não se deixar cegar por suas luzes. Excesso de luz não nos permite enxergar o presente; excesso de luz nos ofusca. Quem consegue enxergar o seu tempo? Os poetas conseguem. Enxergam e se instalam na fratura do tempo do seu tempo presente. Se instalam na "quebra, na fenda" e fixam nela o seu olhar. Veem

2 Os escritos

Estamos em 2021, acabamos de fazer a virada para o século XXI e já podemos notar que as questões que nos interpelam são outras, muito outras, se tivermos em mente o século XX: a temática do fim do mundo, o antropocentrismo, o aceleracionismo, a crise climática e ambiental, a discussão em torno das ontologias e do confronto entre as ontologias, novas pautas LGBTQI+, o movimento indígena, os novos arranjos das psiques individuais e coletivas etc. Ousamos dizer que a coletânea que o leitor tem em mãos já reflete esses novos tempos, essas novas perguntas.

Enfatizamos o subtítulo da coletânea *Ensaios de psicologia analítica e política*: ensaios, diríamos experimentações, em múltiplas direções, conexões entre essas duas áreas, a psicologia analítica e a política. Mas é aí que reside a novidade, pois tanto a psicanálise quanto a psicologia analítica sempre foram refratárias em relação à política. Uma espécie de tabu para ambas, um não dito eficaz que afirmava "no consultório não se fala de política". Esse desinteresse, recalque mesmo, a uma das áreas mais significativas da nossa existência na Modernidade se desfaz neste livro, e com isso os analistas junguianos tomam a palavra e se posicionam como jamais o fizeram.

---

essa escuridão e aí mergulham a sua pena. O poeta é essa fratura e é por isso que eles enxergam o que os demais não podem enxergar, exatamente porque não buscam os holofotes do seu tempo. Só por meio de certa escuridão, os poetas sabem, que as estrelas que vão se afastando de nós podem ser vistas. O imemorial ainda brilha quando se afasta de nós: o passado pode iluminar o presente. Ser contemporâneo nesse sentido é poder olhar de frente nas trevas do presente e aí acessar o imemorial que a nós se dirige.

É importante compreender o tipo de experiência e pesquisa que um analista faz durante o seu trabalho. Um analista junguiano faz uma escuta singular, uma escuta emocional, uma escuta do sofrimento de seus pacientes. É esse o seu campo de investigação e é dessa escuta singular que derivam todos os capítulos presentes nesta coletânea. Muito embora a maioria dos capítulos façam proposições gerais, se impliquem teoricamente, não vamos nos esquecer que foi a escuta singular de cada um dos analistas aqui presentes que, de fato, qualificou suas proposições. Esse é o precioso diferencial desta coletânea em relação aos mesmos temas discutidos por outros profissionais e por outras áreas do conhecimento.

Minha tarefa, neste prefácio, é preparar e situar a leitora e o leitor em relação ao "espírito" deste livro que, como o título sugere, é insustentável. E mereceu esse qualificativo por parte dos organizadores da coletânea, porque nosso mundo, nossa cultura estão, de um lado a se desfazer, de outro a se petrificar e, em relação a ambos, somos convocados a oferecer críticas, novas categorias de pensamento e saídas políticas, eu diria, inusitadas. É essa tarefa que as linhas abaixo oferecem e com isso quero dizer que não me cabe detalhar os escritos. O item "Apresentação do livro", certamente, cumprirá este papel.

A presente coletânea estabelece, então, conexões entre a psicologia analítica e a política, nas mais diferentes áreas da existência, capítulos corajosos, evocando problemáticas inéditas na área da psicologia, e fazendo rearranjos criativos entre a psique individual e a coletiva: como é fazer a escuta política, neste momento, no consultório, o que os pacientes trazem como problemas e como o analista os recebem; mas, também contempla esses mesmos pacientes fora do consultório, na cidade, leva em conta a constituição do cidadão e a individuação.

A maioria dos capítulos são densos, com bibliografia atual, a partir de outras áreas do conhecimento, entre elas, a antropologia, educação, política e filosofia, articuladas à psicologia analítica de maneira bem inteligente. E, também, eu friso, vários capítulos avançam e desenvolvem a problemática junguiana, valendo-se da ideia de complexos político-culturais desvelando fenômenos psicológicos nesses campos. Complexos coletivos político-ideológicos do/no Brasil, quiçá no mundo. Avanços nos estudos junguianos que ousam atravessar o social e a política. Ressalto também os autores que pensam a individuação para além do indivíduo: individuação da comunidade, da sociedade, da política, das nações.

O poder, o que é mesmo o poder, se tivermos presente a psicologia e o poder como fenômeno psicológico? Ênfase no decolonial, em novos saberes, novos sabores, novos conhecimentos, novas possibilidades de aprendizagem etc. Os povos originários são também contemplados neste livro, exatamente por terem constituído um mundo possível muito diferente do nosso.

Se a crise que atravessamos é catastrófica, a pergunta que se impõe é: como a psicologia junguiana/hillmaniana pode ler e contribuir de maneira criativa para outros mundos possíveis. O fascismo no mundo a nos atordoar é pensado junto a determinados complexos culturais que puderam aflorar e encontrar caminhos em países como o Brasil e os outros da América Latina. Os escritos não se intimidam e criam condições para compreendermos o horror que estamos vivendo e também buscam saídas possíveis, novas lentes para ler a realidade, utopias.

Os escritos deste livro não darão tédio a ninguém. Sucessivas perspectivas são apresentadas, desassossegando as mentes e os corações. Desassossego santo, pois pensar tem como leito o negativo, o vazio. Cada vez que um escrito finda, o texto seguinte mobiliza a leitora e o leitor em outra direção, para outro vértice criando esse leito para expandir o pensar.

3 Os autores

Conviver com tamanha diferença e ainda assim reverberar a mesma fonte é a maneira de esta comunidade existir – "comunidade junguiana" se os leitores me permitirem assim nomeá-la. Ela existe, como toda e qualquer comunidade, por partilhar em comum afetos, emoções e imagens.

Na psicologia analítica – refiro-me agora à visão de C.G. Jung –, o elo entre o intrapsíquico, o intersubjetivo e o transubjetivo é simplesmente indissociável: impossível pensar o intrapsíquico, o mundo interno do indivíduo, sem o interindividual, as expressões afetivas-emotivas-imagéticas comuns, de onde brotam os mitos, as lendas, os contos de fadas, o conhecimento, as ciências – que Jung nomeou inconsciente coletivo. Trocando em miúdos, o inconsciente coletivo é a base da constituição psíquica dos indivíduos, das comunidades, e também de suas expressões simbólicas na cultura. Cada página das obras de Jung lembra-nos que um povo não se confunde com outro porque tem expressões afetivo-emotivo-imagéticas e míticas diferentes.

E, todavia, a comunidade junguiana tem um diferencial chamado individuação. Cada um de seus membros se individua, em um dos paradigmas enunciados por Jung e, no pequeno e precioso livro *Energia psíquica* (publicado em 1948), se individua sucessivamente. Em outras palavras, aquilo que é comum a qualquer comunidade sofre diferenciações infinitas por meio das individuações de seus membros, dos indivíduos que a compõem. Mas não só isso; vários autores, presentes nesta coletânea, arriscam algo implícito na teoria junguiana, mas que está a pedir passagem, a individuação sucessiva das comunidades, sociedades, nações.

Essa marca da comunidade junguiana, a individuação de seus membros, tomando caminhos díspares, a individuação da própria comunidade, que no caso desta coletânea é expresso pelos respectivos escritos dos autores, é a sua potência.

Referências

AGAMBEN, G. (2009). *O que é o contemporâneo? e outros escritos*. Chapecó: Argos.

BRANDÃO, J.S. (1986). *Mitologia grega*. Vol. 1. Petrópolis: Vozes.

Apresentação

O leitor encontrará neste livro uma coletânea de ensaios elaborados a partir das reflexões de analistas junguianos brasileiros sobre as relações da psique com a sociedade brasileira e, mais extensamente, com o mundo.

Faz parte da tradição junguiana pensar as relações entre o individual e o coletivo tomando como referência os princípios teóricos da psicomitologia e da noção de inconsciente coletivo de Carl Gustav Jung (1875-1961). Os conceitos de inconsciente cultural e de complexo cultural, mais especificamente, vêm ganhando grande relevância nas diversas comunidades da psicologia analítica espalhadas pelo mundo. Autores de diversos países têm se valido desses conceitos para ampliar a visão acerca da psique em face do ambiente cultural, mitológico e político de cada sociedade.

No Brasil, temos pesquisado, na perspectiva da psicologia analítica: a alma brasileira (a psique mítica e coletiva no Brasil); a nossa literatura em suas múltiplas expressões da subjetividade humana; as relações entre psique, sociedade e cultura; a Contemporaneidade em suas circunstâncias políticas, sociais e culturais, em seus acolhimentos e recusas da expressão humana a partir do Si-mesmo (*Self*).

Podemos citar alguns frutos desses estudos e pesquisas: os livros *Alma brasileira: luzes e sombra*, organizado por Walter Boechat, *Desvelando a alma brasileira – psicologia analítica e raízes culturais* e *Morte e renascimento da ancestralidade indígena na alma brasileira*, organizados por Humbertho Oliveira. Todos nasceram dessa antiga e rica parceria da Editora Vozes com o pensamento de Jung.

Um importante trabalho que fala do empenho de estudiosos sobre o tema é o grupo de analistas junguianos intitulado "Polis, Psique e Política", criado com a finalidade de observar o coletivo humano contemporâneo em nossa sociedade e compartilhar reflexões amparadas pela psicologia complexa de Jung.

Numa perspectiva semelhante, porém com uma abrangência extensiva à sociedade, criou-se o Observatório da Psicologia Analítica (OPA), iniciativa da Associação Junguiana do Brasil (AJB)[3]. Nesse espaço virtual, analistas procuram expor suas análises sobre acontecimentos políticos, sociais e culturais que atravessam nosso cotidiano, tornando-as conhecidas por um grande público.

O livro ora apresentado representa mais uma iniciativa no sentido de situar a psicologia analítica na arena dos eventos contemporâneos, ressoando as palavras de Jung no prefácio de *Ensaios sobre os eventos contemporâneos*, publicado em 1946, logo após o término da Segunda Grande Guerra: "A tempestade de eventos não chega ao médico apenas do grande mundo do lado de fora; ele sente a violência do seu impacto mesmo no silêncio de seu consultório e na privacidade da consulta médica. Como ele tem uma responsabilidade para com seus pacientes,

3. https://pt-br.facebook.com/ObservatorioPsicologiaAnalitica/

ele não pode dar-se ao luxo de se retirar para a ilha pacífica não perturbada da comunidade científica de trabalho, mas deve constantemente descer para a arena dos eventos do mundo, a fim de participar na batalha de paixões conflitantes e opiniões".

O insaciável espírito da época – Ensaios de psicologia analítica e política busca atender a esse chamado de Jung, voltando seu olhar para o momento sociopolítico brasileiro. A coletânea, de psicólogos analíticos, analistas e estudiosos do tema, autores reconhecidos no campo junguiano, é rica e diversa na tematização da relação psicológica do sujeito com a sociedade brasileira e com o mundo.

Contamos, na constituição deste livro, com a presença substancial de Amnéris Maroni, Ana Luisa Teixeira de Menezes, Bruno Correia Mota, Carmen Livia Girade Parise, Cristiano Costa, Denis Canal Mendes, Guilherme Scandiucci, Maurício Silveira dos Santos, Rosa Maria Brizola, Sílvio Lopes Peres e Vera Lúcia Colson Valente.

Humbertho Oliveira
Roque Tadeu Gui
Rubens Bragarnich
Rio de Janeiro, Brasília e São Paulo, novembro de 2020

1 Carta a jovens psicoterapeutas sobre a cidade

Cristiano Costa

Gaio, agora que chegaste à fase avançada da sua formação em psicologia, e tão visivelmente dedicado à prática da psicoterapia, eu te escrevo esta carta. Eu sei que cartas estão em desuso, mas qual seria minha alternativa para a enxurrada de perguntas que vocês me fizeram? Você sugeriu um e-mail. Só que neste caso, teria dificuldades com as referências e notas de rodapé. E fale para Diomira e Isidora que esqueçam qualquer possibilidade desse volume de respostas seguirem por meio de mensagens no grupo do WhatsApp. Seria o fim da picada, no sentido original da expressão, que é o de chegarmos ao final de um caminho precariamente aberto. Por outro lado, admito que, neste formato, a carta terminará muito parecida com um artigo. Bem, que assim seja! Quem sabe um dia não a vejo publicada em um livro especializado neste assunto das cidades ou, precisamente, da psicologia das cidades.

Claro que seu nome é um termo no masculino ligado à Gaia, ou Geia, deusa que na mitologia grega tem mesmo a ver com os domínios da terra e com o simbolismo das coisas da

Mãe Terra. Tive a sorte de participar, bem no início da minha graduação, de dois longos seminários aqui em Salvador com o Professor Junito Brandão. Nesses encontros ouvi dele que de Gaia nasce a "humildade, que, etimologicamente, prende-se a *humus*, 'terra', de que o *homo*, 'homem', – que igualmente provém de *humus* –, foi modelado" (BRANDÃO, 1986, p. 185). Será essa a origem desse seu especial interesse pelas cidades? Olha aí de onde vem o humano! Por extensão, podemos notar muita coisa que nasce na gente a partir da geografia. São sensíveis as imagens e os imperativos que a psique[4] manifesta e expressa a partir do nosso vínculo com a terra, com a Geo. E com fenômenos que se fazem presentes na terra, como relevo, espaço, paisagem e clima. Tudo isso, por sua vez, vai se transformando em território psicológico. Signos que definem a realidade do lugar e das pessoas do lugar. Não somos baianos? Veja, é a baía. E mais, o lugar termina por definir caracteres genotípicos e fenotípicos das pessoas, e singularidades culturais e étnicas. Ao final, observamos grupamentos individuados de povos e de hábitos praticados em aldeias e cidades. Tudo isso é manifestação dos aspectos e dinamismos do *genius loci*[5] ou, quem sabe, no feminino, da *anima loci*, a alma do lugar, que

---

4. "Psique", substantivo de origem grega que expressa tanto o "fenômeno imediato deste mundo percebido por nós e por isto mesmo a condição indispensável de toda experiência em relação ao mundo" (JUNG, 1991, p. 83); quanto à "totalidade de todos os processos psíquicos, conscientes e inconscientes" (JUNG, 2008a, p. 388).

5. Na lição de Carla Sofia Ferreira Queirós: "Qualquer que seja o termo utilizado pelos diversos autores ao longo dos anos (génio do lugar, sentido do lugar, espírito do lugar), o lugar é, evidentemente, uma parte integrante da existência. De acordo com o ambiente envolvente, o lugar toma uma identidade própria ou espírito" (QUEIRÓS, 2018, p. 30).

"nos dá a particularidade do 'onde' dentro da imensidão do espaço; e tudo que particulariza, como sabemos, recobra a alma" (BARCELLOS, 2006, p. 103).

Você me pergunta sobre a relevância dessa discussão para a clínica e te respondo: a máxima possível. Para me aprofundar nos porquês, começo com um curioso relato feito pelo próprio Jung, só que meio esquecido em uma nota de rodapé em sua Obra Completa:

> Sendo eu ainda médico na Clínica Psiquiátrica de Zurique, acompanhei certa vez uma pessoa leiga, mas inteligente, pelos diversos departamentos de enfermos. Tal pessoa, nunca vira antes, por dentro, um manicômio. Quando terminamos a visita, exclamou: "Mas escute, isto é a cidade de Zurique em miniatura! É a quintessência de sua população. Parece que aqui se reuniram todos os tipos que encontramos diariamente nas ruas, em seus exemplares clássicos! Gente bizarra, exemplares típicos de todas as alturas e profundidades!" Eu nunca pensara no caso sob tal ponto de vista, mas acredito que o visitante tinha razão em grande parte (JUNG, 1985, § 228/4).

Antes de aprofundar a discussão sobre o microcosmo percebido pelo visitante, uma metáfora valiosa e símbolo bastante usual na psicologia analítica, deixe-me compartilhar com você uma curiosidade, acho que ainda não discutida pela comunidade junguiana: a tal Clínica Psiquiátrica de Zurique citada por Jung, que hoje se chama Clínica Psiquiátrica da Universidade de Zurique, em seu tempo, chamava-se Burghölzli. Desconheço se alguém já se debruçou sobre a etimologia desse seu famoso nome, tão estranho em sua grafia – e ainda mais na sua pronúncia – e os desdobramentos para o nosso tema.

Burg é um substantivo feminino para cidadela ou fortaleza. Um lugar onde o senso de proteção e isolamento se destacam. Todo burgo se define pelo rígido controle dos seus muros e portões (RYKWERT, 2006), entre o que está dentro e o que está fora, o que sai e o que entra em seus domínios. Salvador, por exemplo, foi batizada por Dom João III, rei de Portugal, e fundada em 1549 por Thomé de Souza, como "Fortaleza e Cidade do Salvador na Bahia de Todos os Santos". Isso, claro, no tempo em que a gente escrevia "baía" com h. Então, nossa cidade, Gaio, é uma autêntica *burg* medieval, um burgo fortificado no topo da montanha. Já *holz* é madeira. Ou seja, pareceu-me que Burghölzli poderia ser apreendido como um lugar fortificado por madeira. Ou como um lugar forte dentro de uma floresta, com muitas árvores, feito um bosque.

O alemão intimida. Para não vacilar nessa tradução, sabe o que fiz? Fui lá no Largo Dois de Julho, meu caro, Centro Histórico de Salvador, conversar com Paulo César de Souza[6]. Falei dele para você. Bem à moda antiga da vida nas cidades, fui perguntando aos vizinhos da rua que eu sabia que era onde ele morava (e agora sei que hoje é onde apenas trabalha), e me disseram em qual edifício ele poderia ser encontrado. Para minha tristeza, estava de saída e não poderia me receber. Para minha alegria, passou-me o número do seu WhatsApp (veja que, para respostas curtas, o aplicativo vale a pena). E

6. Paulo César de Souza (1955-), escritor baiano e germanista, tradutor dos 20 volumes previstos para compor a edição brasileira da Obra Completa de Sigmund Freud pela Companhia das Letras, autor de *Freud, Nietzsche e outros alemães* (Imago, 1995) e *As palavras de Freud* (Cia das Letras, 1999), ganhador de dois prêmios Jabuti pela tradução para o português de obras de F. Nietzsche e B. Brecht.

voltei para casa voando, compartilhei a dúvida e, já no meio da noite, com nítida boa vontade e franca gentileza, recebi dele a seguinte resposta:

> Pelo que li na internet em inglês e alemão a palavra Burghölzli, literalmente "*burg*" ou forte fortaleza de madeira é do monte onde se acha a clínica que tem ou tinha muitas árvores. Por isso a instituição ficou conhecida popularmente por esse nome.

Que maravilha! Uma cidade é isto, meu caro, caminhar e poder resolver seus problemas. Na sequência, e agora já confiante na etimologia e tradução do termo, descobri que em 2013 foi publicado um livro fotográfico sobre a história da clínica psiquiátrica, onde os autores, Wulf Rössler e Hans Danuser (2013) no lançamento da obra, destacaram como o primeiro título da obra, *Burg aus Holz,* é uma "modulação irônica do nome avassalador" (FUCHS, 2013). Rössler é psiquiatra e psicólogo, que por duas vezes foi chefe da diretoria médica e da clínica social do Burghölzli. E Danuser é artista e fotógrafo atuante em Zurique. Por fim, leio no website da Psychiatrischen Universitätsklinik Zürich: Vom "Burghölzli" zur modernen Psychiatrie[7]. Ou seja, em tradução livre e, para mim, com um tom sutilmente antimanicomial: de um "forte de madeira" à moderna psiquiatria.

Pois bem, voltando ao microcosmo sugerido à Jung pelo visitante "leigo, mas inteligente", vejamos a expressão "quintessência da sua população". Essa frase prenunciou parte substancial da epistemologia junguiana, que, em seu futuro desenvolvimento teórico, sustentaria que "tudo o que é psíquico tem um sentido inferior e um sentido superior". Isso vem da alquimia. Foi Hermes Trismegisto quem escreveu algo similar, nas pouquíssimas

7. http://www.pukzh.ch/

linhas da tábua de esmeralda (*tabula smaragdina*), texto síntese da alquimia, muitas vezes citado por Jung ao longo da sua obra: "como diz o profundo enunciado da mística antiga: céu em cima, céu embaixo, estrelas em cima, estrelas embaixo, tudo o que está em cima, também está embaixo, compreende isto e alegra-te" (JUNG, 1986, OC 5, § 77). Não é de hoje, portanto, que se sabe como a cidade é uma das mais adequadas imagens que simbolizam e manifestam o dinamismo e ideias emanadas pelo arquétipo[8] da totalidade psíquica. O Si-mesmo ou *Self* na terminologia junguiana.

Contudo, na psicoterapia, haveremos de nos reportar à cidade enquanto presença visível e autônoma, multifacetada e viva. Este fenômeno que se apresenta diariamente em nossos consultórios como interminável e rizomática rede de imagens, trocas e convivências que nos trazem nossos analisandos. Que se faz ver em sua história geográfica e cultural, que atinge tanto a memória quanto a percepção imediata da sua atual paisagem. Trata-se dos contornos geológicos, arquitetônicos e urbanísticos; comportamentos e rituais coletivos, hábitos, provérbios, gírias e chistes compreensíveis especialmente por aqueles que nela convivem, e que, portanto, compartilham leituras da realidade,

---

8. Plano estrutural da psique ou fator formativo de percepções, cuja função é organizar ideias e representações para o humano. Existem inúmeros arquétipos: "Eles assimilam material representativo cuja procedência a partir do mundo dos fenômenos não pode ser contestada, e com isto se tornam visíveis e psíquicos". Também é dado real e sempre presente: "O arquétipo é natureza pura não deturpada". Natureza, caminho, cidade são exemplos de arquétipos. "Os arquétipos são formas de apreensão, e todas as vezes que nos deparamos com formas de apreensão que se repetem de maneira uniforme e regular, temos diante de nós um arquétipo, quer reconheçamos ou não o seu caráter mitológico" (JUNG, 1991, p. 81).

de algum modo definidoras de algo na identidade de cada uma das pessoas que habitam ou convivem no lugar. Acredito que isso foi o que quis dizer o visitante quando se referiu à "exemplares típicos de todas as alturas e profundidades".

Observe como o local de nascimento, quando apresentado, talvez até mais do que um sobrenome, funciona como referência para o relacionamento e para a identidade, tanto quanto os demais elementos que compõem a *persona* (SAMUELS, 1985) de alguém. Quando informo, então, que nasci em Salvador, que aquela cliente veio de Xique-Xique para estudar na capital, ou que meu analista é paulista, e que soube do impacto de uma brilhante palestra proferida por um historiador britânico, que nasceu em Singapura, instantaneamente recaem sobre tudo isso signos que passam não apenas a contextualizar, mas a produzir o diálogo e a situação. O lugar onde nascemos é uma parte indesatável de quem somos. Pode-se afirmar que muitas vezes se trata de um estereótipo, é verdade. Mas, ainda na condição de estereótipo ou preconceito mais deslavado, é fato que lidamos com isso o tempo todo. Ou você não acha que, entre todos os arquétipos, a *persona* é um dos mais dinâmicos e voláteis? Na outra direção, ou seja, do particular para o universal, observar e cuidar da cidadania que existe na psique de cada pessoa, não seria um jeito de também cuidar da cidade inteira? Fica a dica psicoterapêutica.

No cotidiano da nossa atividade profissional, que envolve a apresentação, gradual ou abrupta, do sofrimento experimentado por aqueles que nos procuram, percebo a crescente presença da cidade na gênese dos sintomas e prognóstico da psicoterapia. Se o viver e o conviver nas cidades sempre exerceram poderosa influência nos fundamentos da subjetividade humana, há que se refletir sobre como cada cidade e seus habitantes em particular, percebem e simbolizam os diversos elementos assentados ou circulantes na urbe. Especialmente, se, e como, tal simbolização pode produzir consequências e desdobramentos para a experiência da individuação e aprimoramento da cidadania.

Concordo que novos estudos sobre a psicologia das cidades precisam ser empreendidos. Trata-se realmente de um campo repleto de desafios epistemológicos que podem apoiar o atual esforço da psicologia, tanto como ciência quanto como profissão, para superar teorias e práticas que se afinam com a redução ao individualismo ou subjetivismo. Isso posto, sabendo que sou um junguiano, não imagino por que Isidora me faz uma pergunta sobre Deleuze e Guattari, em uma clara evidência de como nossa Universidade Federal fez a sua cabeça. Não me sinto apto para discorrer com propriedade sobre eles dois, apenas destaco que no clássico *O anti-Édipo* eles terminam por ressaltar aquela máxima compartilhada nas aulas do *campus* de São Lázaro, que Freud está para a clínica da neurose assim como Jung está para a clínica das psicoses. E, que nesse sentido, convidam a teorização e a imaginação psicológicas para "o passeio do esquizofrênico: eis um modelo melhor do que o neurótico deitado no divã. Um pouco de ar livre, uma relação com o fora!" (DELEUZE & GUATTARI, 2010, p. 12). Aqui o convite é para percepção de outros modos de subjetivação, que não os clássicos enredos da psicologia tradicional: interioridade, novela familiar, erotismo, culpas, mágoas, desejo de poder etc.

E agora vocês me perguntam sobre James Hillman e a psicologia arquetípica[9]. Hillman, como o admiro! Sua estilística,

9. A psicologia arquetípica é uma abordagem de vertente junguiana que desde os anos de 1970 dá continuidade e aprofundamento ao trabalho de C.G.

sua originalidade, tudo em sua pessoa é fascinante. E não tem como falar em psicologia das cidades sem o citar, Gaio. Para mim ele é o alfa e o ômega dessa conversa. Somente ele para nos ajudar a digerir essa passagem, escrita pelo próprio Jung, afirmando que "céu e inferno são destinos da alma e não do cidadão, que em sua nudez e estupidez não saberia o que fazer consigo numa Jerusalém celeste" (JUNG, 2008, § 56).

Sejamos francos, isso é ou não é prova da permanência de franca dualidade, com raízes no cristianismo, que termina por negar o mundo e a cidade, e que, no meu ponto de vista, foi tão simplesmente superada por Hillman em suas considerações sobre o tema? Duro de encarar, mas é fato. Talvez aqui, quem sabe, não se aplique a Hillman o que Jung escreveu no prefácio do livro de Erich Neumann, outro célebre seguidor da sua teoria:

> Ele começa no ponto preciso em que, se me fosse dada uma segunda vida, eu começaria a reunir os *disjecta membra* do meu próprio trabalho e todos aqueles "começos interrompidos" ordenando-os e fazendo deles um todo [...] a pior desvantagem de todas é o pioneiro só saber posteriormente aquilo que deveria ter sabido antes (NEUMANN, 1990).

Nesse sentido, existe um livro de Hillman que, para mim, virou uma lenda. Chama-se *Cidade & Alma* (HILLMAN, 1993). Digo que virou lenda; primeiro, porque nas palavras do coordenador da obra, e seu tradutor, escritas no prefácio:

> Este livro não existe; não existe enquanto tal, um livro de James Hillman originalmente em inglês, aqui traduzido para o português. A ideia deste livro nasce

---

Jung e sua teoria dos arquétipos. Tem como projeto a revisão da prática e do pensamento psicológicos com foco na cultura e na imaginação, não apenas na clínica. Seu principal autor e originador foi James Hillman (1926-2011) (BARCELLOS, 2017).

> daí: reunirmos e editarmos textos e artigos esparsos de Hillman em torno de um mesmo tema, alguns publicados em revistas, outras conferências inéditas, e fazermos um livro que, a princípio, teria a originalidade de estar sendo publicado primeiramente em português, para o público brasileiro. Um livro que, da maneira como está organizado, só existiria aqui.

Segundo, porque o livro está esgotado no Brasil e a demanda por sua aquisição é alta. Dificílimo de encontrar, mesmo que no maior conjunto virtual de sebos e livreiros do Brasil, onde já recebe a classificação de livro raro. E, quando encontrado, geralmente custa uma pequena fábula para os padrões brasileiros.

Acredita que eu um dia telefonei para a editora para tratar do assunto? Isso foi há uns dez anos. Em um lance de sorte, consegui falar com a própria editora e expliquei para ela a importância do livro para o nosso campo de estudo. Busquei motivá-la a uma nova edição, explicando a pertinência do tema para o nosso tempo, para as dificuldades da vida nas cidades etc. Bom, não reclamo, pois fui muito bem acolhido e ouvi palavras promissoras sobre o meu pedido. Mas, uma década se passou e ainda não publicaram uma nova edição.

De outra vez, durante um dos módulos dos seminários teóricos da minha formação como analista junguiano, fiz o mesmo questionamento ao próprio Gustavo Barcellos, referido coordenador e tradutor da obra. Também ele reiterou a dificuldade de uma nova edição e me estimulou a ir beber na fonte, nos originais, em inglês. Bem, foi o que fiz, e o que ainda estou fazendo. Porque o material é amplo e riquíssimo.

Com título homônimo, *City & Soul* é o segundo volume da *Uniform Edition of the Writings of James Hillman* (UE), da

Spring Publications. Com as dificuldades logísticas e econômicas de importação, adquiri na Amazon[10], a edição eletrônica.

São 42 ensaios reunidos, confira a seguir uma tabela que construí e que vai facilitar nosso futuro grupo de estudos. Nela, apresento na primeira coluna da esquerda o capítulo do original em inglês. Na segunda coluna vem o título, também no inglês. Na terceira coluna fiz uma tradução livre de cada capítulo (me perdoe eventuais equívocos ou perda de qualidade) e, na última coluna, a correspondência do capítulo com o livro brasileiro.

Seu conteúdo foi apresentado em quatro partes: a primeira, "Patient as citizen" [O paciente enquanto cidadão], ficou assim:

	No *City & Soul*	**Tradução livre**	**No *Cidade & alma***
Cap.	Part one: Patient as citizen	O paciente enquanto cidadão	–
1	City	Cidade	–
2	City and Soul	Cidade e alma	Cap. 3: Cidade e alma
3	*Anima mundi*: Return of the soul to the world	*Anima mundi*: O retorno da alma ao mundo	Cap. 1: *Anima Mundi*: O retorno da alma ao mundo
4	"Man is by nature a political animal": Patient as citizen	"O homem é por natureza um animal político": o paciente como cidadão	Cap. 10: *Anthropos physei politikon zoon*
5	From mirror to window: curing psychoanalysis of its narcissism	Do espelho à janela: curando a psicanálise de seu narcisismo	–

10. A multinacional americana de tecnologia Amazon começou inicialmente como um mercado on-line de livros, mas depois expandiu-se para quase todo tipo de comércio eletrônico.

	No *City & Soul*	Tradução livre	No *Cidade & alma*
6	The right to remain silent	O direito de permanecer em silêncio	–
7	Power and *Gemeinschaftsgefühl*	Poder e sentimento de comunidade	–
8	Psychology, *Self*, and community	Psicologia, *Self* e Comunidade	–
9	Suicide and the city	Suicídio e cidade	–
10	The heartbreak of America	O destruidor de corações da América	–
11	Loving the world anyway	De qualquer maneira, amar o mundo	–

Na segunda parte, "Politics of beauty" [Políticas da beleza], temos:

	No *City & Soul*	Tradução livre	No *Cidade & alma*
Cap.	Part two: politics of beauty	Política da beleza	–
12	On culture and chronic disorder	Sobre a cultura e a desordem crônica	Cap. 2: Sobre a cultura e a desordem crônica
13	Aesthetic response as political action	Resposta estética como ação política	–
14	Aesthetics and politics	Estética e política	–
15	Natural beauty without nature	Beleza natural sem natureza	Cap. 11: Beleza natural sem natureza
16	The repression of beauty	A repressão da beleza	Cap. 12: A repressão da beleza
17	Segregation of beauty	Segregação de beleza	–
18	The cost of the ugly	O custo do feio	–

19	Justice, beauty, and destiny as foundations for an ecological psychology	Justiça, beleza e destino como fundamentos de uma ecopsicologia	–

A terceira parte, "Places of practice" [Locais de prática]:

	No *City & Soul*	Tradução livre	No *Cidade & alma*
Cap.	Part three: Places of practice	Locais de prática	–
20	The street corner: gods, disease, politics	A esquina da rua: deuses, doenças e política	–
21	City, sport, and violence	Cidade, esporte, e violência	Cap. 7: Cidade, esporte e violência
22	Ceilings	Tetos	Cap. 4: Interiores no *design* da cidade: o teto
23	Walking	Caminhar	Cap. 5: Caminhar
24	Transportation	Transporte	Cap. 6: Fantasias psicológicas nos problemas do transporte
25	Further consideration for MARTA	Considerações adicionais para o MARTA (Metrô de Atlanta)	–
26	Moisture	Umidade	–
27	Goals for Dallas	Metas para Dallas	–
28	Imagining Dallas	Imaginando Dallas	–
29	Imagining Buffalo	Imaginando Buffalo	–

	No *City & Soul*	Tradução livre	No *Cidade & alma*
30	Pittsburgh: city as patient	Pittsburgh: a cidade enquanto paciente	–
31	Look out: three occasions of public excitation	Olhe lá: três ocasiões de excitação pública	–

E, por fim, "Responsive environmentalism" [Ambientalismo responsivo], na quarta e última parte.

	No *City & Soul*	Tradução livre	No *Cidade & alma*
Cap.	Part four: Responsive environmentalism	Parte quatro: Ambientalismo responsivo	–
32	Ten core ideas	Dez ideias principais	–
33	Where is the environment?	Onde está o meio ambiente?	–
34	Dreaming outside of ourselves?	Sonhando fora de nós?	–
35	The virtues of caution	As virtudes da cautela	–
36	Soul and money	Alma e dinheiro	Cap. 9: Alma e dinheiro
37	Welcoming toast to soviet guests	Um brinde de boas-vindas aos convidados soviéticos	–
38	Farewell to welfare	Adeus ao bem-estar	–
39	Selling out to developers	Vendendo para desenvolvedores	–
40	Thompson must address questions	Thompson deve endereçar as questões	–
41	City, soul, and myth	Cidade, alma e mito	–
42	Ground zero: a reading	Marco zero: uma leitura	–

Dos 42 ensaios, conforme se vê, a primeira parte contém 11 (1º ao 11º). A segunda, 8 ensaios (12º ao 19º). A terceira parte tem 12 textos (20º ao 31º). Por fim, a quarta parte, com 11 ensaios (32º ao 42º). No comparativo com o *Cidade & alma* brasileiro, que possui 13 capítulos, em tese, teríamos 29 ensaios a menos. Porém, existem ainda dois que parecem não fazer parte do segundo volume da *Uniform Edition*. São eles, o oitavo capítulo: Guerras, armas, Áries, Marte; e o décimo terceiro: E o que é enorme e feio. Pesquisei, mas não localizei correspondência. Sugerindo que a *Uniform Edition* possui 31 ensaios que diferem da edição brasileira. Desculpe-me se foi uma das minhas inúmeras limitações.

Em segredo, revelo-te um sentimento meu: este é um livro vivo, Gaio. Juro, ele tem vida própria. Tornou-se, para mim, um desses livros místicos, misteriosos, parecidos com aquele do filme de Roman Polanski que comentei para você naquele café, que assisti e fiquei muitíssimo impressionado (POLANSKI, 1999). Acredito que esse livro tenha até asas ou pés e pernas próprias. Sabe por quê? Eu te digo.

Desde quando eu mesmo estava na graduação, passando por tempos recentes, acho que já tive uns cinco ou seis exemplares. Um, acho que dei ao arquiteto Gilberbet Chaves, que fez a famosa casa onde morou Jorge Amado, e que hoje é aquele museu belíssimo, lá no Rio Vermelho. Outro sumiu em uma das minhas muitas mudanças de residência. Um terceiro, emprestei para alguém que esqueci e que, por sua vez, também esqueceu de me devolver. Fenômeno comum nos empréstimos de livros, sobretudo os especiais. Um quarto, recentemente perdi na rodoviária de Salvador numa cena banal: chegando de viagem, precisei agachar para amarrar o laço do sapato. Estava em sua leitura durante uma viagem à trabalho. Nesse instante, precisei colocá-lo sobre um balcão. Quando me levantei, saí andando e abandonando-o. Quando dei por mim, era tarde! Fiquei menos absorvido sobre o sentido do lapso, que com a fantasia de qual destino ele precisava seguir, partindo ali mesmo de uma estação rodoviária. Os demais, se houve, não me lembro bem o que aconteceu. O que sei é que o exemplar que agora tenho não sai da minha casa “nem à base de reza braba”, como se diz na gíria baiana.

Pois bem, você deve me perguntar, por que ele é assim tão especial? De início, cabe lembrar que a psicologia analítica e suas vertentes afirmam e teorizaram o conceito de inconsciente coletivo, hoje clássico enquanto definidor de uma espécie de repositório universal das representações primais, mas ainda pouco assimilado enquanto *anima mundi* ou alma do mundo. Para Hillman, o conceito se articula com o universo anímico primitivo, que adiante se fez neoplatônico, renascentista, traduzível *grosso modo* como “mundo almado”: um mundo que não é apenas representação, mas ontologia. Um mundo que é e que mostra o que é. Que sente e se expressa com autonomia e singularidade perante o observador.

> Imaginemos a *anima mundi* nem acima do mundo que a circunda, como uma emanação divina e remota do espírito, um mundo de poderes, arquétipos e princípios transcendentes às coisas, nem dentro do mundo material como seu princípio de vida unificador panpsíquico. Em vez disso, imaginemos a *anima mundi* como aquele lampejo de alma especial, aquela imagem seminal que se apresenta por meio de cada coisa em sua forma visível.

A alma da cidade pode ser compreendida como aquele lampejo de sentido que se lança de qualquer coisa nela diretamente para o nosso olhar. A cidade conversa conosco e se mostra o tempo todo como signos que espontaneamente se põem diante da gente com fisionomia e personalidade próprias, com intenção quase sempre a provocar consequências éticas e estéticas. Antes mesmo que possamos racionalizar, somos tomados por imagens que espontaneamente formulam e atribuem significado ao que se nos aparece, no sentido fenomenológico mesmo de uma aparição.

A cidade passa a se apresentar enquanto entidade em si mesma. Não mais se configura como um simples ponto de partida para investigações personalistas. Como em uma sessão de psicoterapia em que o cliente diz que não suporta mais o engarrafamento e o psicoterapeuta parte para investigar as associações da pessoa ao fato. As reações dela à novas hipóteses sobre o seu mundo interno. E não o engarrafamento em si e o que diz à pessoa nele engarrafado. Uma cidade assim não teria ontologia e nem alma. E não é isso o que vejo no consultório. No cotidiano clínico, além das nuanças e singularidade de cada cidade na vida do sujeito – aquela em que mora ou em que nasceu, a que espera visitar ou a que prefere evitar, de onde alguém veio ou aonde se espera ir, a cidade se apresenta por meio de tudo aquilo que provoca no sujeito.

Com efeito, a cidade vem invadindo o consultório psicoterapêutico. Ou, talvez, ela esteja simplesmente o reintegrando a si mesma, considerando – como faz Hillman – que é a sala do psicoterapeuta que nela está contida, e não o contrário. É evidente que, na maioria das vezes, a invasão da sala de psicoterapia se dá, primordialmente, por meio da sintomatologia difusa das sociedades complexas e contemporâneas: a violência e a pandemia do novo coronavírus, o endividamento financeiro, a desatenção, o isolamento e a virtualização das pessoas, a maldição da política, somados ao desgaste físico e emocional provocado pelas exigências cotidianas do trabalho para prover financeiramente a vida urbana, em tudo formando um coquetel explosivo que desde logo ocupa boa parte da sessão, quando não altera radicalmente seu curso ou mesmo a inviabiliza.

É triste reconhecer, mas a psicologia e suas escolas, como campos de saber de excelência por mais de um século, se por um lado ampliaram a consciência do sujeito para a percepção da existência de fluxos, esquemas cognitivos e outras estruturas invisíveis que lhe balizam o olhar – por outro, concorreu para a configuração deste cenário de desgaste da nossa cidadania. Está claro que existe uma propagação planetária do estilo de vida urbano-ocidental: explorador, individualista, exigente, consumista e excludente das diferenças, como se vê no protofascismo, igualmente planetário, que se não ainda em vigor, já está em curso. E a lista continua: necropolítica, alimentação rápida, perda de privacidade, câmeras com sensores de velocidade e reconhecimento facial, vigias, desemprego, assaltantes e muito lixo sem destino possível. Ao longe, notícias do derretimento das calotas polares e futura inundação das cidades litorâneas, como Salvador; e furacões cada vez mais potentes, extinção em massa de espécies extremamente frágeis ou mesmo das super-adaptadas, como os tubarões; grandes migrações de pessoas e de animais, privatização do acesso à água, vazamentos radioativos, quer mais?

Em suma, a cidade se apresenta na psicoterapia e fala por si. Não se trata mais ou apenas do clássico “mal-estar na civilização”, lugar comum da permanente crise psicológica do humano, que se vê obrigado a limitar a força dos seus instintos para que seja possível conviver com outros humanos. Definitivamente, o mal-estar não é subjetivo e nem pulsional. Feito uma soma de assuntos impessoais e autônomos, estão fora do sujeito e tem vida própria. Dizem respeito, inicialmente, ao senso que a construção da identidade e a experiência da individuação acontecem neste mundo almado e especialmente nas cidades como fenômenos vivos.

Se o viver e o conviver nas cidades sempre exerceram poderosa influência nos fundamentos da subjetividade humana, há que se refletir sobre como cada cidade e seus habitantes em particular percebem e simbolizam os diversos elementos assentados ou circulantes na urbe. Especialmente, se, e como, tal simbolização pode produzir consequências e desdobramentos para a experiência de aprimoramento da cidadania. Com isso, agora me lembrei de Paulo Mendes Campos, que na crônica "Para Maria da Graça" escreve:

> O camundongo que expulsamos ontem passou a ser hoje um terrível rinoceronte. É isso mesmo. A alma da gente produz durante a vida toda uma quantidade imensa de camundongos que parecem rinocerontes e de rinocerontes que parecem camundongos. O jeito é rir no caso da primeira confusão e, por outro lado, ficar bem-disposto para enfrentar o rinoceronte que entrou em nossos domínios disfarçado de camundongo (CAMPOS, 1963).

Eu ainda diria mais, Gaio, mas a carta tem que acabar. Em tempo, concordo com você sobre a importância da mudança do nome daquela avenida que beira todo o *campus* da Federal em Ondina para Avenida Milton Santos. A Bahia produz gigantes no estudo da geografia, da arquitetura e das cidades. Já combinei, mas ainda não consegui visitar Risério[11] em sua nova morada em Itaparica. Eu o considero um colosso no estudo das cidades. Para mim – escrevo aqui porque já disse isso a ele –, merecedor do epíteto que cunhei de "o baiano mais desperdiçado da Cidade da Bahia", de tamanha potência dos seus escritos, nenhum aproveitamento pelo governo estadual, nem prefeitura municipal. E nenhuma articulação com o nosso campo psicológico, ainda que afirme que "são sempre fantasias de um *tópos* que pairam sobre o lugar real" (RISÉRIO, 2012, p. 147).

Por fim, é muito gentil da parte de vocês quererem saber como estão Roberta e Glorinha. A pequena faz sete anos em julho e, como nunca, sinto na pele, na alma e no bolso, a sabedoria contida em um provérbio africano, que afirma como *é preciso uma aldeia inteira para educar uma criança.* Aqui, só não faça confusão com a educação integral, conceito que hoje, ou se resume ao fato de que as crianças precisam passar o dia inteiro na escola, ou sobre a presunção de querer aprender sobre o mundo inteiro em um espaço limitado. Penso que o provérbio atinge a raiz do chamado direito à cidade (LEFEBVRE, 2001, p. 134), no sentido de ser concebida para o uso das pessoas, para a festa, para a obra e para o encontro.

Imagine uma vila onde as crianças não sejam nem enxotadas e nem abandonadas, mas inseridas, respeitadas, e que, sobretudo, possam não apenas andar, mas estar nas ruas. Imagine vizinhos como fonte de referência e de confiança. A garotada circulando pela multiplicidade de ambientes e de situações sociais, com o básico de segurança e de autoproteção.

---

11. Antonio Risério (1953-), poeta e antropólogo baiano, escreveu *Uma história da cidade da Bahia* (2004), *A cidade no Brasil* (2012), *Mulher, casa e cidade* (2015) e mais recentemente, *A casa no Brasil* (2019).

Sabe, na condição de junguiano, eu conhecia o provérbio. Em nossa busca pelas amplificações, precisamos de muita mitologia comparada, da sabedoria contida nas tradições dos diversos povos. No entanto, foi somente agora, na condição de pai, que verdadeiramente eu *conheci* o provérbio, no sentido gnóstico do conhecer: um saber do coração, que ultrapassa a simples intelectualidade e que se entranha em todos os campos da nossa vida.

Jung era um gnóstico (HOELLER, 1995, p. 41). Para ele, a experiência encarnada é superior à simples informação disponível ao intelecto. Ou à razão bem articulada. Ou mesmo à fé mais resoluta. Existem fotografias dele com um famoso anel iniciático da gnose, que foram feitas por ninguém menos do que Henri Cartier-Bresson, genial artista, pai do jornalismo fotográfico que, segundo os seus pares, é o mestre do instante decisivo. É este o nosso instante, Gaio. Com as saudações mais cordiais, Cristiano.

Referências

BARCELLOS, G. (2006). *Voos e raízes* – Ensaios sobre psicologia arquetípica, imaginação e arte. São Paulo: Ágora.

BRANDÃO, J.S. (1986). *Mitologia grega*. Vol. I. Petrópolis: Vozes.

CAMPOS, P.M. (1963). "Para Maria da Graça". In: *Manchete*, n. 588, 27/jul. [Disponível em https://cronicabrasileira.org.br/cronicas/7147/para-maria-da-graca].

DELEUZE, G. & GUATTARI, F. (2010). *O anti-Édipo*: capitalismo e esquizofrenia. São Paulo: Ed. 34.

FUCHS, M. (2013). "Ironische Brechung des übermächtigen Namens". In: *UZH News*, 27/mai. [Disponível em https://www.news.uzh.ch/de/articles/2013/burghoelzli-burg-aus-holz.html – Acesso em 15/03/2020].

HILLMAN, J. (1993). Cidade & alma. São Paulo, Studio Nobel [coordenação e tradução: G. Barcellos e L. Rosenberg] [edição em inglês: *City & Soul* (Uniform Edition of the Writings of James Hillman Book 2). Spring, edição do Kindle].

HOELLER, S.A. (1995). *A gnose de Jung e os sete sermões aos mortos*. São Paulo: Cultrix.

JUNG, C.G. (2012). *Os arquétipos e o inconsciente coletivo*. Petrópolis: Vozes [OC 9].

______ (2011). *O eu e o inconsciente*. Petrópolis: Vozes [OC 7/2].

______ (2008). *Tipos psicológicos*. 2. ed. Petrópolis: Vozes [OC 6].

______ (1991). *A natureza da psique*. Petrópolis: Vozes [OC 8/2].

______ (1986). *Símbolos da transformação*. Petrópolis: Vozes [OC 5].

______ (1985). *O eu e o inconsciente*. Petrópolis: Vozes [OC 7/2].

LEFEBVRE, H. (2001). *O direito à cidade*. São Paulo: Centauro.

NEUMANN, E. (1990). *História da origem da consciência*. São Paulo: Cultrix.

POLANSKI, R. (1999). *O Último Portal* (The Ninth Gate). França/Espanha: Canal + [Filme de 133 minutos].

QUEIRÓS, C.S.F. (2018). *Genius Loci*: lugares e significados. Vol. 3. Porto: Centro de Investigação Transdisciplinar Cultura, Espaço e Memória.

RISÉRIO, A. (2019). *A casa no Brasil*. Rio de Janeiro: Topbooks.

______ (2015). Mulher, casa e cidade. São Paulo: Ed. 34.

______ (2012). *A cidade no Brasil*. São Paulo: Ed. 34.

______ (2004). *Uma história da cidade da Bahia*. Rio de Janeiro: Versal.

RÖSSLER, W. & DANUSER, H. (2013). *Burg aus Holz – Das Burghölzli*: Von der Irrenheilanstalt zur Psychiatrischen Universitätsklinik Zürich – Entwicklungen, Innen- und Aussensichten. Zurique: NZZ Libro.

RYKWERT, J. (2006). *A ideia de cidade*: a antropologia da forma urbana em Roma, Itália e no mundo antigo. São Paulo: Perspectiva.

SAMUELS, A. (org.) (1985). *Dicionário Crítico de Análise Junguiana*. Rio de Janeiro: Imago.

2 Nise da Silveira e Leonardo Boff: o encontro do Brasil com Jung

Humbertho Oliveira

Por pelo menos 20 anos seguidos, os profissionais psis, neste país, estivemos envolvidos na criação, sustentação e desenvolvimento de importantes reformulações no trato com a saúde mental, o que resultou na reforma psiquiátrica brasileira. Estavam envolvidos: atendimento não hospitalocêntrico; processos de desinstitucionalização; residências terapêuticas; programa de volta para casa; conceitos de rede, território e autonomia; programas de saúde da família; a inclusão social... Criamos novas leis, junto com políticos benfazejos e com parceria das instituições de saúde e dos cidadãos, com a intenção de cuidar da loucura com mais humanidade.

Em 2015, contudo, neste nosso Brasil, surgiu algo inacreditável para a geração de psis das décadas de 1970 e 1980, geração que trabalhou árdua e vivamente para trazer para esta sofrida terra a feliz egrégora do *antimanicômio*. Mais junguiana luta, impossível! Percebemos, no entanto, nessa época, movimentos estranhos; estava sendo empossado como coordenador de saúde mental no Ministério da Saúde, um inimigo visceral desses princípios da reforma psiquiátrica; ele era um empresário do setor de hospitais psiquiátricos, interessado em atacar conservadora e ambiciosamente os princípios antimanicomiais incorporados às políticas de saúde.

Comentou Christian Dunker, em entrevista a Amanda Mont'Alvão Veloso, a respeito dessa nomeação, nessa época:

> Não me parece um acaso que em meio ao momento de maior dissenção social que já vivemos, desde os anos de chumbo da Ditadura Militar, estejamos presenciando o maior retrocesso desde então registrado em matéria de saúde mental. A nomeação de Valencius Wursch Duarte Filho como secretário de saúde mental do Ministério da Saúde, em uma operação indecente de barganha política é o retorno de tudo o que Nise demorou uma vida para desfazer. Passeatas, manifestações e até mesmo a própria ocupação, que persiste há mais de dois meses, de uma das salas do Ministério, parecem não ter voz nem luz contra a volta das piores trevas psiquiátricas. Espero que cada um que assista o premiado filme de Roberto Berliner, *Nise: o coração da loucura*, com estreia marcada para 31 de abril de 2016, retenha a força deste desencontro entre Nise e nosso atual momento, feito de muitos muros e demasiadamente poucos Carlos, Adelinas e Fernandos (VELOSO, 2016).

Os junguianos atentos da Associação Junguiana do Brasil fomos chamados ao nosso primeiro manifesto acreditando que o que estava se dando anunciava perigos terríveis para os nossos mais fundamentais princípios a respeito da vida em sociedade. Em dezembro de 2015 nos posicionamos por meio de uma carta aberta em que apoiávamos a luta pelos bons tratos no trabalho com a saúde mental pública brasileira. Dissemos que os

> analistas junguianos da Associação Junguiana do Brasil – AJB, formados à luz de uma das mais avançadas teorias sobre a complexidade do mundo psíquico – a psicologia analítica de Carl Gustav Jung, vinculados à International Association for Analytical Psychology – IAAP, e tendo como referência a obra desenvolvida pela Dra. Nise da Silveira, pioneira da luta antimanicomial, vimos por meio desta carta nos posicionar a respeito dos princípios da humanização no trato da saúde mental, princípios que viemos construindo com afinco ao longo das últimas décadas. Não podemos, pois, estar ausentes nesse momento que entendemos representar uma ameaça de retrocesso nesses princípios. A atual política nacional de atenção à saúde mental foi conquistada a partir de esforços iniciados na década de 1980, simultaneamente à reconstrução de nossa democracia. E esse momento nos demanda clareza, coragem e ânimos renovados para seguirmos adiante, procurando ampliar cada vez mais nossa participação em prol da presença do espírito verdadeiramente fraterno em todas as nossas ações. Assim sendo, solicitamos às autoridades competentes que intervenham efetivamente no sentido de rever as diretrizes da Coordenação Nacional de Saúde Mental, já que estão sendo questionadas e mesmo recusadas veementemente por todos aqueles que estão nesse trabalho há anos, pelo fato de não estarem alinhadas historicamente com a construção da boa política atual e de estarem inclusive associadas a ideais claramente contrários a sua instalação no Brasil (ASSOCIAÇÃO JUNGUIANA DO BRASIL, 2015).

Nise da Silveira vinha em nosso socorro! Por incrível que possa parecer, como carecemos, nós junguianos, e muito ainda, de nos deixar inspirar pela radicalidade de Nise! Sim, Nise, aquela nossa petulante psiquiatra brasileira que ainda jovem tinha deixado Jung encantado com sua excelência no trato com a loucura. Disse ele sobre ela:

> Fiquei impressionado com as pinturas dos esquizofrênicos brasileiros, pois elas apresentam no primeiro plano características habituais da pintura esquizofrênica, mas em outros planos a harmonia de formas e cores que não é habitual na pintura dos esquizofrênicos. Como é o ambiente onde esses doentes pintam? Suponho que trabalhem cercados de simpatia e de pessoas que não têm medo do inconsciente (JUNG, apud MELLO, 2000).

Nise da Silveira, por se interessar enormemente pelo inconsciente e suas relações com as imagens, foi a primeira brasileira a trazer Jung para nós por meio do Grupo de Estudo C.G. Jung, fundado em 1954 e continuado hoje na Casa das Palmeiras e no Museu do Inconsciente – suas duas grandes obras institucionais.

O século XX foi muito pomposo na desintensificação de preconceitos milenares. Desconfinou o corpo, indicando a necessidade de uma nova virtude: a de respirar e de se mover sentidamente. Desmontou a demarcação racial, pedindo: nunca mais arianismos, nunca mais *apartheids*, nunca mais genocídios, nunca mais domínios étnicos. Desconstruiu a hegemonia do masculino em relação às outras tantas sexualidades, trazendo a possibilidade da participação feminina em todas as esferas da vida, permitindo a normatização do casamento *gay*. Aproximou as gerações, criando direitos igualitários de voz para as crianças, os jovens e os velhos. O século XX preparou a dissolução da hegemonia da honra do jovem homem branco endinheirado, investindo no devir da mulher madura de cor possuidora de bens o suficiente. E descaracterizou a razão, determinando que a loucura saísse da morte dos manicômios e viesse para a vida do cotidiano.

Nise da Silveira foi uma das mais importantes figuras expoentes do século XX. Ela reapresentou ao mundo a loucura como uma forma de resposta simbólica às questões coletivas. Para Nise, lutar pela cura era lutar pela integração social, pelo respeito às diferenças, pela possibilidade de refazer os coletivos opressores do lucro. Uma verdadeira luta genuinamente política.

Nise foi uma quebradora de parâmetros. Ela entendeu, ao contrário de tudo que estava instituído, que a cura da loucura não estava no hospital disciplinador e sim no ateliê acolhedor e criador o qual criou contra tudo e todos dentro do hospital disciplinador na década de 1940. Ela disse não à loucura vista como doença mental e, em função disso, enfrentou ditaduras, enfrentou a medicina e inventou uma terapêutica construída na presença afetiva, na irmandade de interesse pelo mundo interno de seus clientes, na abolição das verticalidades autoritárias do saber e das hierarquias entre a razão e a não razão.

Nise da Silveira andou

> pelo cárcere, saiu e voltou para trabalhar no hospital ao lado de seus clientes. Foi aposentada. Regressou no dia seguinte ao hospício inscrevendo-se como voluntária. Não cedeu a ordens superiores e às hierarquias. Ao contrário, com persistência, estremeceu-as (PASSETTI, 2020).

Para Nise, o problema da loucura estava ligado a como se lida com o outro, a como se faz do outro um doente para poder se dizer são, à subordinação que se exerce sobre o outro. Para ela, o louco andava confinado no mesmo lugar discriminado do negro, pobre, nordestino... Para Nise, a loucura estava relacionada à perda do direito de ser estranho, de ser diferente.

> "Ouçam bem", disse Nise, "nós todos caminhamos para uma diferenciação. A massa dos iguais é um verdadeiro muro e, para não se amoldar a ela, de novo, é preciso lutar sempre" [...]. [Em função disso,] "a palavra que mais gosto é liberdade. Como gosto desta palavra" (SILVEIRA, apud HORTA, 2008, p. 70-72).

A contribuição de Nise diz respeito à perspectiva da transformação. Mas não exatamente a transformação da loucura em sanidade. Seu trabalho põe em xeque os princípios da medicina psiquiátrica, promulga a busca da consciência por meio da expressividade artística – pintura, modelagem, música, teatro; sua orientação terapêutica é baseada no apreço à visão das forças psíquicas autocuradoras.

Na concepção de Walter Mello, Nise da Silveira se antecipou a Ronald Laing e Franco Basaglia, os renomados criadores e efetivadores da antipsiquiatria.

> Para substituir a noção de doença mental, Ronald Laing (1974) utilizou o termo "metanoia" [...], um processo natural que segue o padrão dos ritos de morte/renascimento [...], um processo transformativo que posicionaria o sujeito de forma completamente diversa frente às relações estabelecidas até então entre as pessoas [...]. [Já] Franco Basaglia [assevera] que [...] os profissionais da área de saúde mental receberiam um mandato social de tutela que lhes concederia o poder de desumanizar as relações e criar dispositivos de exclusão. O trabalho a ser feito deveria, então, se iniciar com o abandono desse mandato [1994] (MELLO, 2009).

Nise se antecipou, colocando no seu trabalho do afeto catalisador, já nas décadas de 1940 e 1950, uma visão da perspectiva da transformação do sujeito pelas passagens por situações emocionais como elemento diagnóstico. E se antecipou também, acreditando que a psiquiatria precisava ser reinventada. Para Nise, somos inumeráveis estados do ser. Somos, todos, médicos. Somos, todos, loucos. Somos, todos, negros. Somos, todos, índios. Somos, todos, fêmeas. Somos, todos, sal da terra!

* * *

De 2015 a 2018, vimos com muita nitidez que estava em andamento um projeto fascista para este país. O que significa dizer que os direitos humanos, tão duramente pensados, instituídos, desenvolvidos, conscientizados, fiscalizados, estavam ameaçados de retrocesso. Estavam ameaçados os direitos à vida, à *liberdade de pensamento*, à *expressão*, à crença, à igualdade de todos perante a lei. Ou seja, estava ameaçado aquilo que vinha se apresentando a duras penas neste país, por meio do *valor* da *liberdade* e da igualdade, regulando mesmo que tortuosamente o direito ao trabalho, à *educação*, à *saúde*, à *previdência social*, à *moradia*, à *distribuição sensata de renda*; estava ameaçado o *direito ambiental*. O projeto fascista vinha mesmo para impor o mercado como um deus absoluto, regulador de tudo, em total oposição à afirmação básica da declaração das Organizações das Nações Unidas, que afirma que "todos os seres humanos nascem livres e iguais em dignidade e em direitos. Dotados de razão e de consciência, devem agir uns para com os outros em espírito de fraternidade".

Dentre os eventos mais aterradores que vivemos nessa época, certamente advindo desse projeto fascista, houve o assassinato de Marielle Franco, uma vereadora que nasceu e cresceu em uma favela do Complexo da Maré no Rio de Janeiro, trabalhou desde cedo para poder estudar, assumiu-se bissexual, militou pelos direitos humanos relacionados à violência policial e pelas causas da comunidade LGBT, defendeu como dissertação de mestrado o tema da segurança pública do Estado do Rio de Janeiro, coordenou a Comissão de Defesa dos Direitos Humanos e Cidadania da Assembleia Legislativa do Rio de Janeiro, prestou auxílio jurídico e psicológico a familiares de vítimas de homicídios ou policiais vitimados, foi eleita com mais de 46 mil votos sendo a quinta candidata mais votada no município e a segunda mulher mais votada ao cargo de vereadora em todo o país, presidiu a Comissão de Defesa da Mulher, criticava e denunciava constantemente abusos policiais e violações aos direitos humanos, trabalhou na coleta de dados sobre a violência contra as mulheres e pela garantia do aborto nos casos previstos pela lei, lutou pelo aumento da participação feminina na política, foi autora dos projetos da lei que regulou o serviço de mototáxi e da Lei das Casas de Parto – criação de espaços para fornecer a realização de partos normais.

Marielle foi executada premeditadamente a tiros no dia 14 de março de 2018. Seu assassinato foi diminuído de importância, sua memória precisou ser defendida juridicamente contra alegações contendo conteúdo calunioso ou falso sobre ela. Essa morte foi de tal maneira comovente que motivou reações nacionais e internacionais. Aqui, ela foi homenageada pela Câmara dos Deputados e pelos ministros do Supremo Tribunal Federal, foi homenageada postumamente pela Assembleia Legislativa do Estado do Rio de Janeiro que fez do dia 18 de março o dia de luta contra o genocídio da mulher negra. Marielle foi agraciada, *in memoriam*, pelo Congresso Nacional Brasileiro com o Diploma Bertha Lutz – por se tratar de uma mulher que contribuiu relevantemente na defesa dos direitos da mulher e das questões de gênero no Brasil.

Diante disso, também não nos calamos. Ajudei comovido a escrever em abril de 2018, o manifesto "Somos Todos Marielle Franco", na Associação Junguiana do Brasil – AJB. Lá dissemos:

> Por termos como princípio a defesa intransigente da Declaração Universal dos Direitos Humanos da ONU, ou seja, o direito à vida, à liberdade, à liberdade de opinião, ao trabalho, à educação, à crença religiosa e tantos outros, é que viemos a público prestar uma homenagem a Marielle Franco. Jovem, negra, mulher, socióloga, vereadora das mais votadas da cidade do Rio de Janeiro, lutadora de causas referentes à negritude, à mulher e à violência policial, Marielle morreu, nesse 14 de março de 2018, executada por forças indubitavelmente fascistas e, portanto, contrárias aos direitos humanos básicos. Disse-nos Leonardo Boff, junguiano confesso, tradutor de Jung no Brasil: "Marielle se transformou para todos nós num arquétipo da mulher que sempre soube unir justiça social com política, sorriso irradiante e determinação na luta, ternura com vigor. É o legado imorredouro que ela nos deixa". Feridos em nossa alma brasileira, o que dizer da nossa lavoura/Brasil ceifando o ventre de todas nós Marielle com estilhaços de balas em fúria intencional – vertendo na terra que nos pariu – indiferente – à esperança? Só nos resta juntar, então, a nossa voz, em nome dos analistas junguianos membros da AJB, a todas as vozes que se indignaram e exigem apuração e justiça para o assassinato de Marielle! E para todos! [...] E que as corajosas causas de Marielle vivifiquem cada vez mais! (ASSOCIAÇÃO JUNGUIANA DO BRASIL, 2018).

Socorria-nos, dessa vez, o teólogo Leonardo Boff, um junguiano das origens! Ele foi o coordenador junto à Editora Vozes da tradução da obra completa de C.G. Jung, sendo o contato com a família Jung e também o consultor para a verificação da essência das ideias a serem traduzidas, já que Jung tinha se tornado um dos principais interlocutores intelectuais seus. Boff tornou-se membro honorário da Iaap (International Association for Analytical Psychology), depois de um projeto bem elaborado, do qual tive a oportunidade de participar junto com Walter Boechat organizando o encontro entre Leonardo e Luigi Zoya, presidente na época da IAAP e o promotor da campanha para fazer de Leonardo Boff um integrante oficial de nossa instituição junguiana internacional. O nível do encontro entre Zoya e Boff foi altíssimo. Conversaram em várias línguas, desde as questões acerca da psicologia e da espiritualidade até a proposta provocativa de Zoya acerca da importância de se criar um museu do nosso holocausto indígena. Sabedorias eivadas no maior teor da psicologia complexa.

No livro *Ternura cósmica*, uma celebração dos 80 anos de Leonardo, organizado em vários capítulos em forma de depoimentos a respeito do teólogo, Luigi Zoya depõe criando um "Decálogo para Leonardo Boff", que fala de sua admiração pela práxis que Boff nos propõe. Para Zoya, Leonardo pede:

> Ajude [a vida] para que ela tenha sentido [...].
> Viva consciente da morte [...].
> Não elimine o que vive ao seu redor [...].
> [Não comprima] demais de um lado, eles reaparecem do outro [...], seja qual for o esforço que você faça, faça isso sem arrogância [...].
> Perguntar, responder, comunicar [...] são deveres.
> Pergunte a si mesmo se [os acordos que faça] não prejudiquem a sociedade ou o ambiente [...].
> Respeite a dignidade dos seres humanos como se eles não tivessem *status* social, nacionalidade, idade ou sexo [...].

> Respeite o que, na natureza, tem uma vida autônoma [...]. Diga a verdade aos outros [e] para si mesmo (ZOJA, 2018, p. 111).

Há uma entrevista dada por Boff a Marina Amaral, Frei Betto, Sérgio Pinto de Almeida, Ricardo Kotscho, Roberto Freire, Carlos Moraes, Chico Vasconcellos, João Noro e Sérgio de Souza, em setembro de 1998, que nos ajuda a ver muito vivamente a pessoa de Leonardo e suas visões acerca da vida.

Com 81 anos e quase cem livros publicados, Leonardo traz como eixo de sua personalidade o fato de ser filho de pai erudito, poliglota, ex-seminarista jesuíta, filho de imigrantes italianos, professor, farmacêutico, juiz de paz, mestre-escola, puxador de orações, bibliotecário popular, alfabetizador.

> [Meu pai era] ecumênico, e defendia os caboclos que eram muito perseguidos. Esse é um capítulo trágico da nossa região, os colonos faziam expedições para matar índios, porque os índios vinham e roubavam roupa, roubavam coisas expostas. E me recordo de histórias dos meus avós, faziam expedições de dez, doze, com espingardas, e iam "matar os bugres". Contavam que exterminaram todos os bugres da região. Mas meu pai tinha uma opção muito grande pelos caboclos, pelos negros, que eram extremamente discriminados pelos alemães e italianos. Ele era padrinho de todos esses discriminados e na escola nos obrigava a sentar sempre junto dos caboclinhos, junto a negrinhos, para mostrar que o filho do professor e o professor estão a favor destes (BOFF, 1998).

Mas sobre sua mãe, analfabeta, Leonardo tem a contar um episódio já bem avançado no tempo. Diz ele:

> Gravei tópicos de vários livros meus para ela escutar, ela escutou e disse: "Puxa, mas que interessante, eu não te

> ensinei isso, como você sabe essas coisas se eu não te ensinei?" Uma vez cheguei em casa e ela me perguntou: "Você que é padre [...] já viu Deus"? Eu digo: "Mãe, a gente não vê Deus". Ela: "Mas como, você, tantos anos padre, não viu Deus? Isso é uma vergonha para o padre!" Eu digo: "Mãe, a senhora vê?" E ela: "Lógico que eu vejo Deus. De vez em quando tem o pôr do sol, aquelas nuvens, fico olhando e ele passa com aquele manto, sorrindo, e atrás vem teu pai que já morreu, sempre olhando pra mim e rindo, e eu fico uma semana inteira com alegria no coração". E me olhava com tristeza infinita: "Como é possível que os padres não vejam Deus?" Quem [era] teólogo [era] ela! (BOFF, 1998).

A vida e a obra de Boff nos demonstram o mais fundamental aspecto do processo de individuação, o processo da formação de uma individualidade espiritual cujo valor principal é o fato de como se olha o outro, como se irmana; uma visão aprofundada por Leonardo, a partir de 1972, em função de precisar se relacionar com o fato de cada livro seu ser contestado politicamente pelo estado brasileiro e pela igreja; uma visão construída por meio de uma longa estrada percorrida no diálogo extremamente penoso com o Vaticano.

Leonardo fez seus estudos de pós-graduação teológica em Munique, na Alemanha, deu aulas de teologia no Instituto Teológico de Petrópolis e foi chefe do editorial religioso da Vozes. Tornou-se um teólogo leigo depois de sofrer, como ele mesmo diz, "um processo mais amplo do Vaticano contra a CNBB e a Teologia da Libertação", aprofundando-se a partir daí na participação e estudos nas Comunidades Eclesiais de Base e nos movimentos sociais no Brasil. Nessa nova condição de teólogo leigo, passou a celebrar batizados, enterros e casamentos nessa Igreja de base.

Sobre o processo com o Vaticano, falou que, junto com ele,

> foram Dom Paulo Evaristo e Dom Ivo Lorscheiter, que era presidente da CNBB. Dom Paulo havia sido meu professor e era cardeal. Chegamos os três juntos no Vaticano, o cardeal Ratzinger ficou sumamente irado e disse: "O fato de convocarmos um teólogo aqui já é uma condenação implícita. E esse teólogo, para escândalo dos cristãos, vem acompanhado de Castor e Pólux, as duas divindades pagãs, como anjos da guarda que o acompanham". Eu disse: "Cardeal, com licença, nós somos cristãos, venho acompanhado de São Cosme e São Damião e não de Castor e Pólux" – que são os equivalentes pagãos de Cosme e Damião (BOFF, 1998).

Conta que, em seguida, o Cardeal Ratzinger o

> levou até o fundo, onde tem uma saleta, lugar onde eram julgados todos os inquiridos. E lá está a cadeirinha, a mesma em que se sentou Galileu Galilei, sentou Giordano Bruno... e fiz uma saudação a ela, o que irritou o cardeal. [...] O cardeal perguntou: "Você quer em alemão, espanhol ou italiano?" Respondi: "Olha, cardeal, em alemão o senhor é forte porque o senhor é alemão, então vou pedir em espanhol porque o senhor é mais fraco". Tudo era guerra ali, tudo era jogo limpo. [...] Então me submeti àquele diálogo de uma hora e meia e houve uma pausa para o café. E o curioso é que foi naquela sala enorme, o cafezinho lá no canto e os funcionários correndo para me pedir autógrafo e o cardeal furioso: "Ele é condenado, ele é condenado!" (BOFF, 1998).

Leonardo mexeu com o aparelho central da Igreja, com o papa, com os altos organismos. Em sua lucidez esperançosa entendia que uma nova teologia, para chegar a ser cânone no Vaticano, demoraria gerações; acreditava que todos tiveram de reagir em face do que estava realmente sendo julgado, a Teologia da Libertação, essa sim, acusada de protestante, quando na verdade analisava "o abuso de poder na Igreja", a sua soberba. Era também acusada de tomar partido, quando o que fazia era ouvir "o grito dos pobres". "A Teologia da Libertação é um grande esforço de uma parte dos cristãos de fazer do Evangelho e da fé cristã um fator de mobilização" pela vida. A Teologia da Libertação aponta para "um novo tipo de Igreja", uma "Igreja-rede-de-comunidades", um "diálogo fé/vida", uma vivência que tem "sua força no arquétipo cristão", "uma instância de esperança", um compromisso com os destituídos (BOFF, 1998).

A teologia da libertação era uma força transcendente que se afirmava por crer que a

> libertação tem de ser articulada de uma maneira mais holística, mais ampla, tem de envolver a terra, tem de envolver ecologia, todo mundo está empobrecido, somos vítimas do paradigma ocidental, que está destruindo os povos, as classes, a natureza e a qualidade de vida, e a libertação hoje tem de ter uma dimensão planetária (BOFF, 1998).

Questionando o celibato na Igreja, Boff diz que este vai contra duas tendências básicas da Contemporaneidade: o resgate da liberdade e da subjetividade. Para Boff,

> o ser humano se descobre como sujeito livre que organiza sua privacidade, sua sexualidade, seu projeto pessoal. Se é casando-se, se é mantendo-se solteiro, se é sendo *gay*, não importa, você respeita as preferências do projeto que você tem. E a Igreja nega isso. Ela [...] frustra todo um caminho, que é um caminho também de realização humana, porque a sexualidade não é só uma questão de troca genital, é o diálogo com a dimensão da *anima* e do *animus*, como um integra a alteridade do outro, mulher

> ou homem respectivamente, como trabalho da dimensão da ternura, da fragilidade, do amor, que é uma exposição ao outro (BOFF, 1998).

Sobre a morte, na condição de teólogo leigo, falou a Darcy Ribeiro em seus últimos dias "contados" de vida:

> Darcy [...], deixe-me lhe dizer como imagino a sua chegada, o seu grande encontro. Não vai ser com Deus Pai, porque para você [...] tem de ser Deusa [que quando você chegar] lá em cima, vai dizer com os braços abertos: "Darcy, como você custou pra chegar [...]. E o abraça e o afaga em seu seio, e o leva de abraço em abraço, de festa em festa". E ele emendou: "De farra em farra". Eu digo: "Darcy, isso será pela eternidade afora". Aí ele parou e me olhou de lado, assim como que interrogando, e disse: "Como gostaria que fosse verdade!" [...] Eu ainda disse antes de ele sair: "[...] Pelos critérios de Jesus, quem tem amor tem tudo. Então, [...] quem atendeu os famintos [...], crianças abandonadas [...], índios marginalizados [...], negros [...], mulheres oprimidas [...], quem fez isso ganha tudo, porque optou pelos últimos, por aqueles que estavam em necessidade. Quem fez isso tem o reino, tem a eternidade, tem Deus. E você só fez isso". Ele respirou e disse: "Puxa, mas tem de ser verdade" (BOFF, 1998).

Nada mais importante para tratar profundamente do tema da *anima mundi* do que a visão desenvolvida por Leonardo Boff acerca do "grito da terra". Um tema relacionado ao direito humano da terra como moradia de todos, uma visão que entende a terra como Gaia, relacionada ao nosso próprio corpo, à nossa vida psíquica, uma espécie de "supersistema altamente refinado e organizado". Diz Leonardo que a "nossa Mãe Terra" é a verdadeira pátria a ser amada e que essa

> é a visão dos povos originários, é a visão do camponês, a visão do nosso cotidiano, porque a visão científica é reducionista, vê a terra como composição desses cem elementos físicos/químicos da escala de Mendeleiev. A terra não é isso. A terra é paisagem, a terra fala, a terra é a mensagem que podemos escutar, e a terra também somos nós mesmos, os seres humanos. Então [...], o valor supremo é preservar este planeta [...] – porque ele está profundamente ameaçado e não tem uma arca de Noé que salve alguns dessa vez e deixe perder os outros, essa é a base para qualquer outro valor (BOFF, 1998).

Quanto a Deus, Boff acredita que a gente o "vê com os olhos interiores", e acrescenta que talvez "a gente não veja, mas sinta Deus". Deus para ele é "entusiasmo", que em grego significa "ter um Deus dentro". Deus é a essência da vida, é devoção, é encantamento, é anseio pela busca de inteireza.

* * *

Quando me interrogo por que o "antimanicômio" de Nise da Silveira e a "anti-pobreza-dos-povos-e-da-terra" de Leonardo Boff se identificaram tão profundamente com Carl Gustav Jung, me respondo: viram nele uma psicologia da expressão, da liberdade e da compaixão. A antipsiquiatria amorosa de Nise, a teologia libertária de Boff e a psicologia individuativa de Jung resultam num enredo marcadamente humanista e fundamentado no homem coletivo. Lembra-nos Leonardo Boff que hoje

> as pessoas estão desconectadas da Terra, da *anima* e, por isso, sem espiritualidade. Para Jung, o grande problema atual é de natureza psicológica. Não da psicologia enten-

> dida como disciplina ou apenas como uma dimensão da psique. Mas psicologia no sentido abrangente dado por ele como a totalidade da vida e do universo enquanto percebidos e referidos ao ser humano, seja pelo consciente, seja pelo inconsciente pessoal e coletivo. A Terra está doente porque nós estamos doentes. Na medida em que nos transformamos, transformaremos também a Terra. Jung buscou essa transformação até a sua morte. Ela é um dos poucos caminhos que nos pode levar para fora da atual crise e que inaugura um novo ensaio civilizatório, assim como o imaginava Jung, mais integrado com o todo, mais individualizado e mais espiritual (BOFF, 2016, prefácio).

Para a psicologia complexa, assim como pensaram e praticaram Nise e Leonardo, fazer consciência ouvindo o inconsciente implica a perspectiva da transformação. Para Jung, a "melhor maneira talvez de compreender o inconsciente é considerá-lo como um órgão natural dotado de uma energia criadora específica" (JUNG, 2011b, § 702). Para ele, onde "não existe um 'outro', ou ainda não chegou a existir, cessa toda possibilidade de se tornar consciente" (JUNG, 2011a, § 301). Isso significa que não há consciência sem o outro, não há individualidade sem o coletivo e que a consciência como uma segunda cosmogonia, como acreditava Jung, configura a trajetória biológica e política da humanidade, a existência objetiva, o lugar indispensável do humano no grande processo do ser. A consciência, nessas interconexões Jung, Nise e Boff, indica sentido e trato com a realidade, encaminha a perspectiva da alteração do viver e promove o andamento da mutabilidade e da futuridade.

> Não há conteúdo consciente que antes não se tenha apresentado ao sujeito, segundo Jung. Referir-se a um sujeito, em psicologia analítica, remete-nos, mais propriamente,

> ao Si-mesmo, ao *Self*. E, no encontro com o pensamento contemporâneo, o *Self* não estaria, por excelência, referido a uma centralização do indivíduo, a algo que se possua, ao meu *Self*. O Si-mesmo estaria referido a um constante emergir de vida, a partir do que vivenciamos no encontro com o outro, com a natureza, com os acontecimentos, ou seja, com tudo que afeta os sujeitos/corpos e suas maneiras de viver nesse mundo. O *Self*, para Jung, é uma referência da experiência coletiva do inconsciente, e, assim como todo o inconsciente, é criação (OLIVEIRA, 2018, p. 118).

Em nossos tempos, essa liberdade produzida pela ampliação da consciência, tal como requerida por Jung, Nise e Boff, implica fortemente: o assumir radical da importância da diferença; a revisão do império narcísico do eu-mesmo; a desobediência às mídias que investem no consumismo desmedido manipulando sem pudor algum; o combate ao desejo coletivo de destruição gerado pelo apego à segurança, pela aversão à liberdade, pelo descaso para com a democracia e pelo desprezo em relação à natureza.

A psicologia analítica de Jung é uma antipsiquiatria amorosa como demonstrou a discípula Nise da Silveira e é também uma teologia libertária como demonstrou o estudioso Leonardo Boff. Haveria, portanto, algo realmente fundamental nessas revolucionárias visões: a noção de *Self*. Visto como uma unicidade reguladora da vida humana, ao mesmo tempo que como uma multiplicidade autorregulável da vida, o *Self* aponta para a singularidade, para o mais profundo do Si-mesmo, para o potencial, para o não vivido, para a *imago dei*. Inspirado nessa riqueza de visão acerca do ambiente do *Self*, sugiro que aquilo que denominamos como Si-mesmo, tido como centro do inconsciente coletivo, precisa ser redefinido para caber também aí o *outro-mesmo*. Assim, o Si-mesmo seria visto como a possibilidade do outro e, vice-versa, o outro seria visto como a possibilidade do Si-mesmo. O *Self* seria assim visto como o arquétipo da comunhão, compelindo-nos ao mais humano, ao mais fraterno!

Referências

ASSOCIAÇÃO JUNGUIANA DO BRASIL (2018). *Somos todos Marielle Franco* [Disponível em m.facebook.com/story.php?story_fbid=1692789714123901&id=100001786658835].

______ (2015). *Carta aberta da Associação Junguiana do Brasil* [Disponível em m.facebook.com/story.php?story_fbid=10201213548056691&id=1710684905].

BOFF, L. (2014). "Prefácio". In: OLIVEIRA, H. (org.). *Mitos, folias e vivências*. Rio de Janeiro: Bapera & Mauad X.

______ (1998). "A Igreja mente, é corrupta, cruel e sem piedade". In: *Escola Humaniversidade* [Disponível em www.espacoholistico.com.br/artigos-e-praticas/artigos/leonardo-boff-entrevista-com-leonardo-boff.html].

HORTA, B.C. (2008). *Nise, arqueóloga dos mares*. Rio de Janeiro: Aeroplano.

JUNG, C.G. (2011a). *Aion*: estudos sobre o simbolismo do Si-mesmo. Petrópolis: Vozes [OC 9/2].

______ (2011b). *A natureza da psique*. Petrópolis: Vozes [OC 8/2].

MELLO JUNIOR, W. (2009). "Nise da Silveira, Antonin Artaud e Rubens Corrêa: fronteiras da arte e da saúde mental". In:

Gerais: Revista Interinstitucional de Psicologia [Disponível em pepsic.bvsalud.org/scielo.php?script=sci_arttext&pid=S1983-82202009000200013 – Acesso em 11/02/2020].

MELLO, L.C. (2000). "Nise da Silveira: a paixão pelo inconsciente". In: *Revista Quaterni*, vol. 8.

OLIVEIRA, H. (2018). "Complexo cultural, consciência e alma brasileira". In: *Cadernos Junguianos*, vol. 14.

PASSETTI, E. (2020). "Nise da Silveira, uma vida como obra de arte". In: *Conti Outra*, 27/jun. [Disponível em www.contioutra.com/nise-da-silveira-uma-vida-como-obra-de-arte-por-edson-passetti – Acesso em 11/02/2020].

VELOSO, A.M. (2016). "A mulher que revolucionou o Brasil". In: *Exame*, 19/abr. [Disponível em exame.abril.com.br/brasil/a-mulher-que-revolucionou-o-tratamento-da-loucura-no-brasil – Acesso em 09/02/2020].

ZOJA, L. (2018). "Decálogo para Leonardo Boff". In: ARROCHELLAS, M.H. & BARROS, M. (orgs.). *Ternura Cósmica*: Leonardo Boff, 80 anos. Petrópolis: Vozes.

3 Individuação e política: sobre como nos tornamos seres políticos

Roque Tadeu Gui

> *A cidade é o lugar que o homem inventou para inventar-se homem, e onde ele sem cessar se reinventa.*
> Ferreira Gullar, 2004.

A socialização política

Protágoras diz para Sócrates:

> Todos os homens condenam e castigam os que eles consideram criminosos, os atenienses, teus concidadãos, tão bem como os demais. Assim, do que disseste se infere que os próprios atenienses são de parecer que a virtude pode ser adquirida e ensinada. Têm razão os teus concidadãos em admitir que ferreiros e sapateiros participem de suas reuniões para deliberarem sobre matéria política, e que considerem que a virtude pode ser adquirida e ensinada (PLATÃO, 2002, p. 69, § 324c).

Protágoras argumenta com Sócrates sobre a importância do compartilhamento da virtude política – constituída pela justiça, temperança, santidade – por todos os homens e mulheres, para que a cidade possa subsistir. Se a política é uma qualidade que todos devem possuir para que possam viver na cidade, fazendo o que quer que seja, e se "quem não a possui, seja criança, homem ou mulher, terá de ser castigado para que, com o castigo, se torne melhor, sendo expulso, por incurável, da cidade, ou condenado à morte o que resiste aos ensinamentos e ao castigo", fica claro que esta qualidade pode e deve ser ensinada com o maior empenho (PLATÃO, 2002, § 325-a-b, p. 69-70). Assim, Platão justifica a necessidade daquilo que, 24 séculos depois, viria a ser chamado de aprendizagem ou *socialização política*.

Segundo Bobbio, Matteucci e Pasquino (1991), a *socialização política* resulta de

> um conjunto de experiências que, no decorrer do processo de formação da identidade social do indivíduo, contribuem para plasmar a imagem que ele tem de si mesmo em confronto com o sistema político e em relação às instituições. Tendências, emoções, atitudes perante os vários objetos da política, aptidões cognitivas e expressivas necessárias ao agir político, tudo isto é, portanto, considerado como resultado de um processo de formação-aprendizagem social que, embora se estenda por todo o decurso da vida, tanto quanto qualquer outro processo similar, passa, todavia, por etapas especialmente significativas, influências particulares, momentos de aceleração e momentos de afrouxamento (p. 1.202).

Himmelweit (1984) refere-se a *três enfoques* utilizados para a investigação do processo de socialização política. O *primeiro enfoque*, originado do trabalho com crianças, desde as muito precoces até as adolescentes, estabelece uma relação entre a ampliação da capacidade de compreensão política e o desenvolvimento intelectual e moral do indivíduo. O *segundo*, originado de uma visão psicanalítica freudiana que busca compreender como alguns tipos de atitudes políticas se originam do processo de educação infantil. E o *terceiro* considera as influências exercidas pelas diferentes experiências socializadoras, tais como o pertencimento a grupos, o clima geral da sociedade em relação, por exemplo, às questões econômicas, políticas e sociais, bem como as mudanças nos esquemas cognitivos dos indivíduos sobre o seu papel na sociedade e seu comportamento político.

A socialização política é um processo contínuo que se "inicia ao nascer e afeta até mesmo nossa maneira de morrer" (HIMMELWEIT, 1984, p. 257). O termo é empregado frequentemente com referência a jovens dando a entender que as experiências na vida adulta teriam menor influência sobre o comportamento político da pessoa. Parece haver poucas provas de que o processo de socialização política se dê assim. Toda experiência nova, voluntária ou imposta, é fonte potencial de influência. Assim, socialização política refere-se tanto às influências sofridas pelo indivíduo na infância, oriundas da família, da escola e dos companheiros, quanto às que ocorrem na vida adulta, por meio da continuidade do processo educacional, da capacitação profissional, do casamento, do trabalho, da afiliação política e da participação em organizações profissionais.

Para alguns autores (BOBBIO et al., 1991, p. 1.202-1.206), o cerne da aprendizagem política, no qual se apoiam os conteúdos cognitivos e avaliativos que formarão progressivamente a identidade política do indivíduo, é a *orientação para a comunidade*. Essa aprendizagem situa-se na infância, no período que vai dos cinco ou seis anos aos onze ou doze e caracteriza-se pela presença de forte emotividade e de grandes identificações afetivas. Essas identificações constituirão o quadro no qual se encaixarão os futuros elementos cognitivos de orientação e referência.

Nessa faixa etária, as crianças identificam-se com seu país, apegam-se aos símbolos sociais e políticos mais elementares; em algumas sociedades passam a considerar-se como parte de uma comunidade religiosa e, eventualmente, se reconhecem ligados afetivamente a um partido ou "família política".

A segunda fase da aprendizagem política transcorre da infância até a adolescência. Nesse período, em decorrência do desenvolvimento cognitivo e afetivo, surge a necessidade de integrar os conhecimentos e juízos de valor em um todo coerente e racional. O jovem começa a conhecer os mecanismos institucionais do sistema político e suas justificativas ideológicas. Desenvolve-se a capacidade de avaliar a credibilidade do sistema político e de fazer a sua crítica. O desenvolvimento das capacidades psicológicas permitirá que o jovem se torne um *sujeito político*.

É na adolescência que surgem os sentimentos que conduzirão à aceitação ou rejeição do sistema político: o cinismo ou a confiança política se formam. A evolução e influência da adolescência determinarão se a política será algo importante ou não na vida da pessoa. Os fundamentos da atitude política – participação, renúncia ou rejeição da dimensão política da existência – se formam nesse período.

Da adolescência para o início da vida adulta ocorre um incremento de informações de caráter político, um aumento da elaboração dos conhecimentos já adquiridos e as primeiras experiências diretas com instituições políticas. Aqui se estabelecem os posicionamentos do indivíduo em relação aos diversos aspectos da vida política; forma-se a crítica, favorável ou não aos representantes políticos e à qualidade de suas decisões. O modo como o jovem adulto manifesta-se em relação aos tópicos políticos resultará, então, dos estádios prévios de aprendizagem, ocorridos ao longo dos 18 ou 20 primeiros anos de sua vida, e que formaram sua personalidade.

Os estudiosos da socialização política (BOBBIO et al., 1991) acreditam que a identidade política assim formada tem um caráter quase que definitivo, eventualmente alterável se ocorrerem acontecimentos sociais e políticos de importância excepcional – guerras, transformações econômicas radicais, revoluções – que exijam do indivíduo novas atitudes e comportamentos. Excetuando-se essas situações extraordinárias, a pessoa tenderá a interpretar e julgar as situações segundo as orientações fundamentais interiorizadas no decurso do processo de socialização da infância e adolescência.

A família, a escola e o grupo de coetâneos (grupos de amigos e colegas de escola) têm sido considerados os principais agentes de socialização política. A família é vista como a instituição mais influente no que diz respeito à imagem que os indivíduos têm da sociedade e ao modo pelo qual eles se colocam em relação com as instituições políticas. A instituição escolar, por seu turno, ganha importância à medida que as crianças e adolescentes passam grande parte do dia nesse ambiente, no qual ocorrem inúmeras experiências de interação. E aumenta a importância do grupo dos pares, tendo em vista o prolongamento desse período de vida e a ampliação da rede de influências oferecida pelos meios de comunicação.

As pesquisas sobre socialização de adultos têm se tornado mais frequentes. Embora não se duvide da importância da infância e da adolescência para a formação política dos indivíduos, é possível demonstrar que certas inclinações políticas se estruturam na idade adulta, em consequência de fatores sociais e políticos, de experiências profissionais, de experiências relacionadas com o exercício do poder no trabalho e dos acontecimentos políticos diários, profusamente difundidos pela mídia.

Tendo em vista a perspectiva do desenvolvimento da pessoa adulta e, em especial, o processo de individuação do sujeito, podemos estabelecer relações entre o desenvolvimento psicológico, tal como descrito pela psicologia analítica junguiana, e o desenvolvimento político, ou socialização política, da pessoa.

O desenvolvimento psicológico da pessoa: individuação

O processo de individuação, de acordo com a psicologia analítica de Carl Gustav Jung (1875-1961), implica a expansão da consciência de si mesmo (quem sou, onde me situo, como me relaciono com o mundo, com os outros, com o Outro em mim), procurando integrar a sombra (aspectos inconscientes de nossa personalidade). A ampliação da consciência envolve ainda o relacionamento com aspectos socioculturais e políticos que nos transcendem enquanto indivíduos.

O processo de individuação ocorre ao longo da vida, em três estágios:

O *primeiro estágio* consiste na emergência da consciência do Eu a partir da matriz do inconsciente. Nos primórdios do desenvolvimento individual, o Eu – futuro Eu, melhor seria dizer – encontra-se fusionado com o Si-mesmo. A esse estado de fusão primordial, o analista junguiano Edinger (1989) denomina "inflação". Nascemos, portanto, em estado de inflação, com o Eu ainda não diferenciado: "O Si-mesmo nasce, o Eu é construído; e, no princípio, tudo é Si-mesmo" (EDINGER,

1989, p. 27). O sentimento de onipotência do bebê advém dessa realidade fusionada.

Isso se reflete nas relações com o mundo exterior: identificação inicial com os objetos e pessoas, correspondente ao conceito de *participation mystique*[12], adotado por Jung, ou, em linguagem mais atual, *identificação projetiva*[13].

O processo de emergência da consciência se dá paralelamente à dissociação da psique original indiferenciada, em complexos que irão constituir a estrutura da psique inconsciente individual. O Eu estrutura sua identidade: busca harmonizar-se com os valores aprovados pelo meio social e exclui da esfera consciente os conteúdos psíquicos em desacordo com esses valores, reprimindo-os.

O impulso da individuação estabelece a tensão inicial entre os opostos (a unidade primária, identificação do Eu com o Si-mesmo, por um lado, e, por outro, a separação do Eu e do Si-mesmo).

As resistências do mundo aos desejos do bebê, as frustrações que ofenderão sua onipotência, as demandas de adaptação, causarão o estranhamento entre o Eu e o Si-mesmo. A dissolução gradual da identificação Eu-Si-mesmo ampliará a consciência e a distinção entre o Eu e o mundo, constituindo-se o complexo egoico que se torna o centro da identidade pessoal.

---

12. "*Participation mystique*" [...] significa uma espécie singular de vinculação psicológica com o objeto. Consiste em que o sujeito não consegue distinguir-se claramente do objeto, mas com ele está ligado por relação direta que poderíamos chamar identidade parcial" (JUNG, 1991 [1921], OC 6, § 871).

13. Segundo Melanie Klein, "o Eu expulsa de si as experiências intoleráveis ao cindir-se e projetar essas partes clivadas nos objetos exteriores" (MIJOLLA, 2005, p. 923-925, para uma análise discriminada das acepções do processo de identificação projetiva).

O Eu emergirá gradativamente da matriz do inconsciente coletivo, durante a primeira infância. Contudo, a estabilidade e integridade do Eu dependerão, em todos os estágios de desenvolvimento do indivíduo, da conexão entre o Eu e o Si-mesmo, mesmo que de uma forma sutil e não plenamente consciente (EDINGER, 1989).

O *segundo estágio* consolida a identidade egoica fundamentada na construção de uma *persona* e, consequentemente, da *sombra*. A cisão e formação dos complexos são aspectos necessários do processo de individuação. A diferenciação Eu-mundo chega ao auge. O conceito de unilateralidade da consciência, mencionado frequentemente por Jung, refere-se a essa separação extrema.

O processo de alienação do Eu em relação ao Si-mesmo é inevitável para o desenvolvimento ótimo da personalidade. A diferenciação contínua do Eu, com o desenvolvimento crescente de suas capacidades, possibilitará o trato com o mundo. Em determinado ponto do desenvolvimento psicológico, coincidindo com a etapa que Jung denomina de meia-idade, o eixo Eu-Si-mesmo emerge na consciência, exigindo atenção. Lembremos que o Si-mesmo pode ser entendido tanto como uma tendência arquetípica em direção à integração das partes conscientes e inconscientes da psique quanto como a imagem arquetípica dessa mesma totalidade. O eixo Eu-Si-mesmo é o conceito utilizado para descrever a comunicação em duas vias entre o Eu e o Si-mesmo, essencial para a integração da personalidade (EDINGER, 1989; NEUMANN, 1990). Outra maneira de falar dessa comunicação entre o Eu e o Si-mesmo é usando o conceito de "função transcendente"[14] proposto por Jung (1916/1991).

---

14. A função psicológica e "transcendente" resulta da união dos conteúdos conscientes e inconscientes (para detalhes, cf. JUNG, 1991, OC 8, § 131-193).

A partir desse momento, não claramente definido em termos de faixa etária do ciclo vital, mas aproximadamente por volta dos 40 ou 50 anos, como já vimos, surge a necessidade de transformação. A crise é vivida como falta de sentido, desespero, vazio, desesperança. Para a psicologia analítica, são sintomas do distanciamento e da incomunicabilidade Eu-Si-mesmo.

> O Eu geralmente suporta sua alienação num ciclo de inflação e depressão, produzindo incrementos de consciência. Na fase inflada, o Eu sente poder, responsabilidade, elevada autoestima e superioridade, todos os quais permitem ao Eu em amadurecimento realizar as tarefas da primeira metade da vida. Na fase depressiva, o Eu sente culpa, pouca autoestima e inferioridade, todos os quais contrabalançam a inflação e preparam o Eu para uma maior percepção do Si-mesmo (ALSCHULER, 2002, p. 265-266).

No *terceiro estágio*, ocorre uma mudança qualitativa na consciência, ou seja, ocorre uma maior percepção da conexão Eu-Si-mesmo. O Eu passa a integrar muitos dos complexos inconscientes. Enquanto nos dois primeiros estágios ocorre a formação de complexos e, consequentemente, das projeções, segundo a regra de que tudo aquilo que não é reconhecido pela consciência tende a ser projetado sobre os objetos do mundo externo (sejam pessoas ou coisas), no terceiro estágio a tarefa de desenvolvimento consiste no reconhecimento dessas projeções e consequente integração dos complexos.

A ampliação da consciência, que incorpora aspectos da personalidade até então inconscientes, permite uma percepção mais crítica dos relacionamentos e do mundo em geral.

Uma segunda mudança qualitativa na consciência é o que os junguianos chamam de *atitude religiosa*. É necessário explicar. Não se trata de uma conversão espiritual e adesão a algum tipo de confissão religiosa. Antes, trata-se da percepção sobre a existência de um centro psíquico autônomo que abarca e dirige a personalidade, qual seja, o Si-mesmo[15]. O Eu percebe-se limitado, mas conectado a uma fonte de energia psíquica que excede as suas próprias capacidades. Podemos chamar a esse estado de "relativização do Eu". A ocorrência de tal percepção após um longo período de depressão não raro é vivida como uma experiência religiosa, de iluminação e esclarecimento.

Para alguns psicólogos analíticos, é aqui no terceiro estágio que ocorre verdadeiramente o processo de individuação. O Eu mantém uma relação com o Si-mesmo sem, contudo, identificar-se com ele. Segundo Edinger (1989), ocorre a cura de uma dupla cisão: a do consciente e inconsciente, que possibilitou a emergência da consciência, e a divisão do sujeito e objeto: "A dicotomia entre a realidade externa e interna é substituída por um sentimento de realidade unitária" (p. 143). As imagens e os atributos do Si-mesmo são experienciados como algo distinto do Eu e, em certo sentido, situados acima dele. Dessa forma de ver o processo de individuação, em seus estágios mais avançados, é que advém a ideia do processo de individuação como

15. "O Si-mesmo, como conceito empírico, designa o âmbito de todos os fenômenos psíquicos no homem. Expressa a unidade e totalidade da personalidade global. [...] O conceito de Si-mesmo é, na verdade, potencialmente empírico em parte e, por isso, um postulado, na mesma proporção. [...] Uma vez que, na prática, existem fenômenos da consciência e do inconsciente, o Si-mesmo, como totalidade psíquica tem aspecto consciente e inconsciente. Empiricamente, pois, o Si-mesmo aparece como um jogo de luz e sombra, ainda que seja entendido como totalidade e, por isso, como unidade em que se unem os opostos" (JUNG, 1991, OC 6, § 902; cf. tb. JUNG, 1988, OC 9/2, § 43-67).

um processo “místico”. Contudo, é necessário entender que se trata de uma alteração na qualidade da experiência consciente, caracterizada por um sentimento de fazer parte de algo maior que transcende o próprio Eu.

Veremos a seguir as relações entre o processo de individuação e o desenvolvimento político da pessoa.

O desenvolvimento político da pessoa: conscientização

Podemos estabelecer relações entre o processo de “desenvolvimento psicológico da pessoa”, entendido como processo de individuação, e o “desenvolvimento político da pessoa”, tal como descrito por Samuels (1995).

Alschuler (2002) evoca o conceito de “conscientização” proposto pelo educador brasileiro Paulo Freire (1921-1997). Para Freire (2002), o primeiro estado da consciência é a intransitividade. Nesse estado, a consciência estabelece um “quase” compromisso com a realidade, ou seja, ainda se distancia da captação da realidade, aproximando-se de uma percepção mágica ou supersticiosa. A consciência crítica não se dá espontaneamente. Exige, sim, um processo educativo de conscientização: “Na consciência ingênua há uma busca de compromisso; na crítica há um compromisso e, na fanática, uma entrega irracional” (FREIRE, 2002, p. 39).

Freire (1980) propõe a emancipação política das populações oprimidas pelas condições de pobreza, repressão, exploração econômica e de injustiça social. O “processo de conscientização” – transição da consciência intransitiva para um estado de compromisso com a realidade – desenvolve-se em três estágios, caracterizados pela forma como uma pessoa (1) nomeia o problema, (2) reflete sobre as causas dos problemas e (3) age para resolver os problemas de opressão. A esses estágios Freire denomina: estágio da consciência mágica, estágio da consciência ingênua e estágio da consciência crítica.

No estágio de "consciência mágica", as pessoas se sentem impotentes para alterar a realidade. Esta é produto de forças superiores às capacidades do indivíduo: trata-se de uma situação já posta, cabendo ao indivíduo apenas a resignação. As condições adversas (pobreza, falta de saúde, fome) têm um caráter "natural" e não constituem propriamente problemas. As causas se encontram em algum fator além do controle dos indivíduos (o destino, Deus).

Alschuler vê um paralelo entre o estágio de "consciência mágica" e o "estágio de emergência do Eu". A identidade Eu-Si-mesmo produz a "indistinção entre interior e exterior, entre vontade e causação" (ALSCHULER, 2002, p. 267). A identidade Eu-Si-mesmo produz, ainda, projeções arquetípicas (ou seja, "onipotentes") sobre pessoas e eventos. A natureza emocional autônoma dessas projeções evoca medo e fatalismo, pois elas dominam o Eu. "Figuras de autoridade, incluindo líderes políticos e religiosos, como portadores dessas projeções, terão uma aura de poder sobrenatural" (ALSCHULER, 2002, p. 267). Mais adiante teremos oportunidade de relacionar esse estágio da consciência mágica aos recentes fenômenos sociopolíticos em nosso país.

No estágio de consciência "ingênua", as pessoas conseguem nomear os problemas, mas apenas em termos de indivíduos mal-adaptados ou desviantes. Freire (2002) identifica as seguintes características da consciência ingênua: não se aprofunda na causalidade do próprio fato; teme o futuro, tendendo a considerar que o passado tenha sido melhor; aceita formas gregárias ou massificadoras de comportamento; subestima as pessoas simples; satisfaz-se com as experiências, sendo impermeável à investigação; tem um caráter passional, argumentando com base em emocionalidades mais do que em criticidades; apresenta compreensões mágicas e tende a perceber a realidade de forma estática e não mutável.

Para a consciência ingênua, portanto, a compreensão das causas é fragmentada, não se conseguindo discernir as relações existentes entre as ações dos opressores individuais, os problemas dos oprimidos e o funcionamento de um sistema social injusto e opressivo. A pessoa ora se culpa, ora responsabiliza algum agressor em particular, perdendo de vista as razões sistêmicas que geram a vítima e o opressor. Aqui, a forma de nomear faz a diferença. Se o indivíduo se culpa, talvez a maneira de se corrigir seja se identificar com o opressor, internalizando a ideologia dos que oprimem, acreditando em sua própria inferioridade, assumindo uma posição opressiva em relação aos seus pares. Se o indivíduo culpa o outro, identifica-o como o "causador" das dificuldades e trata de readaptá-lo às normas ou simplesmente de eliminá-lo.

Alschuler (2002) estabelece o paralelo entre esse estágio da consciência política e o estágio de *alienação do ego*, segunda etapa do processo de individuação, no qual nenhuma força parece ser superior à força do ego. Significa a atribuição de um poder soberano ao indivíduo, próprio das posições liberais: "No estágio ingênuo de conscientização, na ausência de compreensão sistêmica, os problemas parecem originar-se da vontade dos indivíduos" (ALSCHULER, 2002, p. 268). O oprimido constrói uma *persona* que corresponde aos padrões da ideologia opressora, conduzindo à sombra aquelas características e capacidades que poderiam reverter a situação opressiva. Trata-se de um exemplo interessante de potencialidades adaptativas superiores do indivíduo que são reprimidas no inconsciente.

O terceiro estágio do desenvolvimento da consciência política refere-se à "compreensão integrada do sistema sociopolítico" (ALSCHULER, 2002, p. 268). Freire (2002) enumera as características da consciência crítica: anseio de profundidade na análise de problemas, não se satisfazendo com as aparências; reconhecimento do caráter mutável da realidade, busca de princípios autênticos de causalidade, verificação das descobertas; busca de libertação em relação aos preconceitos; recusa de posições passivas, procurando indagar, investigar, chocar; recusa de transferência de responsabilidade e de autoridade; anseio pelo diálogo; "não repele o velho por ser velho, nem aceita o novo por ser novo, mas aceita-os na medida em que são válidos" (p. 41).

No estado de consciência crítica, a pessoa compreende que os casos de opressão são suportados por um sistema social injusto. O fracasso em se opor à injustiça e à opressão não é do indivíduo, mas de toda uma coletividade. O problema, portanto, é coletivo, necessitando de intervenções de caráter igualmente coletivo. Não se trata de problemas pessoais em primeira instância, mas sociopolíticos. As regras, os relacionamentos, as instituições é que requerem reforma, e não os indivíduos. O indivíduo compreende que a sua participação no mecanismo de opressão e perpetuação da injustiça social consiste em acreditar na ideologia dos opressores e na sua aquiescência em relação à agressão imposta a outros oprimidos. A culpa individual dá lugar à perspectiva de transformação, abandonando-se as atitudes de autocomiseração que são substituídas pela empatia, solidariedade e autoestima coletiva.

Ao comparar o estágio da consciência política crítica e o terceiro estágio do processo de individuação, qual seja, o da *relativização do ego*, Alschuler (2002) aponta para o fato de que o despertar político para as possibilidades de transformação assume o caráter de aquisição de uma consciência revolucionária. O paralelo aqui consiste na desmistificação do ego que ocorre em ambos os processos. A tarefa, no terceiro estágio da individuação, consiste na retirada das projeções, resultando na integração da sombra. No estágio de consciência crítica, a pessoa deve conscientizar-se da ideologia dos opressores, mediante a qual o oprimido internalizou sua própria inferioridade e a superioridade dos opressores. A mistificação ideológica se reduz à medida que se desenvolve a consciência crítica. Como resultado temos um acréscimo da autoestima e da confiança dos indivíduos e dos grupos, necessárias para a ação política.

Ao avaliar as posições políticas de Jung, Alschuler aponta que o psicólogo suíço não teria ido além da "consciência ingênua" nas questões relacionadas à ação política, ao focalizar o papel do indivíduo, seja o indivíduo nos movimentos de massa ou o líder político individual. Para o autor, isso é característico da "consciência ingênua":

> Jung "nomeia" os problemas políticos em termos de líderes políticos carismáticos que impõem ditaduras, "reflete" sobre as causas em termos de suas perturbações psicológicas, e "age" em termos de oposição verbal a esses líderes. Quando Jung se volta para o indivíduo nos movimentos de massa, ele "nomeia" o problema como a vulnerabilidade deste indivíduo à infecção psíquica e sua submersão no

> movimento de massa. Jung "reflete" sobre as causas em termos de unilateralidade e perda de individualismo, e "age" em termos de promoção de uma atitude religiosa no indivíduo como proteção contra infecção psíquica. Em outras palavras, como é típico do estágio ingênuo de consciência, Jung enfatiza o indivíduo, quer o opressor, quer o oprimido (ALSCHULER, 2002, p. 271).

Podemos concordar com Alschuler (2002) que, ao parafrasear Jung em sua célebre frase de que o paciente não pode progredir mais do que o analista o tenha feito em seu próprio desenvolvimento psicológico, adverte que aqueles que pretendem fazer análises psicopolíticas junguianas deveriam se afastar do pensamento político do próprio Jung e "aproximar-se da riqueza da teoria psicológica junguiana" (p. 271).

Por fim, apesar de Alschuler (2002, p. 270) afirmar que os processos de individuação e de conscientização política não devam ser reduzidos um ao outro, por descreverem mundos distintos (interior e exterior), esses mundos estão profundamente interligados, estabelecendo um campo circunstancial no qual se dá o processo de individuação, conforme Gui (2010):

> A individuação não deve ser concebida como um estado final de esclarecimento sobre as relações entre o ego e o mundo, muito menos a consecução de um Si-mesmo intrapsíquico intangível. O sujeito, inacabado, estará sempre vis-à-vis às suas circunstâncias, desafiado a transformar-se e a transformar a sua realidade. A luta constante contra a "estupidificação e a petrificação", "a coisificação do ser humano", na expressão freireana, coloca o sujeito num processo de constante devir – nascimento de si mesmo – e em permanente deriva por suas circunstâncias. A inspirada expressão orteguiana [...] "eu sou eu e minha circunstância" resume de forma luminosa o caráter mutável e

> mutante do processo de individuação no qual sozinho não sou e sem mim o mundo também não é.

A política em nossas vidas

Uma psicologia que tenha como eixo central o conceito de individuação deve enfrentar a questão de como articular o devir do sujeito com suas circunstâncias objetivas e históricas (GUI, 2005; 2010). Como disse o filósofo espanhol José Ortega y Gasset (1971 [1958]), "existir é primordialmente coexistir – é ver eu alguma coisa que não sou eu, amar eu a outro ser, sofrer eu das coisas" (p. 159). O único ser indubitável é a interdependência do eu e das coisas. Viver implica cada qual achar-se a si mesmo em face de temas, de assuntos que lhe dizem respeito; o ser humano encontra-se a si mesmo ao tempo em que descobre o mundo, ocupando-se com o outro que não é ele mesmo, convivendo sempre com uma circunstância. Nessa perspectiva, a socialização política do sujeito busca situá-lo nesse mundo de relações que configura a coexistência de seres humanos nas diferentes sociedades e no mundo em geral.

Pesquisas sobre o desenvolvimento político da personalidade precisam ser ampliadas e aprofundadas com vistas à compreensão dos modos de engajamento dos seres humanos com as questões políticas que lhe são afeitas, ou das razões pelas quais os indivíduos recusam tal engajamento. Como vimos, para Freire (2002), tal recusa significa a estagnação do sujeito no estádio de consciência ingênua que o leva a ignorar as circunstâncias que o condicionam.

Os estudos de socialização política, elaborados em países de tradição democrática, focalizam principalmente o processo pelo qual os novos integrantes da sociedade (crianças e jovens) se inserem na dinâmica das instituições políticas e no jogo de forças políticas dessa sociedade. Cada sociedade, democrática ou não, normatiza o que entende por "bom cidadão" ou "bom súdito". Princípios que podem ser adotados para caracterizar o que vem a ser um "bom" desenvolvimento político da personalidade, tais como aqueles discutidos por Alschuler, podem ser acusados de serem etnocêntricos e, de fato, têm como referência certo tipo de sociedade ocidental. Refletem uma concepção etnopsicológica do ser humano, numa perspectiva específica de sociedades democráticas.

Dependendo da definição que se adote para "desenvolvimento político da personalidade", a questão "o que decorre do quê?" pode ter uma resposta diferente. Numa visão sócio-histórica da constituição do ser humano, tenderíamos a pensar em processos correlatos, concomitantes, embora não redutíveis um ao outro, como assinalou Alschuler (2002).

Um conceito de saúde psicológica e política, como integração construtiva das diferenças, interna e externas (no plano individual da personalidade e no plano das relações políticas), dando atenção aos aspectos contraditórios e à sua integração, parece tornar-se necessário. Isso resultaria em saúde individual e na pólis a luta política teria como foco o bem-estar coletivo e não a vitória de um determinado grupo sobre outro, ou seja, a arena política seria um local onde as diferenças pudessem se resolver em prol do bem-estar coletivo e não nas afirmações de poder de grupos adversários. Mas essa condição não eliminaria os inevitáveis confrontos e conflitos de projetos políticos distintos, resolvidos num espaço público de discussão.

Numa visão centrada nos fatores intrapsíquicos, duas perspectivas se delineiam: uma em que o desenvolvimento psicológico conduz "naturalmente" ao desenvolvimento político, dado que a expansão da consciência de si mesmo implica a percepção de que o Eu é sempre um Eu e sua circunstância, como bem disse Ortega y Gasset, e outra na qual, na melhor das hipóteses, o desenvolvimento político será facilitado pelo desenvolvimento psicológico, embora não ocorra necessariamente.

Há razões para supor que a superação das dificuldades emocionais pessoais, bem como o processo de diferenciação entre o eu e o outro, o coletivo social, possibilita ao indivíduo voltar-se para as questões coletivas. Nessa perspectiva, a sociedade torna-se melhor na medida que os indivíduos resolvam adequadamente suas dificuldades emocionais. Afinal, o desenvolvimento emocional está imbricado com o contexto político-cultural da sociedade e na forma de relacionar-se com o outro. E aí se encontraria com o desenvolvimento político da personalidade, situado na relação ética entre o Eu e o Outro.

Mas parece que o desenvolvimento político, como decorrência do desenvolvimento psicológico, é algo que podemos desejar, mas não obrigatório como resultado do processo psicoterapêutico, por exemplo. A valoração cultural, bem como o quadro de referência do terapeuta (seu próprio processo de socialização política) afeta os ideais terapêuticos, enfatizando mais os aspectos individuais ou os aspectos coletivos (GUI, 2005; SAMUELS, 1995).

O fato de que "engajamentos" políticos possam ser "sintomas" de mal funcionamento psíquico, como a clínica muitas vezes demonstra (fanatismo, fundamentalismo), não deve ofuscar o potencial de desenvolvimento psíquico representado por essas experiências. Os "engajamentos" retiram a pessoa de seu isolamento, desmistificando atitudes solitárias supostamente de apoio à cidadania e aos valores democráticos, mas que não resultam em qualquer tipo de ação. A questão "engajamentos neuróticos" *versus* "engajamentos saudáveis" pode vir a ser um interessante vetor de pesquisa.

Certamente, o papel da educação e da aprendizagem (em diferentes níveis de socialização) deve ser enfatizado. A estupefação diante dos acontecimentos recentes na sociedade brasileira, no que tange às tentativas de revisionismo dos fatos históricos relacionados ao processo de redemocratização e seus antecedentes históricos remetidos à ditadura instituída com o Golpe Civil-militar de 1964 (WIKIPÉDIA, 2021), pode encontrar alguma explicação na falha dos processos de socialização política decorrente do "esquecimento" desses fatos por amplos segmentos da população (GUI, 2014). Isso permite que muitos digam não ter havido uma ditadura no Brasil e que o Golpe de 1964 não teria sido um golpe, mas um "movimento", conforme declaração do ministro do Supremo Tribunal Federal, Dias Toffoli (FAERMANN, 2018).

Outro exemplo dessa desconexão dos cidadãos com sua história e seus traumas cívicos é representado pela fraca divulgação e discussão do relatório da Comissão Nacional da Verdade instituída em 2011 pela Presidente Dilma Rousseff, que exerceu o cargo no período de 2011 a 2016, com o objetivo de investigar violações de direitos humanos ocorridas entre 1946 e 1988 no Brasil (COMISSÃO NACIONAL DA VERDADE, 2014).

A Comissão Nacional da Verdade apurou fatos até então obscuros (e ocultos) à consciência nacional, enquanto alguns setores da sociedade insistiram na versão de ter existido uma "ditabranda", subtraindo importância ao impacto que a subversão institucional causou sobre a consciência política dos cidadãos brasileiros. A recuperação desses elementos traumáticos da vida política brasileira que poderia servir ao incremento da socialização política dos cidadãos mais provavelmente serviu para colaborar na destituição da presidente, vítima de um impedimento em 2016.

> Toda uma geração, hoje de adultos jovens, nasceu após a redemocratização. Para muitos, as vicissitudes do período de restrição das liberdades não fazem parte de suas biografias; na melhor das hipóteses, são registros históricos. História pouco contada e, às vezes, mal contada. Essa perda de memória possibilita, por exemplo, que alguns desfilem pela Avenida Paulista, na maior metrópole do país, clamando pelo retorno do Regime Militar. Amnésia histórica. A experiência que não conhecemos em primeira mão, ou que conhecemos, mas não elaboramos, corre o risco de ser ignorada e mergulhada no inconsciente se não pudermos vivê-la por meio dos recursos de resgate da memória que a cultura nos oferece, tais como a literatura, o teatro, o cinema, as artes plásticas, os debates políticos, os ensaios históricos. Somente assim, podemos assimilar à consciência algo do que representou a suspensão das liberdades e dos direitos individuais durante esse período sombrio da nossa nacionalidade (GUI, 2014).

Do exposto, decorre a constatação da importância da educação, da informação, da história e dos espaços públicos de discussão para a socialização política, principalmente de jovens e adultos. Talvez a formulação mais expressiva de Jung sobre o processo de individuação, eficaz antídoto aos processos inflacionários do ego, seja aquela em que ele admite que os "grandes problemas da vida nunca são resolvidos de maneira definitiva e total" e que somente o trabalho incessante sobre os problemas nos preservará "da estupidificação e da petrificação" (JUNG, 1991 [1930], OC 8, § 771). Da mesma forma, o processo de socialização política é interminável e, numa perspectiva de integração da pólis ao Si-mesmo, na acepção da totalidade psíquica proposta por Jung, deve representar um ganho de consciência crítica sobre o mundo que nos cerca, afastando os fundamentalismos de toda ordem.

Conclusão

Das reflexões expostas ao longo deste capítulo, concluímos que o desenvolvimento psicológico e a socialização política não se confundem, embora estabeleçam entre si complexas relações. A consciência do poder transformador da ação individual, potencializada, eventualmente, pela articulação de ações coletivas, confere um caráter revolucionário à consciência individual, semelhante àquela produzida pelo desenvolvimento psicológico espontâneo ou induzido por trabalho psicoterapêutico. A retirada das projeções e a consequente integração da "sombra" devem conferir maior objetividade à percepção e análise das situações, favorecendo, em tese, a ação política.

Contudo, o inverso não parece ser tão evidente; o ativismo político pode estar a serviço de compensações psicológicas ligadas a complexos disfuncionais, como podemos observar em atitudes fundamentalistas, autoritárias e até mesmo fanáticas. Não obstante, o esforço de compreensão política, a percepção e vivência do destino comum, da "comunidade de destino" (SAFRA, 2004), com engajamentos concretos fundamentados na solidariedade dos que desejam transformar certa realidade, pode resultar em influxos para o desenvolvimento psicológico, de individuação, propiciando a criação de novos valores para a sociedade, conforme Jung gostava de dizer. Não seriam essas as características de um desenvolvimento político "suficientemente bom" da personalidade? (GUI, 2005).

Referências

ALSCHULER, L.R. (2002 [1997]). "Jung e política". In: YOUNG-EISENDRATH, P. & DAWSON, T. (orgs.). *Manual de Cambridge para estudos Junguianos*. Trad. D. Bueno. Porto Alegre: Artmed, p. 262-272.

BOBBIO, N.; MATTEUCCI N. & PASQUINO, G. (1991 [1983]). *Dicionário de Política*. Vol. II. 3. ed. Brasília: EdUnB/Linha Gráfica.

COMISSÃO NACIONAL DA VERDADE (2014). *Relatório da Comissão Nacional da Verdade* [Disponível em http://cnv.memoriasreveladas.gov.br – Acesso em 23/02/2020].

EDINGER, E.F. (1989 [1972]). *Ego e arquétipo*. Trad. A.U. Sobral. São Paulo: Cultrix.

FAERMANN, P. (2018). "Chamar golpe de 'movimento de 1964' é escolher posição: golpe é golpe". In: *Jornal GGN*, 2/out. [Disponível em https://jornalggn.com.br/artigos/chamar-golpe-de-movimento-de-1964-e-escolher-posicao/ – Acesso em 02/03/2021].

FREIRE, P. (2002 [1979]). *Educação e mudança*. Trad. M. Gadotti e L.L. Martin. 26. ed. São Paulo: Paz e Terra [Educação e Comunicação, vol. I].

GUI, R.T. (2014). 1964: A sombra de uma nação. Ensaio de psicologia analítica em extensão. Comunicação oral no XXII Congresso da Associação Junguiana do Brasil (AJB). Trabalho não publicado.

______ (2010). Individuação: o devir e a deriva do sujeito. Cadernos Junguianos, v. 6, p. 7-25, 2010.

______ (2005). *Psiquê na pólis*: individuação e desenvolvimento político da personalidade. Brasília: Universidade de Brasília [Dissertação de mestrado em psicologia – Programa de Pós-Graduação em Psicologia da Universidade de Brasília].

HIMMELWEIT, H.T. (1983). "La socialización política". In: *Revista Internacional de Ciencia Sociales* – Dimensiones políticas de la psicología, n. 96, jan., p. 257-278.

JUNG, C.G. *Obra Completa*. Vol. I-XVIII/2. Petrópolis: Vozes.

ORTEGA Y GASSET, J. (1971 [1958]). *O que é filosofia?* Rio de Janeiro: Livro Ibero-Americano.

______ (1967 [1914]). *Meditações do Quixote*. Rio de Janeiro: Livro Ibero-Americano.

PLATÃO (2002). *Protágoras – Górgias – Fedão*. 2. ed. Trad. C.A. Nunes. Belém: EDUFPA.

SAFRA, G. (2004). *A po-ética na clínica contemporânea*. Aparecida: Ideias e Letras.

SAMUELS, A. (1995). *A psique política*. Trad. R. Fiker e M.E. Fiker. Rio de Janeiro: Imago.

WIKIPÉDIA, 2021. "Golpe de Estado no Brasil em 1964". In: *Wikipédia, a enciclopédia livre*. Flórida: Wikimedia Foundation, 2021 [Disponível em https://pt.wikipedia.org/w/index.php?title=Golpe_de_Estado_no_Brasil_em_1964&oldid=60171007 – Acesso em 01/03/2021].

4 Educação e política no Brasil

Rosa Maria Brizola

> *O ponto está riscado: há que se ler a*
> *poética para se entender a política,*
> *há que se ler o encanto para se entender*
> *a ciência.*
> Luiz Antonio Simas

Em recente contribuição sobre educação, para a publicação de *Jung e os desafios contemporâneos* (WERRES, 2019) que buscou pensar temas relevantes para o século XXI, concluí minha reflexão trazendo a ideia de que nosso momento histórico demanda uma reconceituação do significado da prática educativa. Não sendo mais possível ignorar a complexidade do universo onde estamos como homens e o mundo. A necessidade de uma exploração do significado da existência humana, a compreensão da nossa relação com o cosmos e nossa compreensão da verdade, aliadas à busca do significado da justiça social em um mundo interdependente, poderá nos guiar ao encontro do significado de comunidade, de racionalidade, da nossa relação com o mistério, com a consciência do outro e a natureza de uma democracia.

Retorno a partir dessas conclusões, ao meu pensar sobre a educação e a política, por meio do debate do documento da

Comissão Internacional sobre Educação da Unesco (1999) coordenada por Jacques Delor, que nos trouxe os quatro pilares para a educação do século XXI, como um caminho de construção pela via democrática.

Preocupada com uma educação que se mantém, ainda, assentada na posição mecanicista-materialista, numa grosseira discrepância com os avanços da ciência, notadamente nos campos da física, da psicologia e da biologia, a Unesco desde 1986 vem buscando a implementação de modelos educacionais que respondam aos ditames da atualidade. A maneira convencional de ensinar, mediante uma apresentação linear do conhecimento, não permite que se perceba com clareza o divórcio entre a ciência moderna e as visões de mundo que são hoje superadas. A ligação entre ciência e tradição vem sendo enfatizada como forma de recuperar o que o homem perdeu de essencial para uma vida melhor.

O documento direciona para quatro focos fundamentais: *aprender a conhecer* (adquirir instrumentos de compreensão), *aprender a fazer* (para poder agir sobre o meio envolvente), *aprender a viver juntos* (cooperação com os outros em todas as atividades humanas), e finalmente *aprender a ser* (conceito principal que integra todos os anteriores).

O relatório para a Unesco não oferece receitas, mas avança uma proposta baseada em dois princípios:

1) A "descoberta progressiva do outro", pois, sendo o desconhecido a grande fonte de preconceitos, o conhecimento real e humano profundo da diversidade combate diretamente este "desconhecido".

2) Depois e sempre, a participação em projetos comuns que surge como veículo preferencial na diluição de atritos e na descoberta de pontos comuns entre os povos.

O resgate da ética, o desenvolvimento do profundo senso de responsabilidade do indivíduo em relação aos seus semelhantes, ao mundo, ao cosmo, são consequências naturais de uma educação centrada num princípio de totalidade. A consciência de que nossos atos e comportamentos têm consequências em outros aumenta o senso de justiça social, contribuindo para a diminuição do egocentrismo e do antropocentrismo que tem levado o homem a se interessar apenas por si mesmo, tornando-se decorrência um instrumento cego de destruição. A educação deve alinhar-se à visão natural, integrativa, sistêmica e não fragmentada.

Apostando, assim, na educação como veículo de paz, tolerância e compreensão!

Educar para a democracia no Brasil

Quais são as táticas eficazes para ensinar aos nossos jovens a adotar a perspectiva de outros grupos étnicos ou religiosos ou ainda para que conheçam o mundo e a si, desde perspectivas humanizadas e decolonizadas?

O desenvolvimento pessoal integral, que passa pela oferta de oportunidades de autoconhecimento, aliado ao compromisso de atuação em projetos com objetivos comuns, se mostra como caminho para compreender as diferenças e até mesmo para a redução dos conflitos interindividuais. Quando os jovens trabalham conjuntamente, em projetos motivadores, estamos valorizando e exercitando a coletividade em detrimento à individualidade.

Por esses dois princípios expostos, considera-se que a Educação deve ter como finalidade o desenvolvimento total do indivíduo, espírito e corpo, sensibilidade, sentido estético, responsabilidade pessoal, espiritualidade. A pretensão é de propiciar a formação, do maior número possível, de indivíduos autônomos, intelectualmente ativos e independentes, capazes de estabelecer relações interpessoais, de se comunicarem e evoluírem permanentemente, de intervirem de forma consciente e ativa na sociedade.

Mais do que nunca, a educação parece ter como papel essencial, conferir a todos os seres humanos a liberdade de pensamento, o discernimento, os sentimentos e a imaginação de que necessitam para desenvolver seus talentos e permanecerem, tanto quanto possível, artífices de seus próprios destinos.

A diversidade de personalidades, a autonomia e o espírito de iniciativa, até mesmo o gozo pela provocação, são suportes da criatividade e da inovação. O que poderia parecer apenas uma forma de defesa do indivíduo perante um sistema alienante ou considerado como hostil, é também por vezes a melhor oportunidade de progresso para as sociedades.

Educação como individuação: um caminho possível?

Aqui chegamos à política que pretendo abordar neste meu pensar. Como analista e educadora, deparo-me com as palavras de Jung (2011), que em 1946, ao dedicar-se a escrever um volume da Obra Completa chamado *Aspectos do drama contemporâneo*, nos diz:

> O médico [...] precisa descer à arena dos acontecimentos do mundo e participar da luta das paixões e opiniões, pois do contrário só conseguirá perceber as inquietações do seu tempo de modo distante e impreciso, tornando-se incapaz

> de compreender ou mesmo de ouvir o sofrimento de seus pacientes (JUNG, 2011, OC 10/2, p. 12).

Vamos recorrer a Murray Stein (2020) que, ao discorrer sobre a individuação e a política das nações, nos provoca com as seguintes perguntas: "O princípio da individuação pode ser aplicado com proveito também ao cenário da política e das relações internacionais? Podem também nações e comunidades culturais inteiras individuar-se?" (MURRAY STEIN, 2020, p. 165-166).

Partindo do entendimento do princípio da individuação como processo contínuo de "criação, destruição, recriação" (MURRAY STEIN, 2020, p. 166) com vistas à ampliação da consciência, que abarca a díade separação/integração, o autor nos leva a observar a mesma dinâmica psicológica em diferentes nações e indivíduos. Inspirada em sua proposta, que como exemplo se debruça sobre a tensão de opostos existente entre América do Sul e América do Norte, com base em suas histórias particulares e complexos culturais, levo o olhar para a realidade brasileira e para o modo como vem encarando a educação em todos os seus níveis.

No caso específico dos países da América Latina, é sabido que as raízes da sua identidade permaneceram por grande tempo vinculadas diretamente às suas origens europeias, e por exagero dessa atitude regressiva, acabou-se deixando à mercê das poderosas influências da América do Norte já mais fortalecida em seu processo identitário. Essa atitude acaba por encontrar em seu percurso o fenômeno da globalização. Este movimento coletivo de uniformização no qual a homogeneidade predomina se mostrando um perigo arrasador para a individualidade. A tensão está dada. Como pode um povo viver com equilíbrio, aceitando os benefícios de integração que um mundo globalizado oferece, sem deixar sua identidade de nação. E, no caso do Brasil, precisando resgatá-la e fortalecê-la. Que síntese desses padrões culturais arquetípicos precisa unir e separar aspectos, que em uma linguagem mítica podemos chamar de sagrados e profanos? É preciso desconstruir os mapas, imaginar novas cartografias!

Apresenta-se um desafio de conjunção, em que a aceitação da integração de diferentes culturas não vise à apropriação de uma pela outra e sim a amorosa aceitação de um pulsante multiculturalismo ou pluralismo cultural, fenômeno que vem na esteira da globalização, sendo capaz de desconstruir os velhos mapas, transformando "opostos" em "polaridades".

Tradicionalmente em nossa história, foi o mundo europeu e a seguir na América do Norte, os mundos de cima, que se consagraram como as fontes para a busca de conhecimentos e símbolos acerca da nossa humanidade e, com isso, muitas vezes fazendo acreditar que, na parte inferior do mapa-múndi, não é possível buscar e encontrar conhecimento e cultura.

Jung, homem branco e de origem europeia, nunca se limitou a dirigir seu olhar somente para os conhecimentos produzidos ao norte. Deixou-se também influenciar por referências mais amplas, tendo lançado o olhar em todas as direções que pode alcançar, e legando-nos a tarefa de continuar indagando cada vez mais e mais longe, ou quem sabe, mais perto em nossa busca de produção de conhecimento e cultura.

Uma leitura profunda de sua obra nos leva a deduzir que o melhor e o mais necessário para nós é a busca da plenitude de significado. Então, numa proposta junguiana de alma, é preciso "sulear" usando uma expressão do mestre educador brasileiro Paulo Freire, ou seja, buscar conhecimento no Sul, nas suas mitologias ou nos seus fenômenos culturais míticos por serem estes a mais genuína expressão de nossa alma brasileira, sul-americana, indígena e afrodescendente.

Murray Stein (2020) nos alerta que as Américas são o único lugar em todo o planeta que hoje reúnem em seu território, indivíduos oriundos de todas as partes do mundo, convivendo sob diferentes culturas, mas abraçadas em semelhantes propósitos. A partir dessa experiência pode ser construído o ambiente necessário para a emergência de uma consciência ampliada capaz de suportar "o conceito de ser humano como cidadão do mundo" (2020, p. 174).

Educação: uma pedagogia brasileira?

Colocando nosso país como foco principal, vamos dialogar com dois educadores brasileiros que em suas obras nos deixaram um legado de extrema atualidade, e que, paradoxalmente, ao longo da história do Brasil receberam pouquíssima valorização. O primeiro deles, o baiano Anísio Teixeira (1971), um dos criadores e possivelmente o mais importante, do movimento de 1932, que se chamou Escola Nova (Manifesto dos Pioneiros da Educação Nova). Foi conselheiro da Unesco na década de 1940. Defendeu a universalização de uma escola: pública – responsabilidade do estado; laica – sem viés religioso e por fim, obrigatória – acessível para todos os cidadãos. Fascinado pela ideia de oferecer educação de qualidade, dando mais a quem tem menos, criou a Escola do Parque em Salvador, que uniu teoria e prática, modelo para os futuros Cieps, a primeira escola pública de turno integral no país. E junto a outro brasileiro, defensor ferrenho da educação e possuidor de uma genialidade e importância indiscutível, o mineiro Darcy Ribeiro, idealizou a criação da Universidade de Brasília, da qual foi reitor em 1963.

Em 1950 quando estava no Ministério da Educação, Anísio Teixeira criou a Coordenação de Aperfeiçoamento de Pessoal de Nível Superior (Capes). Acusado de comunista mesmo sem nunca ter tido atividades político-partidárias, saiu do MEC por pressão de lideranças da Igreja Católica. Apesar de ter o apoio de toda intelectualidade da época, acabou no exílio em 1964 após o golpe militar, logo após retornar em 1971 foi encontrado morto (no poço de um elevador), em circunstâncias obscuras.

O registro da vida e obra e das ideias de Anísio Teixeira é fundamental para o resgate do seu trabalho exaustivo por uma educação de qualidade para o povo brasileiro. E também para que, em tempos difíceis como os que estamos vivendo novamente, não sejam esquecidos os horrores e a capacidade de destruição dos regimes antidemocráticos.

O educador pernambucano Paulo Freire (1921-1997), por sua vez, mais popular no Brasil e reconhecido pelo mundo afora, volta hoje ao debate pela rica trajetória de suas posições em consonância com intelectuais de esquerda, aliada à sua interlocução direta com a filosofia, a sociologia, a educação e a política. Sendo impossível retratar sua obra no recorte deste capítulo, vamos diretamente avançar para um breve exame de suas buscas das relações da educação com a consciência crítica. Essa consciência é a única capaz de levar a cabo um desenvolvimento da personalidade numa perspectiva de Individuação (que não separa homem e mundo). Para o autor, são duas as posições que o brasileiro vinha assumindo diante da vida. Uma, a da *consciência intransitiva,* que se caracteriza por uma forma de vida vegetativa, que dá conta dos desafios da sobrevivência biológica, destituída de historicidade. Um quase "descompromisso" entre o homem e sua existência. A segunda posição é a da *consciência transitiva*, que está acima dos interesses puramente vegetativos, tendo horizontes mais amplos e com preocupações voltadas a sua historicidade.

A consciência transitiva é por ele dividida em duas etapas. A primeira se refere a uma transitividade ingênua onde se apresentariam as seguintes características: "simplicidade na interpretação dos problemas; idealização do passado; transferência acrítica da responsabilidade e da autoridade; subestimação do homem comum; inclinação ao gregarismo; gosto acentuado por explicações fabulosas; impermeabilidade à investigação; fragilidade da argumentação; forte teor de emocionalidade; desconfiança de tudo o que é novo; gosto pela polêmica e não pelo debate; tendência ao conformismo" (FREIRE, 1959, p. 30-31).

Em uma segunda etapa, chegaríamos à *consciência transitiva crítica*, onde existe a real capacidade de interpretação dos problemas. Suas principais características são:

> disposição à revisão de resultados; abandono de preconceitos na análise de problemas; esforço por evitar deformações; a recusa à transferência de responsabilidades recusa a posições quietistas; segurança na argumentação; o gosto pelo debate; uma maior dose de racionalidade; aceitação de arguições; receptividade ao que é novo e por fim esforço dirigido à humanização do homem (FREIRE, 1959, p. 31).

E aqui ele nos traz de forma impressionante sua visão para além do seu tempo, alertando para o fato de que esta evolução da consciência não pode se dar de forma espontânea, que ela não resulta de uma transformação de infraestrutura ou das novas condições de vida social. Conforme Paulo Freire já pontuava em 1959, a mentalidade da população brasileira ainda revela que persistem as disposições mentais geradas na organização social autoritária.

As políticas clientelistas, o mandonismo dos poderosos, a prática do assistencialismo, a passividade do homem comum que não participa ativamente na organização da vida coletiva e a ausência do diálogo dão forma a evidente e persistente "inexperiência democrática" do povo brasileiro. Seu alerta que vem ecoar com extraordinária força e atualidade nos diz que sem diálogo o lugar a que se chegará é o da "fanatização das consciências" e esta só poderá evoluir para a criticidade se a educação popular ocupar o hiato das condições históricas propícias para realizar o trabalho formador de construção da personalidade democrática.

O que dizer das nossas escolas? Apesar das brilhantes e exaustivas atuações de teóricos como Paulo Freire, Anísio Teixeira e Darcy Ribeiro, continuamos, enquanto país, desde a educação básica até a pós-graduação, seguindo um modelo tradicional, importado de culturas totalmente avessas às nossas características e necessidades e fora das necessidades dos novos tempos. Ensinando de modo individualista, sem diálogo, sem abertura ao estranho, sem deliberações coletivas, sem disposições críticas e permeáveis não há como se chegar ao desenvolvimento da criticidade ou de uma consciência ecológica capaz de avançar para a identificação do ser humano como parte da rede que forma uma unidade planetária.

Todos parecem acreditar no poder transformador da educação. Escolas recebem dos altos escalões governamentais as políticas que devem executar. E estas vão se sucedendo sem reflexão de quem as aplica e sem continuidade no tempo. Pensando nas políticas educacionais das últimas quatro décadas no Brasil, houve quase 20 ministros da educação. A média de um titular a cada dois anos é em parte consequência de momentos conturbados da história brasileira. As distintas intervenções ajudam a entender como os contextos socioeconômicos influenciaram o rumo das políticas públicas educacionais.

O país atravessou fases de graves crises econômicas, algumas marcadas por taxas de inflação anuais superiores a 1.000%, e de instabilidade política, como o *impeachment* de dois presidentes da República. Foram tempos difíceis, mas também de avanços, a começar pela transição democrática após 21 anos de Ditadura Militar. A partir daí, o país ampliou direitos sociais, conquistou uma moeda estável e vivenciou um período único de crescimento da renda e redução da desigualdade. Tudo isso com uma população que, em 37 anos, praticamente dobrou de tamanho (de 119 milhões em 1980 a 209 milhões de habitantes em 2010 – IBGE).

Apesar dos muitos esforços ainda se está em busca de uma política preocupada com um modelo de desenvolvimento que se ocupa da individuação, sendo capaz de envolver e suportar as diferenças e necessidades do país, numa atitude tanto de diferenciação quanto de integração de seres e saberes, numa construção de possibilidades críticas de aprender a compreender as diversidades e sua interdependência. Fomentar um pensamento flexível, aberto e harmônico que lance pontes, ligas e vínculos para a compreensão de que o desconhecido é também válido e no diálogo com ele é que se pode imaginar outro mundo.

A escola, nessa linha, precisa abrir-se para a vida, deixar-se penetrar por ela, mergulhar em sua realidade e fundamentar toda sua ação na realidade cotidiana. É imprescindível reconhecer as estreitas relações entre o conhecimento escolar e o conhecimento popular. A escola precisa romper a separação ou vencer a distância entre os conteúdos das áreas do conhecimento e aqueles que os alunos percebem e adquirem com sua experiência diária, em contato com a realidade. Os dois conteúdos devem fundir-se em um mesmo processo de aprendizado, de forma que as áreas se enriqueçam e se tornem mais significativas, transformando-se assim em instrumental básico para a melhor compreensão, análise e mudança do real. Adotar uma atitude profundamente crítica e construtiva em favor do desenvolvimento dos valores éticos fundamentais, com um projeto de vida individual e coletivo, mais bonito e mais digno.

Nessa perspectiva, Jung há muito nos chamou atenção para a necessidade de diálogo com o inconsciente, com nossas camadas psíquicas mais profundas, fontes de sabedoria e criatividade. Como indivíduos e como sociedade, precisamos encarar nossas sombras e, por meio de um compromisso com esse processo, poder honrar, reconhecer e integrar nossas potencialidades.

Educação com alma brasileira

Estudos recentes da psicologia analítica, desenvolvidos por autores do nosso país, têm se ocupado em compreender os complexos culturais formadores da alma brasileira numa perspectiva voltada a um sofisticado resgate de nossas origens africanas e ameríndias, revisitando os mitos de nossa ancestralidade. Esse olhar profundo para a cultura popular e suas vivências podendo ser um caminho na nossa busca de um viver legitimamente brasileiro.

Aqui chegamos a um enlace entre psicologia e pedagogia que, em uma perspectiva junguiana, podem nos levar a antigos e, ao mesmo tempo, tão novos paradigmas para a construção de uma educação verdadeiramente brasileira. Autores como os analistas junguianos Tereza Caribé, Walter Boechat e Humbertho Oliveira têm trazido contribuições acerca da história e da cultura do nosso país que podem ser chaves valiosas no entendimento dos processos psíquicos individuais e coletivos do que denominam "complexo tecido da alma brasileira".

Em um país multicultural e num mundo cada vez mais intolerante às diferenças, é necessário integrar a multiculturalidade em cada um de nós, em nosso trabalho e em nossa vida e colocar-nos disponíveis para difundir o conhecimento psicológico com o objetivo de trabalhar as questões étnico-raciais. Precisamos identificar feridas psíquicas produzidas por preconceito e discriminação e avançarmos para uma "psicologia brasileira e mestiça", cujos profissionais conheçam profundamente a história do Brasil, não somente a oficial ensinada nas escolas, mas aquela que é fruto de pesquisas e reflexões honestas e comprometidas com o desvelamento dos processos históricos nas suas mais diversas facetas, inclusive a psicológica (CARIBÉ, 2018, p. 34).

Na esteira dessas articulações que vão nos levando ao encontro de uma alma brasileira e suas expressões, como pensar a educação, sem a sensibilidade de captar a relação entre educação e cultura, escola e sua sociedade, essa interconexão fundamental? Historicamente, a educação tem sido o reflexo da cultura, da economia política e das estruturas e ideologias básicas da sociedade dentro da qual se situa. Já quando ela é capaz de reconhecer as metáforas que compõem a sua identidade cultural, com tolerância e respeito, pode participar direta e indiretamente na criação das novas estruturas sociais, econômicas e políticas. A educação não pode abraçar sozinha todas as causas, mas pode ajudar a todos no reconhecimento de sua humanidade.

O historiador Luiz Antonio Simas junto ao pedagogo Luiz Rufino, na obra *Fogo no mato: a ciência encantada das macumbas* (2018), utiliza a expressão "macumbeiro" para subverter de modo "brincante e político" nossas formas retas de compreender e ler o mundo. Eles nos provocam a estar encantados em um país com alma povoada de seres mágicos e sabores exóticos, no embalo da malandragem e dos tambores. Um Brasil em transe que se compreende como terreiro. E dizem:

> No Brasil terreiro, os tambores são autoridades, têm bocas, falam e comem. A rua e o mercado são caminhos formativos onde se tecem aprendizagens nas múltiplas formas de trocas. A mata é morada, por lá vivem ancestrais encarnados em mangueiras, cipós e gameleiras. Nos olhos d'água repousam jovens moças, nas conchas e grãos de areia vadeiam meninos levados. Nas campinas e nos sertões correm homens valentes que tangem boiadas. As curas se dão por baforadas de fumaça pitadas nos cachimbos, por benzeduras com raminhos de arruda e rezas grifadas na semântica dos rosários. As encruzilhadas e suas esquinas são campos de possibilidades, lá a gargalhada debocha e reinventa a vida, o passo enviesado é a astúcia do corpo que dribla a vigilância do pecado. O sacrifício ritualiza o alimento, morre-se para se renascer (SIMAS & RUFINO, 2018, p. 13).

Convocam a um pensar imaginal, totalmente genuíno, que não nega os aportes do colonialismo e suas consequências em nossas memórias e heranças, mas desfoca para o que construímos a partir de toda a nossa origem. Chamam-nos a perceber uma "cultura da síncope", que definem como a quebra do ritmo que abre o vazio necessário ao surgimento do inesperado. Para a educação acreditam que devemos reconhecer as tentativas já realizadas, aprender com as experiências que já tivemos e ter a coragem de abandonar a norma domesticada que empobrece nossas reais potencialidades.

Estamos convencidos de que nós, educadores, temos uma tarefa urgente: precisamos nos deseducar do cânone limitador para que tenhamos condições de ampliar os horizontes do mundo, nossos e das nossas alunas e nossos alunos. Educação deve gerar gente feliz, escrevendo, batendo tambor, dando pirueta, imitando bicho, fazendo ciência e gingando com gana de viver (SIMAS & RUFINO, 2018, p. 19). A saída de um monoculturalismo e uma linearidade limitadores de um conhecimento mais amplo e democrático parece estar mais perto do que poderíamos imaginar. Muito temos a aprender, dispondo-nos a sermos afetados pela riqueza mítica do nosso povo e por aí permitir que a experiência da psique eduque por si mesma. Chegaremos vivos e alegres, a nossa "Guajupiá, terra sem males"!

Referências

BEISEL, C.R. (2010). *Paulo Freire*. Recife: Massangana [Coleção Educadores].

JUNG, C.G. (2011). *Aspectos do drama contemporâneo*. Petrópolis: Vozes [OC 10/2].

SIMAS, L.A. & RUFINO, L. (2018) *Fogo no mato*: a ciência encantada das macumbas. Rio de Janeiro: Mórula.

SIMÕES, M. (2015). *Documentário educadores brasileiros:* Anísio Teixeira – Educação não é privilégio. [Disponível em https://www.youtube.com/watch?v=ls- FoXhfM_Y – Acesso em 29/02/2020].

STEIN, M. (2020). *Jung e o caminho da individuação*: uma introdução concisa. São Paulo: Cultrix.

WERRES, J. (2019). *Jung e os desafios contemporâneos*. Petrópolis: Vozes [Reflexões Junguianas].

5 Por dentro do complexo coletivo político-ideológico brasileiro: hiperpolarização, rupturas e fantasias refundacionais

Rubens Bragarnich
Bruno Correia da Mota

> *[...] os complexos, esses pedaços de histórias, que funcionam dentro de nós e às vezes automaticamente.*
> López-Pedraza, 2011, p. 29.

Introdução

As notas musicais compostas pelo gênio da música Pixinguinha (1897-1973) registram um pedaço da alma brasileira. Suas músicas nos contam a respeito de amores, saudades, tristezas, alegrias e cotidianos que falam da brasilidade. Uma de suas obras – *Naquele tempo* (com coautoria de Benedito Lacerda) –, gravada em 1934 (GEUS, 2009), nos serviu como pontapé inicial para este texto, mais particularmente o seu título, *Naquele tempo*. Quem não ouviu falar daquelas famosas frases: *ah, na minha época* ou *na minha geração as coisas eram melhores*...? Essa nostalgia do passado pode nos causar a falsa impressão de que houve um tempo, dos mais velhos, quando havia receitas de remédio certos para os males do presente. É correto afirmar que antigas tradições, costumes, rituais, receitas da vovó e assim por diante, possuem suas qualidades e riquezas imensuráveis para a saúde física e mental de grupos e indivíduos; contudo, a história nos mostra que nem toda receita "cura" ou ameniza as dores, pelo contrário, algumas podem ser verdadeiros venenos. Parafraseando a antropóloga e historiadora Lilia Schwarcz (2019, p. 26), a história não é nenhuma bula de remédio, tampouco possui efeitos rápidos, seja por prazo curto ou longo. Todavia, a história contribui para tirarmos a máscara do espanto e a promover um debate mais crítico acerca do passado, presente e o vir a ser.

Cabe aos estudos e pesquisas da psicologia profunda desvelar os aspectos inconscientes que atuam nos fenômenos subjetivo/objetivo e individual/coletivo. Aqui aparece a importância da história que destrincha a ponta do *iceberg* enquanto a psicologia profunda adentra nas camadas subterrâneas. Para Carl Gustav Jung, o material histórico é fundamental para ampliar a análise dos problemas individuais e coletivos (JUNG, 1989, OC 5, § 3). De acordo com Jung (1989, OC 5, § 3), assim como a psicologia facilita a compreensão de eventos históricos, a história pode enriquecer o horizonte de investigação psicológica em torno de conjunturas individuais e grupais. Para a psicologia junguiana, o sujeito é um sujeito histórico e singular. Ele caminha entre a memória individual e a memória coletiva, a sua história e a história da humanidade; comum e compartilhado a todos nós humanos – inconsciente coletivo (JUNG, 1989, OC 5).

Do mesmo modo que Pixinguinha em *Naquele tempo* pode nos envolver pelas suas memórias pessoais e despertar para as nossas próprias lembranças carregadas de afetividade, nós também estamos entrelaçados com a memória histórica maior. Ainda que sejamos influenciados por essas camadas inconscientes, o indivíduo é também um ser social, já que a psique também é um fenômeno coletivo e não apenas isolada em uma caixinha (JUNG, 1981, OC 7, § 235). Quando nos recordamos de eventos do passado, como nos diz Pixinguinha das coisas daqueles tempos de outrora, não estamos apenas aflorando o nível pessoal da psique, mas também as notas do espírito de uma época, de uma geração e de um período sociopolítico específico.

Associamos esses aspectos da memória individual, nostalgias e coletividade com o mito dos "tempos de outrora"; a título de exemplo, foram ouvidos reclamos de segmentos sociais pelo retorno do Regime Militar, que se tornaram evidentes nas eleições presidenciais de 2018 e relembradas em um governo eleito de ultradireita. Sofremos com uma hiperpolarização política e de fantasias refundacionais do Brasil. Isso pode nos ocasionar a estranha sensação de um passado que é contínuo e assombra de tempos em tempos o presente e que nos mantém refém de governos e figuras autoritárias. *Quais forças psicológicas atuam nesta conjuntura nacional da política brasileira?* É esse campo dos fenômenos psicológicos complexos e dos processos grupais da política brasileira que este texto objetiva investigar. E mais particularmente em descrever a presença de um complexo cultural que nomeamos de complexo coletivo político-ideológico.

Complexo coletivo político-ideológico

A proposição da obra *Símbolos da transformação* (JUNG, 1989, OC 5) é de que existe uma camada da psique inconsciente que ultrapassa as fronteiras das experiências individuais. Ela pode ser localizada pela comparação de imagens que surgem no material onírico (sonhos e fantasias) com temática mítica. Jung foi influenciado pela teoria biológica evolucionária, particularmente as teorias da herança filogenética para descrever essa parte "coletiva" da psique, que é antiquíssima e impessoal; além do terreno individual (NAGY, 2003, p. 154-155). Em outras palavras, seguindo as mesmas pegadas da filogênese, a psique recapitula reminiscências da pré-história da humanidade. Logo, os eventos que mais impactaram a experiência humana se constituem como arquétipos. De acordo com Jung (2012, OC 18/1, § 84), a mente inconsciente, tal como o corpo, é um depositário de memórias do passado.

É importante notar que Jung (1981, OC 7, § 235) aponta para particularidades correspondentes a grupos étnico-raciais, nações, família, estando presentes na psique coletiva que é impessoal, objetiva e universal –, onde não há distinção étnico-racial, gênero, religião etc. A partir dessa observação de Jung, podemos compreender a psique coletiva com mais cores e diversidade cultural, uma camada com traçados plurais de rostos humanos.

Em 1936, Jung (1990, OC 10) identificou no material recolhido do povo alemão as expressões míticas do deus guerreiro germânico Wotan na psique coletiva. Contudo, somente com a contribuição de Joseph Henderson (1903-2007), o nível cultural da psique foi mais bem investigado e explorado.

Henderson introduz pela primeira vez o conceito de inconsciente cultural em 1962 no II Congresso de Psicologia Analítica. Em seu artigo apresentado no evento, "The Archetype of Culture" [O arquétipo da cultura], ele esboçou a personalidade protestante da mesma forma que Jung fez com o ariano e judeu

(JUNG, 2012, OC 10/1). Henderson sintetiza que o inconsciente cultural é uma área da memória histórica que está situada entre o inconsciente coletivo e expressa parte da cultura. Pode ser incluído nas camadas consciente e inconsciente, uma vez que é uma identidade que aflora dos arquétipos do inconsciente coletivo e contribui para promover o processo do desenvolvimento individual (HENDERSON, 1990, p. 103).

A memória histórica citada por Henderson (1990, p. 103-104) se refere à eclosão, à atividade de um arquétipo que, por sua vez, está preste a construir uma representação simbólica direcionada ao substrato étnico.

Para Henderson (1990), o inconsciente pessoal é influenciado pelo nível cultural da família de um indivíduo, valorizando a influência do grupo familiar na constituição cultural e subjetiva do indivíduo.

As análises de Henderson contribuem para compreendermos as dinâmicas psíquicas do Brasil, dado o seu contexto histórico, cultural, social e político. Conforme o historiador Sérgio Buarque de Holanda (1902-1982) descreve no seu clássico *Raízes do Brasil* (HOLANDA, 2006), a estrutura do período colonial brasileiro de base rural não se alterou até à Abolição em 1888, característica essa essencial para compreendermos as nossas marcas autoritárias. De acordo com Holanda (2006, p. 69-70), no tempo da monarquia, a política era monopolizada pelos fazendeiros escravocratas e seus filhos educados nas profissões liberais, de preferência na Europa. Eram esses homens os eleitos e/ou que faziam eleger seus candidatos, que dessa forma dominavam os parlamentos, os ministérios e, de modo geral, todas as posições de mando e assim promovendo a estabilidade das instituições em suas mãos.

Holanda (2006, p. 21) nos diz: "Em terra onde todos são barões não é possível acordo coletivo durável [...]". Esses detalhes da história do Brasil refletem na psique coletiva do povo brasileiro e dos descaminhos da nossa política, bastando lembrar-nos de alguns nomes de famílias que detêm os assentos políticos por gerações. A família Sarney no Maranhão desde a década de 1960 (ARAGÃO, 2017). No Ceará, segundo Nobre (2017, p. 431), os irmãos Ciro e Cid Ferreira Gomes, ambos do PDT, no governo estadual. Ciro governou o Ceará em um primeiro mandato entre 1990 até 1994 e o outro irmão nos anos de 2007 até 2014. Ambos estiveram também no legislativo estadual, assim como o outro irmão Ivo. Já o pai, Euclides, foi governador de 1977 a 1983 e também o bisavô, como o primeiro intendente no período republicano. Por fim, o clã ainda permanece com membros da família na política com novos mandados que começaram em 2017. No Acre, o PT tem ficado à frente do governo em quatro mandatos sob o comando dos irmãos Jorge Vianna (eleito em 1998 e 2002) e Tião Vianna (2010 e 2014).

Segundo Nobre (2017), esse aspecto da política brasileira vem de partidos tanto conservadores como progressistas, sendo que em ambos a política é literalmente um negócio de família. Nesses casos, observa Nobre (2017, p. 431), temos que nos inquietar diante da tradição familiar e do perfil ideológico do grupo familiar e/ou suas lideranças nas gingadas políticas, pois pode se esvaziar o princípio da igualdade de condições para outros indivíduos terem condições de requererem mandatos no parlamento e no executivo e manifestarem outros compromissos mais amplos e plurais.

Retornando ao passado com Sérgio Buarque, a vida da sociedade colonial foi pautada pela esfera doméstica, a qual era intangível por qualquer força externa. De acordo com Holanda (2006, p. 80), a entidade privada precede sempre a orbe pública, sendo as preferências fundadas em vínculos afetivos. Dificilmente a nossa psique coletiva conseguiria sair-se ilesa dessas marcas do Brasil colonial que configuraram o inconsciente cultural brasileiro em um ciclo vicioso e não elaborado.

Os interesses particulares das famílias privilegiadas pelo corpo político se sobressaem às demandas coletivas de um Estado democrático. Para Holanda (2006, p. 80-81), essas famílias almejam dominar toda a vida social e política, "[...] uma invasão do público pelo privado, do Estado pela família", o que revela as fragilidades das instituições políticas do Brasil e, mais além, dos pedregulhos que estão sedimentados na psique coletiva brasileira.

Retornando às considerações de Henderson e de sua definição acerca do inconsciente cultural, a memória histórica contém alicerces arquetípicos, pertencendo tanto à consciência coletiva como ao substrato inconsciente cultural e coletivo. No caso brasileiro, a nossa memória histórica é revestida de narrativas fundamentadas, tendo como exemplo aqueles postulados históricos e sociológicos expostos por Holanda (2006) – em *terra de barão não é possível acordo coletivo* –, como também pelas utopias; as chamadas refundações do Brasil, ou melhor, dos Brasis. Isso são nuanças que retratam a complexidade política brasileira e as ondas de autoritarismo nos nossos governos e nas crises políticas.

Para mergulharmos mais fundo nesse inconsciente cultural nacional e captar esses fenômenos complexos que estamos trilhando até aqui, vamos introduzir os estudos de Michael Vannoy Adams em seu livro *The Multicultural Imagination: "Race",*

Color, and the Unconscious, [A imaginação multicultural: "raça", cor e o inconsciente] que aprofunda as ideias sobre o inconsciente cultural. Para Adams (1996), o inconsciente cultural é composto por arquétipos e estereótipos. Assim, postula que existem duas dimensões na camada coletiva:

a) arquetípico – natural (trans-histórico, trans-cultural e trans-étnico);

b) estereotípico – menos natural (histórico, cultural e étnico).

Ambas as dimensões se encontram no nível inconsciente e consciente. Do mesmo modo, o inconsciente coletivo e consciência coletiva possuem estereótipos e imagens estereotípicas, além das expressões dos arquétipos e das imagens arquetípicas.

Para fins didáticos, a camada estereotipada no inconsciente e consciência coletiva é uma espécie de óculos que enxerga apenas os estereótipos socialmente construídos. Por exemplo, imagine você andando pelas ruas da cidade de São Paulo ou do Rio de Janeiro, quando encontra um negro com roupas esportivas correndo; mas, para esses óculos embaçados por imagens estereotipadas, o negro correndo é um fugitivo da polícia, uma figura ameaçadora, que podemos estender para os judeus e o dinheiro, árabes, para os terrorismos, para os latinos e para os empregos subalternos e assim por diante. Os nossos "óculos" tendem a agir de forma involuntária na consciência individual e coletiva, em padrões similares aos complexos.

Como disse Jung: "Durante seis meses encerrei-me nas paredes desse claustro para habituar-me à vida e ao espírito de um asilo de alienado [...] começou a minha carreira psiquiátrica – a experiência subjetiva da qual emergiu minha vida objetiva" (JUNG, 1987, p. 107). Nos corredores do Hospital

Burghölzli no qual ingressara em 1900, Jung e o psiquiatra suíço Franz Riklin (1878-1938) criaram entre 1902 e 1904 o experimento de associações de palavras e publicaram em 1904 o artigo "Investigações experimentais sobre associações de pessoas sadias" (JUNG, 2011, OC 2). O teste de associações de palavras marcou a carreira do jovem Jung, porque a partir desses experimentos se tornou possível identificar as raízes inconscientes da doença mental (JUNG, 2011, OC 2, § 1.350) e abriram-se as portas para uma concepção dinâmica da psique, a teoria de tipos psicológicos, a visão sistêmica da personalidade e a teoria dos complexos culturais a partir de 2000.

Em uma definição mais tardia, Jung (2011, OC 8/2, § 204) diz: "Hoje em dia podemos considerar como mais ou menos certo que os complexos são aspectos parciais da psique dissociados. A etiologia de sua origem é muitas vezes um chamado trauma, um choque emocional, ou coisa semelhante, que arrancou fora um pedaço da psique" (JUNG, 2011, OC 8/2, § 204). Os diversos infortúnios humanos podem nos proporcionar experiências traumáticas, consequentemente podem ou não formar aglomerados de emoções, isto é, um complexo de tonalidade afetiva.

Nos complexos reside uma base psíquica dinâmica como se as vivências traumáticas da biografia individual de alguém ganhasse vida própria e crescessem de maneira independente da consciência; por isso Jung (2011, OC 8/2) chama os complexos personalidades secundárias ou parciais, uma espécie de ser autônomo, capaz de atrapalhar as melhores intenções do eu. Rafael López-Pedraza (1920-2011) foi certeiro ao definir os complexos com tão poucas palavras, mas bem circunscrito: "[...] os complexos, esses pedaços de histórias, que funcionam dentro de nós e às vezes 'automaticamente'" (LÓPEZ-PEDRAZA, 2011, p. 29). Esses fragmentos da história, que no âmbito pessoal podem ser considerados experiências frustrantes e/ou traumáticas, como se um adulto com uma vida socialmente "feita", também tivesse dentro de si uma criança encostada no canto que esperneia junto à porta.

Como podemos pensar esse pedaço da história dentro de nós, âmbito coletivo e cultural do nosso Brasil, que nasceu com fraturas e a nossa democracia em "(des)compassos"? Já relatamos rapidamente algumas passagens históricas de grupos familiares tradicionais que podem ter nos causado a formação de alguns complexos e dos seus efeitos no presente. No entanto, a arena dos fenômenos coletivos político-ideológicos requer tatearmos para o campo dos complexos culturais.

O conceito de complexo cultural foi introduzido pela primeira vez em 2000, nos Estados Unidos, no livro *The Vision Thing: Myth, politics and psyche in the world* [A visão da coisa: mito, política e psique no mundo], organizado pelo analista Thomas Singer. Singer (2000) buscou entrelaçar realidades arquetípicas, políticas e psicológicas. Para ele (2000, p. 5-7), a psique coletiva possui uma dimensão espiritual, o espírito da época (*Zeitgeist*), que não é reduzido à sociologia ou à economia; pelo contrário, é uma força autônoma possuidora de uma sabedoria milenar. O mito desse nível mais profundo pode ser compreendido como a história central e unificadora de um determinado grupamento humano e nele grupos narram suas histórias de origem, do seu lugar no tempo e no espaço, suas derrotas, as forças criativas para poder renovar e se reinventar seu mundo. À vista disso, a camada mítica nesse nível nutre a base da vida cerimonial, social e política.

Baseado nesses apontamentos de Singer (2000), o Brasil possui uma formação disfuncional enquanto aspecto da vida social e política, como nos lembra a socióloga e historiadora Lilia Schwarcz (2019, p. 13-15) a respeito do concurso aberto em 1844, no Instituto Histórico e Geográfico Brasileiro (IHGB) para candidatos que pudessem dissertar sobre o seguinte tema: "Como se deve escrever a história do Brasil". O vencedor desse concurso foi um estrangeiro, um naturalista bávaro chamado Karl von Martius (1794-1868); no geral, ele pouco conhecia sobre a história do Brasil, conforme explana Schwarcz (2019, p. 15). Martius defendeu a ideia que no Brasil existe uma mistura de gentes e povos, tal como terra fértil para o aperfeiçoamento das três raças, a partir da limpeza do sangue indígena e africano.

É possível observar na consideração de Martius a presença de fantasias incorporadas por uma irrupção de conteúdos inconscientes na consciência (JUNG, 2012, OC 6, § 799). Segundo Ribeiro (2009), as nações são constituídas por narrativas acompanhadas por teias míticas que contam a história de seu povo, sua origem extraordinária e lutas vitoriosas contra os inimigos. Para Poliakov (1974, p. XVII), os mitos genealógicos são a primeira maneira de reflexão histórica e delimitação das forças afetivas das alianças, tal como de hostilidade contra grupos rivais, a título de exemplo, a limpeza étnico-racial e miscigenação que narram a questão da negritude, nas entrelinhas uma tática sutil de eliminar grupos não brancos e embranquecer a população. E podemos citar um caso do mito funcional da independência, a famosa frase de Dom Pedro I em 1822: "Como é para o bem de todos e felicidade geral da nação, estou pronto: diga ao povo que fico". O príncipe herdeiro visava mais interesses pessoais do que os da coletividade, uma vez que a aristocracia o apoiaria como imperador em troca de promessas, como a de que a independência garantisse a manutenção de privilégios (FERNANDES; JUNIOR & QUEIROZ, 2010).

No caso do Brasil, essa narrativa oficial, que conta a história brasileira, nasce com o Império e ainda é descrita por um estrangeiro. Nossa primeira história "oficial" começou a ser controlada por mãos estrangeiras. São experiências armazenadas na psique coletiva nacional, que encoberta aspectos arquetípicos da sombra, geralmente projetada no outro diferente e na sustentação de uma *persona* de um povo acolhedor, receptivo, unido e tolerante com as diversidades; todavia existe, no âmbito do inconsciente cultural brasileiro, uma dissociação com a presença de um forte complexo cultural que impossibilita no processo de conscientização da camada sombria. Essa dissociação promove a tensão entre a *persona* encobridora de um país paradisíaco e acolhedor, que esconde a violência, o preconceito, a discriminação, a enorme desigualdade social, a corrupção etc., o que leva à saturação de uma camada sombria de ódio, desprezo, aversão e hiperpolarização.

São recorrentes os mitos de refundação do Brasil, uma espécie de busca por uma mãe ancestral perdida, como indica Roberto Gambini (DIAS & GAMBINI, 1999, p. 29-47). No contexto brasileiro, as mulheres indígenas e africanas, ambas das mais diversas comunidades étnicas foram estupradas, assassinadas e humilhadas nas mãos dos homens brancos (NASCIMENTO, 2007). A carnificina contra a mulher brasileira continua a ser uma realidade vívida e escancara as garras do machismo e do racismo estrutural, conforme dados recentes do IPEA (2019, p. 38) nos alerta que entre 2007 e 2017, em números absolutos, o crescimento de homicídios de mulheres não negras cresceu 1,7% e entre mulheres negras foi de 60,5%.

Outro mito de refundação é evidenciado na década de 1930, no início do Governo Vargas, quando se pretendia construir o um Estado nacional tendo como ponto de partida uma identidade brasileira com bases na miscigenação. Nessa perspectiva, o sociólogo pernambucano Gilberto Freyre (1900-1987) publicou em 1933 a obra *Casa-grande & senzala*, sendo que um dos eixos do livro é pensar a contribuição da população ameríndia, negra e mestiça no processo de desenvolvimento da cultura brasileira (FREYRE, 2003). Freyre (2003) exalta as três raças originárias do Brasil e promove os benefícios da miscigenação cultural: "[...] miscigenação que largamente se praticou aqui corrigiu a distância social que de outro modo se teria conservado enorme entre a casa-grande e a mata tropical; entre a casa-grande e a senzala" (FREYRE, 2003, p. 33). Desse modo, sonhava-se uma identidade nacional, mas não se escondiam as profundas fraturas entre os brancos colonizadores e os índios autóctones e negros escravizados. Em *Sobrados e mocambos*, de 1936, Freyre continua sua obra abordando o processo de transição do mundo rural para o citadino.

O antropólogo brasileiro-congolês Kabengele Munanga nos sinaliza para esses mitos de miscigenação: "Freyre não privilegia na sua análise o contexto histórico das relações assimétricas de poder entre senhores e escravos, do qual surgiram os primeiros mestiços" (MUNANGA, 1999, p. 80). Para ele, Freyre valoriza a cultura da comunidade negra mesmo que, simultaneamente, elogie um universalismo. Essa ideia de universalidade encobre o processo de diluição da cultura negra com o abandono das tradições culturais de grupos étnico-raciais. O caminho mais saudável para uma unidade nacional seria respeitar as especificidades das diversidades de grupos humanos.

As ambivalências presentes na psique coletiva brasileira indicam a presença de um complexo atuante se observarmos nos governos políticos do Brasil; eles exaltam o combate à corrupção, fazendo promessas de saneamento dos males sociais, suportados por campanhas higienistas, massiva propaganda da anticorrupção e identificando um mal ou inimigo externo ou um antagonista interno que trabalha para obstruir o progresso do país. No caso de Vargas, podemos citar as propagandas de um país regido pela democracia racial, a construção de identidade nacional, e até mesmo, a criação em 30 de maio de 1939 do Dia da Raça (SCHWARCZ, 2012). Por outro lado, a constituição de 1934, sob a regência de Vargas, institucionaliza e legitimava políticas eugênicas (BRASIL, 1934). Essa dinâmica nos dá uma primeira pista da atuação dos complexos culturais, que pavimenta o fator estereotípico na consciência coletiva.

É no artigo "The Cultural Complex and the Myth of Invisibility" [O complexo cultural e o mito da invisibilidade] que o analista e psicólogo norte-americano Samuel Kimbles apresenta o conceito de complexo cultural. Kimbles (2000) expande o conceito de complexo de tonalidade afetiva desenvolvido por Jung, acrescentando no inconsciente cultural, o amplo terreno dos conflitos grupais mobilizados por questões como etnia, raça, gênero, orientação sexual, classe e religião. Segundo Kimbles (2000), quando somos capturados pelos complexos culturais é como se tivéssemos sidos pegos por algo pegajoso e emocional organizado por tipo de sentimento oriundo da vida grupal e movido na lógica de "nós contra ele". Esses sentimentos conectam cada indivíduo por meio de uma narrativa social intergeracional dos mais diversos tipos de grupos de referências, o que pode nos levar à culpa e ao desentendimento (KIMBLES, 2000, p. 159).

Em 2004 foi publicado o livro *The Cultural Complex Contemporary Jungian Perspectives on Psyche and Society* [O complexo cultural: perspectivas junguianas contemporâneas sobre psique e sociedade] organizado por Thomas Singer e Samuel Kimbles. O marco desse trabalho é que se trata de uma coletânea de artigos de diversos junguianos oriundos de todos os continentes, que discutem o conceito de complexo cultural.

De modo geral, os complexos culturais se baseiam em grupos humanos que experienciaram contínuos conflitos ao longo da história. Como vimos anteriormente neste capítulo, vivências traumáticas podem se enraizar no inconsciente e formar complexos, que nesse caso referem-se ao âmbito grupal. Os complexos culturais podem "sequestrar" a psique coletiva de um grupo:

> [...] esses complexos de grupo têm a ver com trauma, discriminação, sentimentos de opressão e inferioridade nas mãos de outro grupo agressor – embora os "grupos ofensivos" sejam frequentemente, sentindo-se discriminados e tratados injustamente. Complexos de grupo enchem a paisagem psíquica e são tão facilmente detonados quanto as minas terrestres literais que espalham o globo e ameaçam a vida – especialmente a vida jovem – em todos os lugares (SINGER & KIMBLES, 2004, p. 7).

Finalmente chegando no Brasil, temos pesquisas que investigam a alma brasileira e seus complexos culturais, como o pioneiro trabalho da analista Denise Ramos sobre complexo cultural originado da escravidão (RAMOS, 2006) e a sua contribuição para os estudos sobre corrupção política como indício de complexo cultural brasileiro (RAMOS, 2004, p. 102-122).

Outros trabalhos que destrincham os nossos complexos culturais estão presentes nos textos publicados em *Alma brasileira: luzes e sombra* (BOECHAT, 2014), que discutem a alma brasileira. No ano de 2018, temos textos inéditos para pensarmos mais uma vez as entranhas da psique brasileira, presentes na obra *Desvelando a alma brasileira: psicologia junguiana e raízes culturais* (OLIVEIRA, 2018), com textos que abordam com mais profundidade os complexos culturais e traumas.

Contudo, daremos uma atenção especial ao capítulo "Complexo cultural e brasilidade" (BOECHAT, 2018), embasado no que Leonardo Boff denominou de *quatro grandes nós górdios da cultura brasileira: o colonialismo, o holocausto indígena, a escravidão e a corrupção*. Boechat (2018, p. 76-77) busca compreender a brasilidade e identidade cultural brasileira com uma melhor compreensão do passado do Brasil e dos complexos culturais que se desenvolveram no decorrer do tempo. Isso posto, Boechat (2018) destrincha as quatro áreas de sombra e as relaciona com complexos culturais: (1) complexo cultural do colonialismo, (2) complexo cultural do holocausto indígena, (3) complexo cultural da escravidão e (4) complexo cultural da corrupção. De acordo com Boechat (2018), os complexos individuais e culturais podem diminuir a força de atuação a partir do momento em que se torna possível a consciência deles, possibilitando uma possível e gradual integração no campo da consciência coletiva. A memória é um dos caminhos fundamentais que permite a elaboração simbólica das vivências traumáticas do passado.

A negação é uma das defesas que se manifestam na consciência coletiva para evitar o confronto e a nudez dos horrores para colocar "embaixo do tapete" as sujeiras indesejáveis e indigestas para moral coletiva, como atestam as manifestações de ruas e das mídias sociais desde a deposição da presidenta Dilma Rousseff.

Outro exemplo dessa nossa estratégia negacionista é o hino nacional da República, que um ano e meio após a Abolição, negava o período escravocrata, de acordo com Schwarcz (2012, p. 22): "'Nós nem cremos que escravos outrora/Tenha havido em tão nobre país!' Ora, o sistema escravocrata mal acabara e já se supunha que era passível de esquecimento" (esse hino não foi oficializado, porém foi aprovado pelo Decreto n. 171, de 20 janeiro de 1890. Somente um ano e meio após a emancipação que já se armava ofuscar um dos maiores extermínios e desumanização de grupamentos humanos.

De acordo com a analista e ativista norte-americana Fanny Brewster (2020, p. 14), nós podemos sentir medo dos nossos complexos não resolvidos e buscamos mantê-los nas sombras. De fato, o trabalho com o complexo requer que o eu tenha consciência dele, embora haja uma resistência de conscientização certamente pelo medo nos afetos dos complexos. Todavia, a elaboração de um complexo possui o potencial de fortalecer a consciência e transformar e ressignificar as adversidades e farpas do passado. Isso vale exatamente o mesmo para o complexo cultural e seus processos grupais.

Podemos ainda pensar como Brewster (2020, p. 17) que as partes traumatizadas da psique pessoal/coletiva reforçam uma desconexão com o arquétipo do *Self* (arquétipo da totalidade psíquica) o que significa sequelas e dissociações sérias.

Além dos quatro complexos culturais citados por Boechat (2018), verificamos a existência de mais uma ferida na psique brasileira que se constitui como complexo coletivo político-ideológico, que ganhou clara visibilidade nos fins dos anos de 1990, a partir do momento que o Estado brasileiro passa a funcionar com modelos de governos sociais-democratas, depois do período militar de 1964-1985 e do movimento político relevante das Diretas Já (1983-1984).

Cabe ainda mencionar as contribuições pioneiras de Andrew Samuels, analista e ativista junguiano, articulando os campos da psicologia e política. Samuel escreveu uma trilogia, fruto de suas preocupações sócio-históricas em torno da psicologia e política (SAMUELS, 1992; 1993; 2002). Para Samuels (1993), a política expressa a maneira que o poder é sustentado ou desdobrado, seja pelas instituições da sociedade e ou o Estado. Um salto e tanto que Samuels (1993) consegue fazer nas suas investigações e captar um substrato político na psique, que funciona no sentido de processos de ordem política serem incorporados à linguagem psíquica e na vida interior.

É importante salientar que a psicologia analítica utiliza preferencialmente o método prospectivo ou construtivo a fim de investigar a intenção do desenvolvimento que subjaz ao sintoma (NAGY, 2003, p. 160). De acordo com Jung (2012, OC 3, § 399), a psique é apenas parcialmente movida pelo princípio da causalidade e, por outro lado, ela segue o fluxo do devir. Logo, a psique pode ser mais bem compreendida por meio do método construtivo.

Outro aspecto que merece ser destacado é que o método construtivo legitima o aspecto subjetivo do sujeito que pesquisa o nível objetivo do símbolo (JUNG, 2012, OC 3, § 395-397). Neste capítulo, a manifestação do complexo coletivo político-ideológico brasileiro revela-se tanto a partir da história pregressa como da perspectiva prospectiva.

Por dentro do complexo coletivo político-ideológico brasileiro

De modo geral, a psique de um determinado povo é materializada pela política (SAMUELS, 1993). Por esse ângulo, podemos assegurar que o material histórico amplia a investigação psicológica uma vez que o sistema colonial escravocrata e de exclusão social da população negra no pós-abolição desvela claramente políticas que cristalizam somente os interesses privados de alguns segmentos sociais, além de servir da força do Estado para promover extermínios, como é evidenciado contra população negra brasileira (IPEA & FBSP, 2018; 2019).

Autor do livro *A elite do atraso: da escravidão à lava jato*, o sociólogo Jessé Souza (2017) analisa os resquícios da escravatura como singularidade excludente e perversa que se perpetua no tempo. Souza (2017, p. 9-10) capta um padrão histórico recorrente nas lutas políticas do Brasil moderno, a partir das lutas das classes por privilégios e distinções que promovem vínculos e preconceitos no decorrer de sua obra à conjuntura nacional do Brasil do século XXI.

Para Souza (2017), o segmento da classe média brasileira nutre sentimentos de ódio e desprezo contra pobres. De fato, Souza (2017, p. 169) reitera claramente que talvez essa seja a nossa maior herança da escravidão: odiar pessoas pobres e humilhá-las.

O antropólogo Roberto DaMatta (1996, p. 181) complementa nossa investigação com a análise da famosa frase: "Sabe com que está falando?" Segundo DaMatta (1996, p. 195), essa expressão é uma dimensão hierarquizadora e da patronagem, que atravessa todas as nossas relações diferenciais e permite estabelecer vínculos personalizados em ações impessoais. O "você sabe com que está falando?" é uma negação do "não saber", porque impossibilita que o interlocutor deixe de se informar com quem está se comunicando. Em junho de 2020 uma mulher se ofendeu no decorrer de uma fiscalização de rua, quando o marido, formado em engenharia civil, foi chamado pelo fiscal de "cidadão". Nesse contexto, a esposa respondeu o fiscal da Vigilância Sanitária da seguinte forma: "Cidadão não, engenheiro civil, formado, melhor do que você" (LIMA, 2020a). Já no mês de julho também de 2020, outra famosa "carteirada" foi noticiada pela mídia: um guarda municipal foi humilhado por um desembargador flagrado sem máscara (G1, 2020b).

Os complexos culturais atuam no campo cultural para além do indivíduo, entretanto se entrelaçam com a camada pessoal. Eles narram a história da vida grupal, a partir de experiências históricas repetitivas que têm raízes no substrato da psique coletiva de um grupo e na psique individual dos seus membros. A partir de DaMatta (1996), Souza (2017) e Schwarcz (2017), observamos os traços de mandonismo e autoritarismo na psique coletiva brasileira, que nos dão pistas da reativação do complexo coletivo político-ideológico atualizado por vivências traumáticas do Regime Militar e golpes que, de modo geral, nos apontam para as fissuras da nossa democracia.

De acordo com Nobre (2017, p. 437), o Brasil tem histórico de democracia tardia e oscilante, com ciclos duradouros de regimes ditatoriais e instituições políticas frágeis. Esses eventos de tonalidade afetiva podem ter desencadeado na formação de um complexo cultural político-ideológico. Um complexo cultural pode afligir outros com conteúdo análogo. Eles podem receber influências sobre outros semelhantes e atraí-los para uma zona de força comum, cujos efeitos podem ser de teor destrutivo para a cultura em médio e longos prazos, conforme exemplifica Boechat (2018, p. 76). Dessa forma, o complexo cultural político-ideológico recebe no seu campo de atuação a influência dos quatro complexos culturais mencionados por Boechat (BRAGARNICH & LOPES PERES, 2019). Não podemos esquecer a importância da ideologia como aglutinador cognitivo dos complexos culturais. Nesse sentido, vale a pena recapitular o nos diz Munanga (2009, p. 89):

> (i) de modo geral, um sistema de ideias comuns a um determinado grupo e condicionado pelos seus centros de interesse;
> (ii) no sentido restrito, torna-se uma espécie de feixe de ideias-força suscetível, que não apenas é útil para justificar um ponto de vista, como também de animar um movimento ideológico (marxista, cristã etc.). Nessa camada, a ideologia se manifesta a partir de um deslocamento em relação ao real, ou seja, um desvio entre aquilo que é prometido no campo das ideias e a sua atualização;
> (iii) de modo pejorativo, a ideologia não é nada mais do que um engano consciente, mentira intencional, pensamento hipócrita. À vista disso, a ideologia a partir de seu sentido restrito é um dos gatilhos de regimes autoritários no Brasil.

Conforme já vimos anteriormente, a história política do Brasil desvela aspectos que remetem a uma cultura tradicional, familiar, conservadora, clientelista, patrimonialista e corrupta (OLIVEIRA, 2018). Para a cientista política Renata Oliveira (2018, p. 28), somos o oposto dos ideais republicanos, democráticos e, inclusive, os liberais. As raízes fincadas no solo brasileiro remetem ao longo período colonial e escravocrata, conforme nos lembra Darcy Ribeiro: a mais tenebrosa de nossas heranças é de carregar sempre conosco a marca de carrasco estampada na alma e à espreita para eclodir na brutalidade autoritária, racista e classista (RIBEIRO, 2006, p. 108).

Para Souza (2017), Oliveira (2018) e Schwarcz (2019), a gênese da nação brasileira pós-colonial foi engendrada na monarquia em uma política interna imperial e, para as nações vizinhas, um tipo imperialista. Para o historiador Thomas Skidmore (1931-2016), em 1865 o Brasil simbolizava uma anomalia política nas Américas: um império com uma monarquia hereditária, enquanto nossos vizinhos hispano-americanos haviam enfrentado os colonizadores espanhóis e no Brasil caminhamos para a independência sob a bandeira real de um Bragança (SKIDMORE, 2012, p. 37). Outra anomalia observada por Skidmore (2012) era de ordem social e econômica, dado que a economia brasileira, baseada no ramo agrícola, tolerava a escravidão, mesmo com o fim do tráfico negreiro em 1850.

Em 1860 existiam dois partidos políticos, o Liberal e o Conservador, que pleiteavam as cadeiras parlamentares conforme o modelo da Câmara dos Comuns britânica. O Partido Liberal defendia os interesses brasileiros contra os portugueses enquanto os conservadores inicialmente eram defensores dos interesses de Portugal. Com o passar dos anos, os dois partidos pareciam muito semelhantes. De acordo com Skidmore (2012, p. 39) os próprios políticos da época confessavam a ausência de divergências ideológicas entre eles. Skidmore nos lembra que os republicanos não colocaram uma única palavra sobre a escravidão em seu manifesto de fundação em 1870. Pelo contrário, eles buscaram ganhar simpatia dos fazendeiros escravagistas, cuja tática funcionou favorecendo o Partido Republicano que conquistou melhores benefícios políticos do que o Partido Liberal, que se manteve como inspirador de reformas e que jamais venceu. A título de exemplo, os três grandes projetos abolicionistas foram aprovados por governos conservadores!

Para Jung (2012, OC 18/2, § 1.309), uma situação psicológica pode ser vinculada por diversos fenômenos que são chamados de sintomas. Em outra passagem Jung (1978, OC 11/1, § 37), diz que "[...] o sintoma é como que o broto que surge na superfície da terra, mas a planta mesma se assemelha a um extenso rizoma subterrâneo [...] se conseguirmos penetrar no rizoma, teremos alcançado, literalmente a 'raiz' da enfermidade". A enfermidade subjaz ao sintoma; no campo da consciência coletiva, na perspectiva da psicologia dos grupos, nos conteúdos do inconsciente cultural, os complexos culturais se manifestam de modo indireto na consciência individual e coletiva.

Desse modo, o germe do complexo coletivo político-ideológico brasileiro ativado pelas forças militares, se expressa na história do Brasil ainda na derrubada do Império e na Proclamação da República em novembro de 1889, que de acordo com Skidmore (2012, p. 131), houve tão pouca comoção social que o observador pode rotular o evento como um golpe palaciano. A consolidação da República se apresentou de forma mais traumática, como aponta Skidmore (2012, p. 131): "Menos de um ano depois que a Assembleia Constituinte aprovou uma nova Constituição, em 1891, o regime constitucional deu lugar à Ditadura Militar. O primeiro presidente, o Marechal Deodoro da Fonseca, indispôs-se com o Congresso [...] que o elegera". A partir desse fragmento traumático da história brasileira, podemos identificar o broto do complexo coletivo político-ideológico. Deodoro repetiu o mesmo gesto autoritário de Dom Pedro I, que se indispusera com a Assembleia que havia feito a Constituição de 1824 e depois com atitude prepotente a dissolvera. Não demorou muito para Deodoro adoecer e renunciar ao governo e assumir seu vice-presidente, o Marechal Floriano Peixoto, que governou de 1891 a 1894, extinguindo os adversários da jovem República. Floriano passou a governar o país por decreto, suspendendo informalmente as liberdades civis para evitar críticas em jornais e discursos. Com o término do mandato, Floriano passou o governo para o civil, eleito em 1894, Prudente de Morais.

No período da República Velha (1889-1930) governou-se por 2.365 dias em estado de sítio, ou seja, em estado de exceção, que é uma situação contrária ao Estado democrático de direito (GOMES & MATOS, 2016, p. 1.764).

A partir desses curtos relatos de eventos históricos, se observa o broto do complexo coletivo político-ideológico mobilizando as forças militares. O complexo acumula experiências que validam o seu ponto de vista e cria uma rede de autoafirmação, como no caso estudado acerca do autoritarismo dos governos brasileiros. Conforme Samuels (1993), a política se processa na psique que evoca e mobiliza a energia de atuação do complexo político-ideológico que irradia a sua força e intensidade na consciência coletiva. Pensamos que esse desbordamento complexo se manifeste como:

1) hiperpolarização política;
2) autoritarismo;
3) mandonismo;
4) fantasia refundacional;
5) comportamento estereotipado;
6) golpes políticos.

Kimbles (2006) nos lembra que complexo cultural é como resíduo de minas terrestres prontas a explodir a qualquer momento, dado que se sedimentam na memória histórica e nas emoções de gerações com feridas profundas, como encontramos em vítimas de ditaduras militares.

Na Era Vargas, no período mais "democrático" do governo de Getúlio (1934-1937), o Brasil foi governado em estado de sítio por 658 dias, com a justificativa principal de proteger a nação do comunismo (GOMES & MATOS, 2016, p. 1.770), o que vem se repetindo ao longo da história ulterior que conhecemos. Importante notarmos que, em 1935, Vargas enviou uma mensagem à Câmara dos Deputados pedindo apoio para medidas de exceção que lhe permitissem "pacificar o país". Essa dinâmica política nos remete à imagem arquetípica da pureza, esse processo também de deve pelas forças do inconsciente cultural atuando na consciência coletiva, voltado para a polidez exterior, dada a negação das funções inferiores da psique. Em 1937, Vargas executa um golpe de Estado, fecha o Congresso Nacional e inicia ditadura do Estado Novo (1937-1945).

Entre 1946 a 1963 o Brasil conseguiu vivenciar pela primeira vez um período "democrático", permitindo a participação popular na política que aumentava juntamente com o processo de urbanização e industrialização do país. Entretanto, nesse período também cresceu a importância dos militares no Estado brasileiro (GOMES & MATOS, 2016, p. 1.770).

Para compreendermos a tonalidade afetiva do complexo político-ideológico, precisamos entrar no rizoma da enfermidade, ou melhor, dos preparativos do Golpe Civil-militar de 1964, que envolve a renúncia de Jânio Quadros por motivos de "forças ocultas", o que levou o seu vice-presidente João Goulart a assumir o governo.

No curto governo de Goulart (setembro de 1961 a março de 1964), um novo contexto político-social emergiu no país: crise econômica, crise dos sistema político, crise partidária, ampla mobilização política das classes populares paralelamente a uma organização e investida do segmento militar e empresarial (sendo que, em meados de 1963, as classes médias também estão em evidência), ampliação do movimento sindical dos operários e dos trabalhadores do campo, e mobilização da luta ideológica de classes (TOLEDO, 2004, p. 13).

Para Toledo (2004), a destituição de Goulart em 1964 representou um golpe contra as reformas sociais defendidas por amplos setores da sociedade brasileira e se configurou como um golpe contra a embrionária democracia política burguesa nascida com o fim da ditadura do Estado Novo em 1945. Em um depoimento no ano de 1981, o ex-ditador Geisel afirmou que "o que houve em 1964 não foi uma revolução. As revoluções se fazem por uma ideia, em favor de uma doutrina" (TOLEDO, 2004, p. 14). Geisel afirmou que a vitória de 1964 foi contra Goulart, contra a corrupção e contra a subversão, não era a favor da construção de algo novo no país (TOLEDO, 2004, p. 15).

No Golpe de 1964, as classes dominantes e suas elites ideológicas e repressivas, no pré-64, possuíam a visão unilateral de baderna, anarquia, subversão e ameaça comunista (TOLEDO, 2004). Ainda segundo o autor, esse segmento da sociedade temia a ascensão dos operários, camponeses, estudantes e demais membros da sociedade que não pertenciam ao grupo dos privilegiados. Outro ponto destacado por Toledo (2004, p. 21) é que o Golpe de 1964 buscou também estancar a discussão política que, tanto no Congresso como na sociedade, estava sendo centralizada para reformas sociais e políticas, cujo melhor exemplo era a proposta da reforma agrária.

A análise de Toledo (2004) colabora com as investigações de Jessé Souza (2017) a respeito do desprezo da elite, assim como o seu temor em perder o posto de controle e poder no país. Essas características demonstram a presença do complexo coletivo político-ideológico que organiza lógica interna de *nós* versus *eles*, assim como funciona pelo sentimento de medo, pela criação de um inimigo (a título de exemplo nos discursos contra comunismo, comunidade LGBTQ+, partidos progressistas e assim por diante) e, de modo geral, por táticas de mistificar a história. O que pode ser mais ameaçador para o segmento grupal dominante do Brasil do que a presença de pessoas marginalizadas como pobres, negros e negras, operários, mulheres etc., conquistando e ocupando aqueles antigos espaços destinados a um número restritos de pessoas?

A Ditadura Militar chegou à exaustão em 1982 quando a sociedade clamava por transformações. A transição entre ditadura e democracia perdurou por uma década, marcada por diversos debates, greves, crise econômica, manifestações populares e assim por diante (CHAVES & LOBO, 2019). Em 1984, o movimento das Diretas Já ganhou mais músculos pelo retorno do regime democrático em defesa da liberdade. Ainda assim, o Brasil teve em 1985 mais uma eleição indireta que elegeu Tancredo Neves, embora quem assumiu foi o vice-presidente José Sarney, um político conservador. Ainda que as Diretas não tenham alcançado o seu principal objetivo, essa mobilização política significativa indica o polo positivo do complexo político-ideológico, o seu potencial de transformação. Isso demonstra que, quando complexos culturais estão ativados nos seus polos positivos, eles tendem a beneficiar a vida grupal e membros individuais como forças criativas (KIMBLES, 2014).

Em 1990 houve a eleição de Fernando Collor, o primeiro presidente eleito pelo voto popular, que se constituiu em total fracasso, sem conseguir completar o seu mandato devido a escândalos de corrupção e tentativas decepcionantes para sanar a crise econômica (OLIVEIRA, 2018).

De acordo com Oliveira (2018, p. 31), a partir de 1995, com Fernando Henrique Cardoso, evidenciou-se no Brasil o caminho para um regime democrático. Nessa onda de redemocratização, de 1994 a 2014, a política nacional se moldou para um bipartidarismo protagonizado por partidos de talhe centrista social-democrata do PSDB e da centralidade de esquerda desenvolvimentista do PT, em meio ao embate entre um modelo de agenda neoliberal e o de agenda social, que disputaram os poderes executivo e legislativo nos vários níveis de poder político no Brasil.

Na psicologia analítica, os fenômenos de polarização de pares de opostos, quando radicalizados, podem gerar o movimento da enantiodromia. Tal fenômeno psicológico ocorre geralmente onde existe uma direção extremamente unilateral da consciência, de intensidade e persistência que tempestivamente constela uma contraparte inconsciente igualmente forte, cuja manifestação inicial atua na inibição do rendimento consciente e posteriormente na interrupção da direção consciente (JUNG, 2012, OC 6, § 795).

Assim, após esgotamento dos anos FHC e seguindo a dinâmica da enantiodromia, em 2002, Luís Inácio Lula da Silva foi eleito presidente da República, defendendo uma agenda política de esquerda, com implementação de projetos sociais, sem deixar de priorizar o desenvolvimento e o crescimento econômico (OLIVEIRA, 2018). Nos dois mandatos, o governo petista, ainda que aceitando parceria de conservadores, conseguiu aprofundar os programas sociais que permitiram a redistribuição de renda e foram capazes de tirar milhões de pessoas da pobreza extrema ao mesmo tempo em que ampliou o consumo e a ampliou uma área da base da classe média. Foram criadas universidades, principalmente em regiões periféricas, implementando uma política externa ativa e relevante. Por fim e ao final, as elites financeiras foram profundamente beneficiadas pelo governo de alianças de esquerda (OLIVEIRA, 2018, p. 33).

A presença de um presidente de origem humilde atiçou preconceitos e resistências dos opositores ao governo, que se adensaram com a descoberta de casos de corrupção ligados à cúpula do PT, o Mensalão em 2005. Apesar desses tropeços, Lula conseguiu a reeleição (OLIVEIRA, 2018).

A esquerda naturalmente também propôs uma narrativa de refundação da nação, contida implicitamente no bordão "nunca antes neste país" sobre a inserção das classes mais pobres na dinâmica das forças relevantes do processo sociopolítico brasileiro.

Em 2010 foi eleita a primeira mulher presidente do país, Dilma Rousseff, reeleita e levada a um segundo mandato em 2014. Porém, o governo Dilma já começava a sofrer protestos desde 2013. Por exemplo, as manifestações de 2013 surgiram de protestos feitos por jovens vinculados ao Movimento Passe Livre contra o aumento de R$ 0,20 nas passagens de ônibus da cidade de São Paulo. Segundo Oliveira (2018, p. 34), esse movimento aos poucos aumentou de tamanho e acolheu diversas insatisfações coletivas, especialmente de ordem econômica, que se podem compreender em discursos aparentemente apartidários e nacionalistas.

As eleições de 2014 já demonstravam grande polarização política e animosidade ganhando corpo e garra, em outras palavras, evocando a constelação do complexo coletivo político-ideológico. Segundo Jung (2011, OC 8/2, § 198), a constelação é um processo automático que ocorre de forma involuntária. Os conteúdos constelados são complexos que detém uma carga de energia própria. Para Brewster (2020, p. 37) existe uma constelação cultural que pode ser desencadeada por instâncias coletivas e subjetivas. Ela estudou o genocídio de grupos étnicos da África no decorrer do período escravocrata, e posteriormente atos violentos contra afro-americanos. Segundo Brewster (2020), uma "situação externa" como a escravização e o racismo expresso no período da segregação racial podem liberar um processo psíquico que determinados conteúdos inconscientes se reúnem e se preparam para eclodir. Ela observa que, da mesma maneira, os indivíduos se tornam constelados; ocorre também no âmbito grupal mobilizadores em comportamentos humanos direcionados por uma concentração de energia psíquica direcionada no nível social e cultural.

Nessa perspectiva, no Brasil se começava a constelar nos atores políticos, mídias, e segmentos influentes das classes médias, o complexo político-ideológico que forneceu sua energia psíquica intensa ao processo de *impeachment* da Presidente Dilma, por motivos que, segundo Chaves (2019) e outras vozes, desafiaram a legalidade constitucional, e a democracia mais uma vez estremeceria em 2016.

O Vice-presidente Michel Temer assume o governo num país mergulhado na situação de terra arrasada e pratica uma agenda que retrocede nas conquistas de movimentos sociais, projetos sociais, CLT, economia etc. (OLIVEIRA, 2018). As medidas de Temer foram em sua maioria impopulares.

Nas eleições presidenciais de 2018 ocorreram movimentações atípicas para a realidade brasileira e mundial que foi o uso massivo de notícias falsas (*fakes news*) nas redes sociais, que beneficiaram o candidato ultraconservador à presidência, o Deputado Federal Jair Bolsonaro de várias legislaturas, sem qualquer importância política, sendo assim identificado com a classe de políticos profissionais obscuros, o assim chamado baixo clero, praticamente desconhecido nacionalmente. O candidato contou com seu histórico militar e não compareceu à maioria dos debates no primeiro turno e a nenhum do segundo turno. Nessa eleição presidencial foi rememorado o seu histórico de misoginia, machismo, xenofobia e racismo, todavia a campanha eleitoral continuava a ampliar os números de eleitores (OLIVEIRA, 2018, p. 38), pois, de alguma maneira, representava uma atitude contra o Partido dos Trabalhadores, que ficou associado à corrupção generalizada no país. Nada melhor do que a evocação do saneamento depositado em projeções massivas nas instituições militares das quais o candidato certamente se beneficiou. Isso abriu espaços para tentativas de revisionismo sobre a Ditadura Militar, adicionadas pela mesma arenga de sempre: a ameaça comunista (ABRÃO, 2019). Além de acompanharmos forças táticas da Polícia Federal, do Supremo Tribunal Federal e de outros órgãos do governo federal que desempenharam ações contra a corrupção, a mais famosa é a Lava Jato (CHAVES, 2019), que foram e são constantemente veiculadas com poder midiático. Aqui, mais uma vez, os militares são convocados para atuar na direção do país, dentro da lógica do complexo político-ideológico.

Nas eleições de 2018, a despeito do conservadorismo radical de Jair Bolsonaro, seu baixo desempenho como parlamentar, suas atitudes já mencionadas e das ações violentas ligadas a seus partidários e apoiadores (OLIVEIRA, 2018), ele foi eleito presidente em um país mais uma vez dividido e polarizado, como na reeleição de Dilma Rousseff, com o discurso contra a *velha política*, usando a bandeira do antipetismo, promovendo a lógica simplista e unilateral de "*nós* versus *eles*".

O governo Bolsonaro tem como uma de suas agendas políticas a mistificação do trauma da Ditadura Militar, a partir da estratégia que tenta legitimar uma ideia de que governos autoritários são benéficos para "salvar" a sociedade de um dito "inimigo" (partidos progressistas, comunismo, LGBTQ+), geralmente construído e elaborado pelo próprio governo de Jair (CAMARGO; MORAES & ROSA, 2020).

Em outras palavras, busca-se criar uma nova história brasileira, com pinceladas de anti-intelectualismo, forte hierarquização social, o uso das forças de instituições conservadoras religiosas e de costumes com o objetivo da construção de narrativas refundantes do Brasil da *nova política*, eivadas de irrealidades e dramas conspiratórios visando, em especial, a adulteração da memória da violência física e simbólica da ditadura, independentemente da farta documentação apresentada, do intenso e extenso trabalho da Comissão Nacional da Verdade (CNV) contra os crimes durante o Regime Militar (CAMARGO; MORAES & ROSA, 2020).

Os governos e seus líderes construíram narrativas revisionistas da história do Brasil, mais influenciada pelo interesse e artimanhas de quem costura a narrativa. Os discursos do presidente nos dão a estranha sensação de que ele pretende redescobrir o Brasil, começar tudo como uma tábula rasa e alinhar toda uma nação para seu seleto grupo de seguidores. Aqui novamente a política de refundação da nação perdida na corrupção das esquerdas.

As fantasias de refundação brasileira eclodiram na consciência coletiva, nos complexos culturais no Brasil, em discursos refundacionais de uma nação a partir dos próprios referenciais pessoais e políticos, numa psique caotizada por fúrias inconscientes de conteúdos não elaborados, como vimos acerca do autoritarismo. Corroborando o caráter estrutural da ideia de refundação, Schwarcz (2019, p. 225) escreve: "Todo governo procura usar a história a seu favor. No entanto, e não por coincidência, governos de tendência autoritária costumam criar a *sua* própria história". Conforme observamos no decorrer deste texto, os complexos são uma espécie de pedaços de histórias, que atuam de forma autônoma.

Esse pedacinho de história que remete aos níveis dos processos grupais e dos membros individuais no campo cultural é o complexo plenamente ativo. Frases como "naquele tempo que as coisas eram boas" podem nos prender a uma pegajosa arena de teor emotivo – complexos culturais, movido pela sua irracionalidade e sua natureza típica de repetição.

Vimos que no Brasil grupos dominantes permanecem usufruindo de benefícios e privilégios por gerações e mais gerações. Observou-se no curto governo de João Goulart a eclosão de um golpe civil-militar, justificado porque o governo pretendia realizar reformas mais progressistas. Notamos, novamente, que o Golpe de 2016 e a eleição da ultradireita, expressam a intenção da direita de fundar a nova política a partir da constelação do complexo político-ideológico que revela os grupos dominantes, donos do privilégio material e simbólico, estremecem na presença da camada marginalizada e ignorada neles mesmos. Isto é, a breve caminhada histórica na política brasileira se reflete nos traumas, nas histórias "mal ditas" que refletem a psique coletiva de nós brasileiros e brasileiras: Bolsonaro sintetiza uma camada da sombra coletiva do Brasil. Dessa forma, a nova política, que opera tanto no inconsciente cultural, na consciência coletiva e no nível pessoal, mostra o pêndulo na perigosa zona de autoritarismo.

Referências

ADAMS, M.V. (1996). *The multicultural imagination*: "Race", Color, and the Unconscious. Londres/Nova York: Routledge.

BOECHAT, W. (2018). "Complexo cultural e brasilidade". In: OLIVEIRA, H. (org.). *Desvelando a alma brasileira: psicologia junguiana e raízes culturais*. Petrópolis: Vozes, p. 68-87.

______ (2014). "Prefácio". In: BOECHAT. W. (org.). *A alma brasileira*: luzes e sombra. Petrópolis: Vozes, p. 9-16.

BRAGARNICH, R. & LOPES PERES, S. (2019). "A política na sala de jantar: impactos da eclosão do complexo cultural político-ideológico na psique individual". In: *XXV Congresso de Psicologia Analítica da AJB*.

BRASIL (1934). "Constituição da República dos Estados Unidos do Brasil (de 16 de julho de 1934)". In: *Diário Oficial da União* 16/jul. [Disponível em http://www.planalto.gov.

br/ccivil_03/constituicao/constituicao34.htm – Acesso em 05/09/2018].

BREWSTER, F. (2020). *The racial complex*: a jungian perspective on culture and race. Londres/Nova York: Routledge.

DIAS, L. & GAMBINI, R. (1999). *Outros 500*: Uma conversa sobre a alma brasileira. São Paulo: Senac.

FREYRE, G. (2003). *Casa-grande & senzala*: formação da família brasileira sob o regime da economia patriarcal. São Paulo: Global.

HENDERSON, J. (1990). "Shadow and Self". In: *Selected Papers in Analytical Psychology*. Wilmette: Chiron, p. 103-113.

IPEA & FBSP (orgs.) (2019). *Atlas da violência 2019*. Brasília/Rio de Janeiro/São Paulo: Instituto de Pesquisa Econômica Aplicada/Fórum Brasileiro de Segurança Pública.

______ (2018). *Atlas da violência 2018*. Brasília/Rio de Janeiro/São Paulo: Instituto de Pesquisa Econômica Aplicada/Fórum Brasileiro de Segurança Pública.

JUNG, C.G. (2012). *A vida simbólica*: escritos diversos. Petrópolis: Vozes [OC 18].

______ (2012). *Psicologia em transição*. Petrópolis: Vozes [OC 10].

______ (2012). *Tipos psicológicos*. Petrópolis: Vozes [OC 6].

______ (2011). *A natureza da psique*. Petrópolis: Vozes [OC 8/2].

______ (2011). *Estudos experimentais*. Petrópolis: Vozes [OC 2].

______ (1989). *Símbolos da transformação*. Petrópolis: Vozes [OC 5].

______ (1987). "Memórias, sonhos, reflexões". In: JAFFÉ, Aniela (org.). *Memórias, sonhos e reflexões*. 9. ed. Rio de Janeiro: Nova Fronteira.

______ (1981). *Estudos sobre psicologia analítica*. Petrópolis: Vozes [OC 7].

______ (1978). *Psicologia e religião*. Petrópolis: Vozes [OC 11].

KIMBLES, S. (2014). *Phantom narratives*: the unseen contributions of culture to psyche. Londres: Rowman & Littlefield.

______ (2000). "A cultural complex operating in the overlap of clinical and cultural space". In: SINGER, T. (org.). *The Vision Thing Myth, politics and psyche in the world*. Nova York: Routledge.

______ (2000). "The Cultural Complex and the Myth of Invisibility". In: SINGER, T. (org.). *The Vision Thing Myth, politics and psyche in the world*. Nova York: Routledge.

LIMA, I. (2020a). "Mulher que discutiu com fiscal e disse que marido era melhor por 'ser engenheiro civil' é demitida". In: *G1*, 19/jul. [Disponível em https://g1.globo.com/sp/santos-regiao/noticia/2020/07/19/desembargador-humilha-guarda-apos-multa-por-nao-usar-mascara-em-sp-analfabeto.ghtml – Acesso em 03/11/2020].

______ (2020b). "Desembargador humilha guarda após multa por não usar máscara em SP: 'Analfabeto'". In: *G1*, 19/jul. [Disponível em https://g1.globo.com/sp/santos-regiao/noticia/2020/07/19/desembargador-humilha-guarda-apos-multa por-nao-usar-mascara-em-sp-analfabeto.ghtml – Acesso em 03/11/2020].

LÓPEZ-PEDRAZA, R. (2010). *As emoções no processo psicoterapêutico*. Petrópolis: Vozes.

MUNANGA, K. (2009). *Negritude*: usos e sentidos. Belo Horizonte: Autêntica.

NASCIMENTO, B. (2007). "A mulher negra no mercado de trabalho". In: RATTS, A. *Eu sou atlântica*: sobre a trajetória de vida de Beatriz Nascimento. São Paulo: Imprensa Oficial do Estado de São Paulo/Instituto Kuanza, p. 102-106.

OLIVEIRA, H. (org.) (2018). *Desvelando a alma brasileira*: psicologia junguiana e raízes culturais. Petrópolis: Vozes.

POLIAKOV, L. (1974). *O mito ariano*: ensaio sobre as fontes do racismo e dos nacionalismos. São Paulo: Perspectiva/Edusp.

RAMOS, D.G. (2011). "Le Complexe Culturel et L'Élaboration du Traumatisme de L'Esclavage". In: *Les Cahiers jungiens de psychanalyse*, v. 1, n. 133, p. 59-77.

______ (2004). "Corruption Symptom of a cultural complex in Brazil?" In: SINGER, T. & KIMBLES, S. (orgs.). *The Cultural Complex*: Contemporary Jungian Perspectives on Psyche and Society. Nova York: Brunner-Routledge, Taylor, Francis Group.

RIBEIRO, D. (2006). *O povo brasileiro*: A formação e o sentido do Brasil. São Paulo: Companhia das Letras.

SCHWARCZ, L.M. (2019). *Sobre o autoritarismo brasileiro*. São Paulo: Companhia das Letras.

______ (2012). *Nem preto nem branco, muito pelo contrário*: cor e raça na sociabilidade brasileira. São Paulo: Claro Enigma.

SHAMDASANI, S. (2003). *Jung and the Making of Modern Psychology*: the dream of a science. Nova York: Cambridge University Press.

SINGER, T. (org.) (2000). *The Vision Thing Myth, politics and psyche in the world*. Nova York: Routledge.

SINGER, T. & KIMBLES, S. (orgs.) (2004). *The Cultural Complex:* Contemporary Jungian Perspectives on Psyche and Society. Nova York: Brunner-Routledge, Taylor, Francis Group.

SKIDMORE, T.E. (2012). *Preto no branco*: raça e nacionalidade no pensamento brasileiro (1870-1930). São Paulo: Companhia das Letras.

6 *Arkhés* africanas e a descolonização da psicologia: a clínica como quilombo imaginal

Carmen Lívia Girade Parise
Guilherme Scandiucci

Para começarmos a adentrar nosso tema, é necessário falarmos de como a identidade e a chamada alma brasileira foram imaginadas a partir do encontro entre os povos originários, portugueses e, posteriormente, africanos em nosso solo.

Vera Valente (2019) vem se debruçando sobre o tema e tem algumas considerações importantes a esse respeito. A autora defende que a alma brasileira que se formou a partir de então é uma alma desenraizada. O historiador Fernando Novais resume bem essa questão:

> Móbil, instável, e mais ainda dispersa, a população na Colônia devia provavelmente angustiar-se diante da dificuldade de sedimentar os laços primários. E note-se que essa *dispersão* decorre diretamente dos mecanismos básicos da colonização do tipo *plantation* que prevaleceu na América portuguesa: da sua dimensão econômica (exploração para desenvolvimento da metrópole) resulta a montagem de uma economia predatória que, esgotando a natureza, tende para a itinerância (NOVAIS, 1997, p. 21).

Alguns países se formam a partir de ideias que justificaram a posse da terra e a organização das pessoas, características que permitirão a fertilização do solo e o posterior encontro de raízes que constituirão uma nação comum. Esse não foi o caso do Brasil. Segundo Valente (2019), nós nos forjamos como nação "quase sem perceber".

Temos em nossa fundação uma negação de que o Brasil estava, desde sempre, impregnado de alma. Na ficção portuguesa, os diversos povos ameríndios eram vistos como desprovidos de tudo, uma visão que – desde o início – degrada e diminui o Outro por sua diferença. Assim, esses povos eram tidos como corpos desalmados, semianimais que só poderiam ser elevados à condição de humanos pelos jesuítas na ocasião do batismo.

Segundo Gambini (2000), começa aí a instalação do trauma fundante da identidade brasileira, na negação da alma brasileira originária. A alma europeia devastou a alma indígena ao destruir sua religião, sua mitologia, sua visão de mundo. Um semiocídio ontológico que serviu de pressuposto e desculpa para o genocídio físico. Junto com os corpos, ia sendo exterminado também o sentido do Outro.

Além das ideias relativas ao monoteísmo cristão, algumas outras também podem ser ditas responsáveis por anestesiar o coração dos navegadores portugueses, não permitindo que estes desenvolvessem uma relação mais respeitosa e de um envolvimento mais profundo com o Brasil ou mesmo transformassem e/ou expandissem suas próprias identidades. De acordo com Valente, são as ideias econômicas e políticas. Esses navegadores eram impulsionados por objetivos mercantis, desejo de riqueza e poder a qualquer custo. Era o começo da Era Moderna, dos nossos tempos, quando "[...] o deus do mercado passa a ser o deus da civilização ocidental. E esse novo deus, como o antigo Deus dos cristãos, também exige conversão e fé, tem crenças e dogmas" (VALENTE, 2019). Em nome desse deus se justificava a conquista de territórios, a escravização e o genocídio de outros povos.

Atitudes como essas deram início a uma desigualdade de riqueza (econômica) e de direitos imoral que se perpetua até nossos dias.

A identidade de um país continental, composto por diferentes povos além do originário, é evidentemente complexa. Sabemos que as contribuições dos povos indígenas e africanos se fazem presentes na arte, na culinária, na linguagem corporal etc. O samba, por exemplo, foi tido como música nacional por excelência, apesar da repressão ao mesmo em seu início. Entretanto, o que comumente se entende por parte "nobre" da cultura, aquilo que cultivamos institucionalmente, na maioria das vezes tem origem branca europeia. Trata-se de uma identidade frágil, insegura, medrosa e por isso mesmo, reativamente rígida, repressora, monoteísta em relação às múltiplas possibilidades de vida. Segundo Valente (2019), será essa a defesa que fará com que

> homens e mulheres ressentidos projetem no outro a culpa pelos sentimentos dolorosos do desenraizamento e não pertencimento, cultivando o ódio. Os que não sentem a alma enraizada na sua própria terra, não se sentem nutridos pelo solo que as criou, não conseguem pensar com o coração a terra que é sua (VALENTE, 2019).

Uma alma doente que, ao se deparar com a morte, não se transforma, mas produz morte literal como sintoma. Para a autora, será esse *background* que permitirá a formação das patologias que mais significativamente acometem a alma brasileira até hoje: dissociação histérica e graves defesas psicopáticas. Sintomas esses que se expressam por meio da falta de empatia com a dor e com o sofrimento do outro, sem nos darmos contas que esse outro é parte de nós mesmos. Daí o círculo vicioso de ataque gerando inferioridade e inferioridade gerando ataque.

Outra importante patologia gerada por essa dinâmica é a defesa narcísica que se estabelece quando há qualquer ameaça aos privilégios seculares de parte mais favorecida da população ou algum cuidado direcionado às populações mais periféricas. Essa defesa fará com que alguns projetem nos pobres, negros, índios, nordestinos, favelados a culpa de um suposto atraso ou possível perda de poder e riqueza.

A alma brasileira precisa ser urgentemente re-imaginada. E para que isso aconteça precisamos estar munidos de todas as partes que compõem nossa identidade. Precisamos mergulhar dentro de nós mesmos, dentro de nossa alma mestiça em todo seu esplendor e legitimar cada parte dela, fazendo a necessária reparação histórica e incluindo os saberes negligenciados. Urge descolonizarmos a psique brasileira. Só assim elaboraremos nosso trauma fundante.

De alguma forma, podemos dizer que a expressão plural e criativa dessas partes é que nos faz hoje nos reconhecermos como brasileiros, criarmos raízes com esta terra e nos conectarmos uns aos outros de forma mais empática e amorosa. Valorizar elementos da cultura brasileira vindos de diferentes regiões – muitas vezes, inclusive, das periferias pobres – e presentes na música, na dança, na poesia: o carnaval, a festa junina, o futebol, a religiosidade sem dogmas.

Precisamos recuperar e atualizar uma pluralidade que já existia antes mesmo da chegada dos invasores portugueses. Nesse período, havia aqui cerca de oito milhões de pessoas – enquanto em Portugal havia pouco mais de um milhão (VALÉRIO, 2001) – que falavam mais de mil e quinhentas línguas diferentes e pertenciam a culturas diversas. Depois foram escravizadas pessoas provindas de várias partes da África e vieram imigrantes de outras partes do mundo. Falar de uma alma brasileira hoje requer um pensamento plural e não hierárquico – no qual muitos universos peculiares possam caber. A validação de um amálgama vertiginoso de um sem-número de características se atravessando mutuamente ao longo dos anos, dos séculos. Um caos cultural produzido a partir de esperanças, dores, muita violência e também criatividade. Isso tudo esteve e está em movimento, sempre se transformando e reinventando. Parece-nos imprescindível pensar a partir da diversidade, ao invés de buscarmos uma pretensa unidade. Afinal, o fazer alma se dá de inúmeras formas e se alimenta das tensões prenhes do novo, com as diferenças em movimento.

O pensamento unicista nos remete a uma nostalgia de essência que nos faz sentir pertencentes a uma unidade coletiva, mas há uma sombra terrível nisso. Corremos o risco de cair no modo como os europeus conheciam a si mesmos: homens plenamente humanos enquanto os outros são vistos como *anthropos*, não tão plenos. Renega-se a alteridade a partir de padrões hierárquicos estabelecidos pela cosmologia cristã e implicitamente referendados pela filosofia secular (uma filosofia que tem seu substrato num arcabouço metafísico intelectual é tida como a única forma de conhecer). Nessa lógica, o Outro-*anthropos* não tem plenitude racional; logo, seria ontologicamente inferior ao humano ocidental. Nos dias de hoje o dito pensamento "nacionalista" reproduz essa lógica. O sistema de dominação hoje se apoia na ideia de biopoder, no qual o fenótipo claro denota supremacia existencial. Esse tipo de raciocínio justifica inomináveis violências e desemboca no racismo.

A imaginação plena de nossa identidade só se dará se incluirmos esses outros saberes que nos fundam. É necessário descer às nossas raízes índias e negras para encontrar uma identidade susceptível de ombrear-se à branca por meio do pleno reconhecimento humano da diferença colonizada e humilhada. Passou da hora de entendermos que essa dominação não prejudica apenas uma camada fenotipicamente marcada, mas todos nós, pois essa inconsciência não nos permite reconhecer-nos em nossa própria diversidade constitutiva.

No que tangencia as *arkhés* africanas, se quisermos legitimá-las e dignificá-las como parte constituinte de nossas raízes, temos que aprendê-las em sua própria lógica. Há sim nesse constructo uma filosofia, mas esta versa menos sobre constructos abstratos e é entendida como maneira de viver. Sua tarefa iminente é a de reconhecer e respeitar a autodefinição de africanos sobre o que é ser humano, bem como processos históricos e contemporâneos destinados a destruir esse significado. A ideia é que o colonialismo continua sob forma de colonialidade do poder e do saber; portanto, se quisermos de fato nos empenhar politicamente em uma descolonização ética e epistêmica, é relevante dar à luz filosofias insuspeitadas e a salvo de violência dogmática; desconstruir o vocabulário hegemônico em seu próprio arcabouço conceitual para revelar novas perspectivas, via invenção de uma narrativa própria (SODRÉ, 2017).

Um dos movimentos importantes que defende essa pluralidade epistemológica é conhecido como "epistemologias do Sul" – o Sul aqui concebido metaforicamente como campo de desafios epistêmicos – e procura reparar os danos e impactos historicamente causados pelo capitalismo na sua relação colonial com o mundo. Propõe-se também a intervenções epistemológicas que denunciam essa supressão, valorizam saberes que resistiram com êxito e investigam as condições de um diálogo horizontal entre conhecimentos. Com isso, se fomentam forças capazes de enfrentar a pressão reprodutiva do capitalismo globalizado rumo a uma identidade mais própria, mais particularizada, mais polissêmica, e a uma ética de resistência às desmedidas da soberania do Estado e dos dispositivos do poder econômico. É uma busca emancipatória que conduzirá a formas diversas e moleculares da soberania individual ou coletiva (NOGUEIRA, 2019).

Voltando ao nosso objetivo de apreender *arkhés* africanas na identidade brasileira, é necessário que sigamos a lógica hillmaniana de precisar a imagem: não mais consistir na afirmação de uma identidade negra essencial, mas conhecer a realidade de cada país, de cada povo dentro do universo africano e não tratar um continente como um país. No caso do Brasil, os africanos capturados e escravizados ao longo de quase quatro séculos pertenciam a distintos grupos étnicos da África ocidental, oriental e equatorial, mas os grupos denominados alternativamente como nagôs ou iorubás foram os últimos a chegar, entre fins do século XVIII e início do XIX. Esses grupos vinham de pedaços que hoje identificamos como Nigéria e Benin, que compreendem nações conhecidas como Egbá, Egbádo, Ijebu, Ijexá, Ketu, Sabé, Iaba, Anago e Eyo. Em termos históricos e geográficos, essas nações provinham da Costa das

Minas e começaram a chegar ao Porto de Salvador em fins do século XVIII como moeda de troca africana para aquisição do fumo do recôncavo. Nagô ou iorubá tornaram-se nomes genéricos para a diversidade do complexo cultural designativo dos falantes dessa língua (SODRÉ, 2017).

Vale dizer que boa parte dos escravos que chegaram a Salvador eram presos políticos por lutas contra-hegemônicas na África, príncipes, sacerdotes, pessoas de alto nível intelectual, em contraposição aos "degredados" europeus que aqui estavam. O povo nagô chega ao Brasil com a linguagem muçulmana da jihad, da guerra. As insurreições não prosperaram, mas as elites negras ensaiaram formas de afirmação étnica, em que a religiosidade assumiu o primeiro plano. No entanto, é preciso entender esses rituais como *techné* de desvelamento filosófico de uma origem. Apenas ser indivíduo era contingência fraca diante da necessidade existencial de pertencimento ao grupo originário, uma outra forma coletiva de subjetivação se fazia necessária diante da diáspora. Daí o conceito de ubuntu: para ser percebido como humano, o indivíduo é sendo junto ao outro. Nesse sentido, as comunidades-terreiros (*egbé*) funcionavam como polo de irradiação desse sistema simbólico (SODRÉ, 2017).

Como bem discute Fuentes (2014), a filosofia ubuntu é de cosmovisão unificadora, e está contida no aforismo tradicional africano *umuntu ngumuntu ngabantu*, traduzido como "uma pessoa é uma pessoa por meio de outras pessoas". É uma noção profunda de interdependência, isto é, da existência só existir dentro da coletividade.

> A individualidade que respeite ubuntu contradiz diretamente a concepção cartesiana da individualidade nos termos em que o indivíduo, ou o ego, pode ser concebido

> sem necessariamente reconhecer o outro (FUENTES, 2014, p. 190).

No limite não há um indivíduo que não o "ser-com-outros", sendo que os outros estão relacionados em um todo. A autora relaciona o ubuntu com uma leitura do processo de individuação proposto por Jung, na medida em que seria uma autorrealização por meio dos outros, que realça em si mesma a autorrealização dos outros.

É importante ressaltar, no entanto, que esse compartilhar da memória mitológica não consiste em um corpo doutrinário articulado ou raciocínios formais, mas em um repertório cultural de invocações, saudações, cantigas, danças, comidas, lendas, parábolas; conhecimento passado em metáforas vivas centradas na corporeidade coletiva, na alma do universo nagô. A palavra que era cantada nos cultos era a mesma palavra que cantavam os Axipá de Ketu, na África. Origem é destino. *Arkhé* entendida como origem ou como protodisposição originária afetiva, geradora de tonalidades afetivas e orixás como epítetos divinos dessa *arkhé* que afirmam o divino como faceta da vida, mas sem teologia.

Denominaremos nagô essa perspectiva de um modo afro de pensar, oriunda desses povos. A lógica nagô trará consigo uma forma intensiva de existência e exaltará a questão do sensível, enquanto a recusa do sentir é artigo primeiro da filosofia ocidental. Trata-se de uma filosofia que começa na cozinha e não na metafísica; em uma lógica corporal e na somatização do sagrado e não na expressão verbal dos mitos (SODRÉ, 2017).

Segundo Nobles (2006), pode-se dizer que a visão de mundo africana da região oeste do continente tem dois princípios orientadores gerais: a sobrevivência da tribo e unidade com a natureza, e o ponto central do modo de ser africano estaria na disposição espiritual ou consciência coletiva que se manifesta pela tradição oral. Segundo esse autor, a religião permeia todos os aspectos da vida nagô, que está voltada para desenvolvimento da comunidade, não só do indivíduo.

Podemos dizer que na ontologia nagô tudo está interconectado: indivíduo, comunidade, natureza e universo, compondo as dimensões da existência humana. As relações comunais determinam a existência e a consciência pessoal, há um sentimento de responsabilidade corporativa e a ideia de um destino coletivo. Nesse contexto, a pessoa é entendida como fenômeno coletivo – ainda que a singularidade do ser individual seja respeitada. Trata-se de um componente da coletividade: eu sou porque nós somos, e porque nós somos, eu sou (SODRÉ, 2017).

Nessa perspectiva, a personalidade negra seria um subproduto acumulativo da opressão continuada. A única abordagem significativa no estudo da pessoa negra seria a da perspectiva da opressão – e nos termos da experiência negra junto à branca, numa sociedade baseada na ideologia da supremacia branca.

Uma psicologia que se proponha a trabalhar com essa população e/ou com essa perspectiva necessita também ser re-imaginada nesses termos, ser descolonizada. Nobles (2006) analisa a colonialidade na psicologia destacando cinco pressupostos epistemológicos que precisam ser discutidos para que possamos construir uma psicologia da libertação para a América Latina: o positivismo, o individualismo, o hedonismo, a visão homeostática e o a-historicismo. Esse conjunto de premissas colocaria, segundo ele, a psicologia latina em um lugar de marginalidade científica, inoperância social e dependência colonial.

Segundo Akbar (2004), o modelo eurocentrista tem como características: a ideologia da supremacia racial branca, o individualismo e a competitividade, o autoritarismo, o sexismo e o materialismo. Quando esse é o parâmetro vigente, a comunidade afrodescendente é sempre desviante, uma vez que sustenta como pilares: a negritude, a comunalidade, a cooperação, a feminilidade e a ancestralidade. Nesse sentido, o autor defende que não há lugar em que as ciências sociais tenham sido mais culpadas pelo colonialismo científico do que na psicologia e na antropologia, uma vez que estas se utilizam de técnicas singulares de localizar a si mesmas, suas concepções e formulações como padrão, por meio do qual todos os povos do mundo serão entendidos. A ideologia da supremacia racial branca é precisamente não ser capaz de ver as diferenças históricas e culturais, a pessoa se vê como único tipo de modelo histórico e cultural possível no mundo, o que sustenta sua condição de privilégio.

Para combater essa ideologia e recuperar e dignificar a lógica nagô, criou-se a escola radical ou africana, que é identificada por buscar a raiz filosófica, histórica e cultural no continente-mãe como paradigma científico para a psicologia. Essa escola direciona sua atenção para povos afrodescendentes nos termos de sua análise, tratamento e transformação da realidade. Uma psicologia que tenta fixar suas raízes na visão de mundo afro.

Nos Estados Unidos, os estudos negros foram consistentemente produzidos a partir da década de 1960, já no Brasil, foi a partir da década de 1990 que esses estudos começaram de fato com pesquisas sobre branquitude e branqueamento (NOGUEIRA, 2019).

Nogueira (2019) nos apresenta um bom panorama do que seria a "psicologia africana" ou descolonizada. Comparativamente podemos dizer que na psicologia euro-americana, o que há para ser conhecido é externo à pessoa e o conjunto de conhecimentos é avaliado pelo que ela conhece sobre seu mundo externo. A psicologia afro visa o desenvolvimento eficaz, a experiência da pessoa sobre si mesma e a avaliação do ambiente sociocultural ao seu redor. O conhecimento seria refletido no quanto a pessoa consegue manejar um ambiente que oferece obstáculos para seu desenvolvimento pessoal e coletivo. Nesse sentido, de nada vale a cognição, se esta não vier acompanhada de uma ação autolibertadora (dimensão ética) e se não for utilizada a serviço da comunidade (dimensão moral).

Outro ponto importante é o de a psicologia euroamericana entender a essência humana como material; logo, ela estudará comportamentos. A totalidade da vida humana é entendida pela fisiologia do cérebro. Na psicologia africana, a essência do ser é espiritual, o ser reduzido ao seu menor termo é invisível e de substância universal, ou seja, a pessoa é reduzível ao universo em si mesma, traz em si um potencial universal, é semente do universo. A orientação da psicologia africana é centrada na natureza e toma como norma a natureza do ser humano e o funcionamento da natureza em geral. O ser humano manifesta a vida nos planos físico, mental e espiritual e esses planos formam uma unidade entre si.

Outra diferença é que, na psicologia euro-americana, o pensamento efetivo, objetivo e puro precisa estar livre de subjetividade, portanto, livre de emoção e afeto. Já na psicologia afro, busca-se um equilíbrio rítmico entre afeto e cognição, pois entende-se que o conhecimento é adquirido pela experiência sensorial e pela experiência subjetiva do afeto, que formarão o imaginário simbólico. É como se a natureza do mundo fosse privada de sujeito e objeto. Como se predominasse um "corpo sutil" acessível apenas por meio das tensões ou das sensações inerentes.

Os nagôs se valem do termo "*emi*" para designar algo entre alma e coração, uma característica eterna e imperecível da personalidade humana que transcende a realidade de um corpo físico, estendendo-se até a realidade de um corpo espiritual. O corpo é entendido como um microcosmo com um virtual "coração coletivo".

Por isso, o coração-*emi* será uma importante categoria compreensiva, um modo de conhecer que nos abre forçosamente para as regiões do sensível. Assim, saber o objeto aqui não se trata de uma representação geral comum a vários objetos e sim a apreensão da coisa em sua sensível concretude, um precisar a imagem, à moda hillmaniana que acabará por singularizá-la. Por exemplo, o conceito de pássaro não se situa no seu gênero ou espécie (o que seria autorreferente), mas na composição de suas posturas, cores e cantos. Desses traços intensivos irradiam-se forças singulares capazes de movimentar o conceito – visto como potência criativa. Assim, se quisermos conhecer algo, nos caberá – tal como Hermes, ou mais propiciamente falando, tal como Exu, cercar os objetos de todos os lados possíveis, fazendo-os circular e buscando sínteses capazes de fazerem-se ou desfazerem-se.

Nesse processo, o corpo terá especial participação. O corpo na lógica nagô é visto como o que abriga as representações de todos os princípios cosmológicos, está sempre aí, sempre pronto, enquanto variações de conteúdos e dos padrões do espírito o atravessam. Podemos dizer que nessa lógica *não temos corpo, somos corpo*. A corporeidade como condição própria do sensível e o sentir entendido como a comunicação original com o mundo, é o ser no mundo como corpo vivo que afeta e é afetado. Pelo sentir do corpo, o homem não está somente no mundo, mas o mundo está nele. Ele é o mundo. Encarnando mediações simbólicas e com modos de articulações próprios, o corpo individual age instantaneamente, em função da corporeidade assimilada, produz um "micropensamento" corporal, uma intencionalidade concretizada em imagens: um saber incorporado.

No sistema nagô, tal como nos apresenta Sodré (2017), a pessoa é constituída por uma parte material (*ara*, o corpo) e por uma parte imaterial (*emi*, respiração ou princípio vital). O corpo compõe-se de duas partes inseparáveis: cabeça (*ori*) e o seu suporte (*apere*). O homem é um indivíduo-corpo com elementos singulares e intransferíveis na cabeça, ligados ao seu destino pessoal, o que lhe conferirá uma dimensão trágica.

Nessa lógica, os orixás podem ser entendidos como perspectivas existenciais para compreensão do ser no mundo, sem barreiras entre homem e natureza. Ao serem "incorporados", utilizam o corpo como uma composição e um modo de conhecer todos os organismos existentes no cosmo em seus atributos próprios. No transe, por exemplo, podemos constatar um trânsito não deliberado entre os planos do visível e do invisível que faz emergir formas ativas da *arkhé* comum, o *daimon* encenado. É como se pudéssemos testemunhar um pensamento em ação, o ato é seu próprio efeito: o que não se vê se torna visível na dramaticidade do ritual. E o que se vê ali na apresentação da divindade é uma alteridade potente encenada, em corpo e ato. Na corporeidade se resolve então a dicotomia entre singular e plural e vivencia-se a plenitude de uma experiência existencial que é o fim em si, o que os nagôs chamam de *abá*.

Podemos dizer que, para os nagôs, é como se sobre todas as representações do mundo e todos os fenômenos da natureza agisse um obscuro princípio motor que é impenetrável à razão causal.

Em suma, podemos dizer que a pessoa, na psicologia afro, é vista como um espírito em sua essência, com componentes físico e mental como instrumentos para o crescimento e desenvolvimento espiritual. O próprio termo "axé" fala do desejo como potência de desfrute, gozo e realização. É um potencial de realização, apoiado no corpo, numa multiplicidade pulsional – é individual e coletivo, pré-individual e impessoal.

O pensamento nagô não toma o Eu como figura de fundamento da subjetividade e sim como uma unidade diferencial e pré-individual (Exu) investida de uma potência (axé) cuja intensidade se desdobra no desenvolvimento ontogênico do ser. Com Exu não há começo nem fim porque tudo é processo. Ao se constituir, cada realidade afeta outra para além do espaço-tempo. Assim, não faz sentido falarmos de começos, mas de um princípio inaugural – *aion* – um tempo do acontecimento. A ação de Exu não está dentro do tempo, mas ela o inventa, realidade psíquica formando realidade.

Tentamos até aqui elencar pressupostos fundamentais do pensamento nagô. Mas, para que haja uma africanização, de fato, da identidade brasileira e da psicologia, seria necessário que nos aproximássemos como nação da lógica nagô, tal como ela é. No entanto, parece que estamos muito distantes disso. Ao contrário, parece que estamos constantemente tentando diluir essa lógica, branqueando-a por meio da cultura e de políticas de "mestiçagem".

Segundo Avritzer e Gomes (2013), até 1988, por exemplo, havia apenas uma lei contra a discriminação racial datada da década de 1950, a Lei Afonso Arinos. As outras legislações ligadas à raça se direcionavam a uma valorização cultural do potencial da mestiçagem como componente da originalidade do povo brasileiro, o que certamente afetou a autoestima da população negra. Assim, a partir da década de 1930 houve uma política da miscigenação. Podemos mencionar, por exemplo, a oficialização da capoeira como esporte nacional (1937) e o samba, o qual passa da "repressão à exaltação", além de, a partir de 1935, as escolas de samba serem oficialmente subvencionadas pelo Estado. Pode-se mencionar, ainda, a lei que institui o Dia da Raça (30 de maio de 1939), criado para "exaltar a tolerância de nossa sociedade". Desse modo, pode-se falar em uma política da miscigenação que exalta os valores culturais, sem associá-los à mudança da relação do Estado com os grupos e indivíduos – trata-se da construção do mito da democracia racial.

Parece-nos importante fazer uma pequena digressão para indicar que as lutas negras por reconhecimento se fizeram presentes desde os primórdios da introdução do sistema escravista no Brasil adentrando, também, o período imperial. Contudo, é possível identificar dois momentos marcantes de luta por reconhecimento nos quais os negros denunciam a situação de desrespeito moral a que estavam submetidos e exigem o reconhecimento por outros indivíduos reivindicando um *status* legal. O primeiro momento é aquele das décadas de 1930 e 1940 com as experiências da imprensa negra, na organização de clubes, irmandades religiosas e associações recreativas, assim como da Frente Negra Brasileira (1931-1937) e do Teatro Experimental do Negro (TEN). Esses movimentos acabam tendo influência na promulgação da Lei Afonso Arinos de 1951, a qual tem como ponto de partida um ato de discriminação contra uma bailarina negra norte-americana na cidade de São Paulo. O interessante em relação ao período entre 1940 e 1950 no Brasil é que, simultaneamente à absorção da concepção freyriana da miscigenação pelo Estado brasileiro, se forma um movimento que problematiza aquilo que Freyre ignorava: a discriminação racial presente na esfera privada (AVRITZER & GOMES, 2013).

O segundo momento, ainda segundo Avritzer e Gomes (2013), é aquele de denúncia do Brasil como um país racista e que busca a desconstrução do mito da democracia racial. Em 18 de junho de 1978, a partir de uma forte articulação do Centro de Cultura e Arte Negra (Cecan), Grupo Afro-Latino América, Associação Cultural Brasil Jovem, Instituto Brasileiro de Estudos Africanistas (Ibea) e Câmara de Comércio Afro-Brasileiro, foi criado o Movimento Unificado Contra a Discriminação Racial (MUCDR), que realizou o histórico protesto no dia 7 de julho nas escadarias do Teatro Municipal em São Paulo contra a violência. Em dezembro de 1979, no I Congresso realizado no Rio de Janeiro, passa a chamar-se Movimento Negro Unificado (MNU). A organização de uma direção do movimento negro contra a discriminação é um ponto de partida importante para a presença dos negros na esfera pública.

Os movimentos sociais negros desse momento têm dois aspectos marcantes. O primeiro é que parte dele passa a reivindicar a identidade diaspórica, identificando-se como afrodescendente. A defesa de uma identidade cosmopolita é um modo de denunciar o Estado-nação que não garantiu a esses grupos, por séculos, uma cidadania efetiva. O segundo aspecto marcante é que, por outro lado, esses grupos sentem a necessidade de negociação com esse Estado-nação no sentido de ampliação dos direitos a serem garantidos a eles; o movimento das mulheres negras ganha visibilidade no combate às diversas manifestações de racismo, sexismo e exclusão social; ocorre a rearticulação da ideia de corpo da mulher negra na década de 1990; há denúncia das consequências que o racismo deixa para o corpo e a psique dos negros; as comunidades quilombolas, organizadas até então em movimentos locais, reivindicam o reconhecimento jurídico estatal de suas formas tradicionais de ocupação e uso dos recursos naturais.

Começa a ficar cada vez mais claro que, para a atribuição de um *status* de igualdade, tanto no espaço público quanto social e privado, é necessário o desvelamento de elementos simbólicos e subjetivos que levem à sua desconstrução e estabeleçam novos padrões de relação que não serão resolvidos apenas a partir da adoção de um estatuto legal nacional, mas que demandam, também, uma desnaturalização do racismo e da discriminação que penetram as relações do âmbito social e privado. Pensando nisso, concebe-se a implementação de ações afirmativas. As principais delas, implantadas no Brasil, foram as políticas de acesso diferenciado às universidades públicas. Entre 2002 e 2012, passaram a ser parte das regras de ingresso de 98 universidades federais e estaduais. Assim, a ação afirmativa alterou, significativamente, uma tradição de inclusão racial baseada apenas na miscigenação e em ações na esfera privada instituindo políticas de acesso que incentivam a identidade racial e étnica e a reparação do prejuízo histórico.

Ainda trilhando o caminho da inclusão da lógica nagô, nos depararemos com outro entrave, a dinâmica dos modos de produção nagô e capitalista. Não é à toa que no mundo capitalista eurocêntrico, o casal Zeus-Hera foi eleito, entre tantos na mitologia grega, como modelo relacional principal. Certamente esse casamento é o que melhor atende aos interesses do capital, ao colonizar, via poder, o feminino e seus corpos, mantendo-os sob controle e, portanto, mantendo a produtividade em alta. Aqui, só restará ao feminino ir para a senzala, aprisionado, expulso, contido.

Mas, enquanto o casamento com Hera acontece, Zeus também se relaciona com Sêmele, que se tornará a mãe de Dioniso, aquela que dará à luz a lógica dionisíaca policêntrica e não hierárquica. Em um primeiro momento, Sêmele aparece como uma mistura de criança livre e mulher atraente: radiante, animada, capaz de amar e sentir entusiasmo, audaciosa, hedonista, ingredientes que atrairão os olhares do todo-poderoso do Olimpo. Só que o desejo de Sêmele não é pautado por estrutura, dinheiro ou poder, portanto, não pode ser controlado. Restará a ela o destino de todo corpo feminino ou dionisíaco no patriarcado: ser subserviente ou então fuzilado, aniquilado (JELLOUSCHEK, 1997).

Transpondo lógica do mito para nosso tema, podemos pensar como fazer a lógica nagô, que não prima pela verticalidade ou exclusividade ou pelo poder individual, ter um pertencimento digno nas estruturas capitalistas brancas sem ser enviada às senzalas contemporâneas ou então fuzilada, aniquilada de nossa identidade coletiva, reforçando complexos culturais – ou até mesmo ressoando negativamente dentro de cada um de nós, regidos pela lógica exclusivamente branca, nos complexos pessoais. Como fazê-la caber nas estruturas monolíticas sem reproduzir o modo Hera ou Zeus e comportando toda sua pluralidade?

O mito nos diz que se esse é o casamento oficial, o relacionamento Sêmele-Zeus é um relacionamento sem esperanças, sem vida real, pois Zeus vive em outro mundo, ao qual ela não tem acesso e onde Hera impera. Sêmele pode viver, mas apenas no espaço que lhe foi designado, apenas se for para dançar conforme o ritmo do pai, colonizada e controlada por ele. Os tons "sombrios" e os ritmos selvagens de seu ser, bem como seus anseios mais genuínos, ficam de fora. Mas é desse relacionamento que nasce Dioniso, e envolver-se com Dioniso significa travar conhecimento com o desmembramento e com a própria morte (JELLOUSCHEK, 1997).

O que surge por meio dele é tão profundo e abalador que não pode ser apreendido de imediato em um convívio pacífico com a velha estrutura. Se Sêmele ganhar espaço nas estruturas de poder, à luz do dia, então Dioniso seria parido em estruturas que passariam a comportar a afetação dos corpos? O que viria então? Coloca Hillman (1984, p. 245):

> Se Dioniso é o senhor das almas, ele é a alma da natureza, sua interioridade psíquica. Seu "desmembramento" são os fragmentos da consciência dispersos em tudo que é vivo, em todas as zonas erógenas e plexos de nossos corpos físicos. Nele, o bissexual está unido. Como eros, *zoe* é a libido universal e, como psique, é a reflexão no interior da libido.

Antes de vislumbrarmos as possibilidades imaginativas, é interessante observarmos o lugar ocupado pela negritude até então no imaginário de uma sociedade branca hegemônica. Para tanto, seguiremos James Hillman.

Em seu texto *Notes on White Supremacy* [Notas sobre a supremacia branca], Hillman (1986) faz um apanhado de como os negros eram interpretados quando apareciam em sonhos no mundo branco na época de Jung. Hillman encontra três categorias. A primeira delas diz respeito às sombras terrenas: potenciais de vitalidade, sexualidade, fertilidade, agressividade, força, emocionalidade. A segunda traz tons sociológicos, eram vistos como símbolo de lealdade, letargia, servilidade, estupidez, força suprema. Por último, apareciam carregando todo tipo de sombra sociológica: da religião e fé verdadeiras à covardia e mal.

Dando um salto para os dias de hoje, Hillman atualiza os tons sociológicos das interpretações para: espontaneidade, revolução, quentura, música, criminalidade apavorante.

Hillman (1986) tenta contrapor essas leituras, aprofundando tal entendimento. Ele defende que, arquetipicamente, o homem preto é também Tânatos: os habitantes do mundo inferior no Egito eram pretos e em Roma eram chamados *inferi* ou *umbrae*. Com isso, quer dizer que talvez o preto fale de uma essência sutil referente à psique branca, uma vez que seus atributos ocultos e violadores pertencem à adjetivação de Hades. Assim, sua mensagem seria psíquica. Eles nos levam para baixo, para o profundo, o psicológico e nos roubam nossos "bens" e ameaçam o ego estabelecido até então por meio de suas portas trancadas para o Outro, o diferente. Trariam o retorno do reprimido: a morte, o que não está no mundo da consciência, dos vivos.

Se adentramos essa dimensão psicológica, talvez possamos livrar os negros de carregar a sombra sociológica da primitividade, uma vez que passaríamos a questionar a fantasia desenvolvimentista do ego; da vitalidade, se colocarmos em xeque a força heroica do ego como única força motriz e da inferioridade ao dialogarmos com a fantasia moral ou política do ego.

Assim, o ego branco precisa morrer metaforicamente – precisa estar deprimido, aprofundado e escurecido – não para renascer, mas para ficar almado. A supremacia branca desse ego é uma "pureza" branca que ele tenta preservar fobicamente (HILLMAN, 1986).

Vale lembrar que a cor preta, arquetipicamente falando, ameaça o próprio centro da identidade, o que entendemos por eu até então, e essa é também sua virtude. Essa cor dissolve o significado e a esperança pelo significado. É um arauto da mudança, da descoberta invisível e da dissolução das ligações com tudo aquilo que foi tomado como verdade e realidade, fato sólido ou virtude dogmática. Escurece e sofistica o olhar de forma que ele pode enxergar através desse olhar (HILLMAN, 2011).

Muito preto será necessário para transformar uma cultura branca supremacista que enxerga o branco como primeiro, como melhor e se define em termos superiores. Hillman (1986, 2011) irá postular que a fantasia supremacista é arquetipicamente inerente à branquitude, à consciência branca.

Para tanto, primeiramente o autor recorre à raiz indo-europeia da palavra: ser claro, brilhante, reluzente. Retoma o fato de os europeus do norte, principalmente germânicos, se enxergarem étnica e religiosamente escolhidos pelo Deus cristão, como se fossem instrumentos do Espírito para prosseguir com o "avanço", com a obtenção de novas marcas culturais na escala civilizatória que registra os graus de distanciamento entre natureza e cultura. Hillman (1986) tentará uma aproximação arquetípica com a cor branca e nesse percurso se deparará com algumas ideias de branco consteladas na nossa tradição cultural.

O autor irá postular então que o branco forma sua própria sombra branca, sua própria doença, que por ser branca é indiscernível para a consciência definida em termos de luz. Por isso, nós nos sentimos livres da sombra na supremacia branca. Mas adverte que, na supremacia branca, a sombra é branca, mas ainda assim é sombra. Mau aqui não é como uma ausência do bom, mas como um excesso de presença do bom: a sombra desse branco fica misturada, imperceptivelmente, na unidade lunar que forma, na crença de opus concluída, sem sombra. Essa é a ilusão induzida pela supremacia.

No entanto, as diferenças não necessariamente competem, se contradizem ou se opõem. Mas um outro lado da imaginação branca é que esta verá suas próprias sombras no preto, não porque eles sejam inerentemente opostos, mas porque é arquetipicamente dado que o branco imagina em oposição, a supremacia do branco depende da imaginação oposicional. E quando a percepção do branco aqui implica a percepção simultânea do preto lá, temos a projeção. Ou seja, toda a sombra da própria lógica branca ficará projetada no preto.

Para embasar tal afirmação, Hillman nos conta que o primeiro uso da palavra "branco" para caracterizar um grupo étnico ocorreu no início do século XVII, depois que os ditos "brancos" perceberam os africanos como pretos. Por volta de 1640, mesmo com os negros escravizados tendo sido batizados e frequentando igrejas, os brancos se autodenominavam cristãos, ou seja, o cristianismo já havia sido íntima e explicitamente relacionado à cor da pele e tais ideias cristãs de purificação e elevação espiritual. A equação seria: preto = privado de luz (ótica) = *privatio boni* (teologia) = sem luz da razão (filosofia). E foi justamente essa equação que autorizou a consciência branca a promover as missões para "salvar", "educar" os nativos e justificar moralmente a escravidão e a identificação de pessoas de pele escura com uma natureza bestial e bruta, como burros, sem inteligência.

Como aponta Grada Kilomba (2019), a identidade do sujeito negro fica impossibilitada – ou ao menos dificultada – diante da maciça projeção do branco diante do que este espera ou até mesmo precisa que o negro seja. O branco fantasia uma negritude, a partir de um Outro alienado de si mesmo e projeta esse Outro no negro, privando-o de um contato com um Eu que não intermediado por esse olhar.

Não há consciência sem a percepção das diferenças, mas as diferenças não precisam ser pensadas oposicionalmente. Pode-se sofisticar o olhar para o branco, o conhecimento do branco, aprofundando a percepção das diferenças de branco para branco, por exemplo. Um branco virginal não traduz a mesma qualidade que um branco lunar. O preto já não é inclinado para a supremacia, a sombra que produz não é uma sombra oposicionista. Na África preta, a cor branca carrega os significados de especial, bom, divino e o preto conota doença, má sorte, sofrimento, trabalho e morte. A sombra preta não recai sobre o branco.

Um outro ponto importante trazido por Hillman (1986) é o da expansão geográfica branca sobre a África ter resultado também em geografia psíquica. A linguagem topográfica de Freud para o inconsciente era a de um lugar abaixo, diferente, sem tempo, primitivo, libidinal e separado da consciência, exatamente a mesma descrição usada para descrever a África Ocidental séculos antes. A África e o inconsciente alegorizando o Outro lugar, lugar do Outro. A geografia da África como psicologia inconsciente e o inconsciente como um novo lugar, socialmente moralista que apresenta uma ideia repugnante para a supremacia branca, uma vez que limita sua liberdade, corrige seu cristianismo, expande seu etnocentrismo para coletivos universais, colore sua branquitude com variedade, desafia sua superioridade e mancha sua inocência. Essa inconsciência branca é o próprio objeto da psicologia profunda que agora aparece na sua própria casa, não na África.

É só a partir disso que podemos pensar numa reparação, passo fundamental do desmantelamento do racismo. Quando o branco recolhe a sombra branca em sua própria casa e liberta o negro dela, pode olhar criticamente para sua condição de privilégios, como aponta Kilomba (2019).

No entanto, a psicologia branca supremacista parece insistir em continuar clareando tudo. As ideias de sombra e inconsciente mantém a teoria dos opostos e associa a consciência a luz, dia, brilho, atividade. Daí o esforço da psicologia moderna de tornar tudo consciente, perpetuando a falta que se propõe a resolver. Projeção, repressão, inconsciente são noções *a priori* da alma branca: ela reprime, projeta e é enormemente inconsciente e, no entanto, o inconsciente continua vastamente excluído da psicologia, não olhado dentro de sua própria especificidade e com ferramentas apropriadas.

Necessitamos trabalhar alquimicamente, sofisticar nossos fundamentos, lembrando que o trabalho do psicólogo é um *opus contra naturam*. É necessário ir além, enxergar através do natural: o branco celeste, o branco inocente, a *anima* ingênua. Precisamos aprimorar psicologicamente esses brancos, por exemplo, com o branco do albedo, que por sua vez, também precisa ser sofisticado, assim poderemos dar um outro sentido à supremacia.

Se deixamos de colocar as coisas em oposição, poderemos ir além da supremacia branca. Tornamo-nos policromáticos, não monocromáticos. Cada ato de consciência é supremamente inconsciente. Não há uma luz toda branca, uma percepção imaculada, somos todos mestiços da mente. Para libertar as diferenças precisamos de um pensamento sem contradição, sem dialética, sem negação: um pensamento afirmativo cujo instrumento seja a disjunção; um pensamento do múltiplo, da multiplicidade dispersa e nômade que não se limite nem reagrupe nenhuma das coações dele, um pensamento que se dirija a problemas insolúveis.

Não podemos sair das nossas peles; mas, da nossa mente branca, sim. E urge que façamos, pois o racialismo, como construção mítica da diferença racial é o centro semiótico da mentalidade genocida.

Nesse sentido, o aquilombamento surge como uma estratégia fundamental para inclusão, fortalecimento e manutenção das raízes africanas na psique brasileira. O aquilombamento foi uma experiência concreta, que demonstrou na prática que era possível construir uma outra sociedade mais humana, mais justa, mais ambientalmente viável e despregada da lógica branca e colonial que se tentava hegemônica. Os quilombos são o resultado da ousadia, da perspicácia de um povo que não se curvou diante das dificuldades e das barreiras que pareciam intransponíveis. O fim da escravização foi fruto dessa luta.

No entanto, os desafios e as dificuldades não acabaram com o fim da escravização, mas ganharam novos contornos. A luta passou a ser pela sobrevivência, pelas tentativas de integração social, econômica e cultural, pelo direito de existir. Essas questões estão colocadas até hoje pelo povo negro em nosso país.

Mas o que seria aquilombar-se? Seguindo Joselicio Junior (2016), podemos dizer que é poder se nutrir da ancestralidade, compreender as tecnologias e métodos que foram construídos ao longo dos séculos, que permitiram que as raízes africanas chegassem, de alguma forma, até aqui. Esse pertencimento e essa identidade são fundamentais, bem como o agir coletiva e estrategicamente.

Aquilombar-se na atualidade é, ainda segundo esse autor, estabelecer o autocuidado, construir espaços coletivos de afeto, de acolhimento, de escuta, de sociabilidade, de sentidos coletivos, de fortalecimento de laços, memórias e constituição de uma identidade. É se organizar, constituir espaços onde se possa refletir e agir sobre nossa realidade. Questionar o que oprime e construir demandas, ações concretas para mudar a realidade. É compreender nossa história, nossas origens, nossa cultura.

Aquilombar-se é também saber se comunicar, organizar conceitos, construir fundamentos, narrativas e estabelecer diálogo com o conjunto da sociedade. É a batalha das ideias. Além de descolonizar o nosso corpo, precisamos descolonizar nossas mentes.

Posto isso, nós nos perguntamos de que forma nossas práticas psicoterápicas podem auxiliar nesse processo de aquilombamento, bem como de que maneira o resgate de *arkhés* africanas pode beneficiar a clínica psicológica.

Com relação à primeira questão, gostaríamos de retomar a ideia de James Hillman (1992) da clínica psicológica como pequenas células de resistência, uma vez que entendemos que nossos corpos, nossas psiques e nossas clínicas são atravessados a todo momento por complexos culturais. Somos seres políticos, a psique é política. Nesse sentido, talvez nossas clínicas possam ser quilombos imaginais onde poderíamos romper com um imperativo capitalista hegemônico de funcionamento e entender que outras lógicas habitamos e que nos habitam. Remontar a pluralidade de uma ancestralidade fundante, bem como pensar nos devires negros, índios, amarelos que nos convocam.

Por outro lado, se nós, analistas, estivermos implicados no resgate de *arkhés* africanas, como parte constitutiva dos nossos seres culturais e pessoais, talvez nos impliquemos com a tarefa de repensar e ampliar nosso arcabouço teórico, bem como de sofisticar nosso entendimento sobre as formas subjetivantes.

Muitos pacientes chegam até nós, hoje, totalmente desadaptados da realidade capitalista a que estão submetidos. A acumulação de capital como objetivo de vida não lhes faz sentido, a competitividade corporativa não lhes é fator motivador. Experimentam sentimento de derrota e de abandono ao próprio destino, descrentes do Estado e dos seus próximos. Massacrados pela imposição de ter que alimentar uma cadeia produtiva, o que se dá, muitas vezes, em detrimento de suas liberdades individuais. Em casos como esses, a orientação de uma clínica branca eurocêntrica tradicional, onde levaríamos o paciente a constatar e lidar com a solidão de sua existência, parece ser de pouca valia.

Se pudermos lançar mão de valores outros, que não exclusivamente a lógica de mercado, talvez possamos ajudar esses pacientes a ressignificar suas vidas e suas trajetórias. Dar uma importância a seus feitos no sentido do que podem ter significado para a comunidade, para a dignidade de alguém, para um destino comunitário, valores que condizem muito mais com aqueles presentes na lógica nagô e que estão na nossa fundação, nas nossas origens. Ao utilizarmos também esses valores como referencial, estamos retomando a pluralidade constitutiva da qual somos feitos, estamos dando escuta e lugar para as vozes silenciadas no nosso entorno e dentro de nós.

Ao darmos voz a esses outros que nos habitam, é importante, no entanto, que não tentemos colonizá-los novamente, adaptando-os às formas já sabidas de viver. É necessário todo um esforço no sentido de esse outro viver dentro de sua própria lógica, deixar aquilo que é estrangeiro viver simultaneamente como estrangeiro – com seus costumes e comportamentos – e como semelhante. A semelhança sugere proximidade de território e corpos. Essa aproximação pode nos ajudar a romper com a separação dos lugares no ego, no corpo, na vizinhança.

Uma *arkhé* africana pode nos ajudar a reimaginar a clínica e a vida um pouco como um terreiro de candomblé, lugar onde se inaugura uma experiência inédita no interior de um ordenamento social hegemônico, um outro tipo de subjetivação em que ocupam um primeiro plano a experiência simbólica do mundo, o primado rítmico do existir, o poder afetivo das palavras e ações, a potência de realização das coisas, as relações interpessoais concretas, a educação para a boa vida e para a boa morte, o paradigma comunitário, a alegria frente ao real, e o reconhecimento do aqui e agora da existência. Tudo isso possibilitado pela presença das divindades diversas que acompanham as pessoas ali.

A inclusão da *arkhé* africana em nossas clínicas e em nossas vidas nos convida à alegria de uma epifania no corpo que afeta o mundo e outros corpos e é por eles afetado, na medida em que dá dignidade a esse corpo: valoriza seus cheiros, tatos, sabores, sons como modos de saber o mundo, costurando um corpo psíquico sempre atravessado por novos devires. E essa afetação dos corpos, nos parece, é o que será necessário para desanestesiar almas e corações – adormecidos há séculos pelo peso de uma lógica causal, abstrata e bidimensional acachapante –, devolvendo-lhes o senso do espanto e convocando-os a tomar parte na promoção de um viver de fato comunitário.

Referências

AKBAR, N. (2004). *Akbar papers in African Psychology.* Tallahassee: Mind Productions & Associates.

AVRITZER, L. & GOMES, L.C.B. (2013). "Política de reconhecimento, raça e democracia no Brasil". In: *Dados* – Revista de Ciências Sociais, vol. 56 (1), p. 39-68.

FUENTES, L. (2014). "Tornar-se o que se é no sentido da filosofia ubuntu africana e o sentido para a individuação na e da cultura brasileira". In: BOECHAT, W. (org.). *A alma brasileira*: luzes e sombra. Petrópolis: Vozes.

GAMBINI, R. (2000). *Espelho índio*: A formação da alma brasileira. São Paulo: Axis Mundi/Terceiro Nome.

HILLMAN, J. (2011). *Psicologia alquímica.* Petrópolis: Vozes.

______ (1986). "Notes on white supremacy. Essaying an archetypal account of historical events". In: *Spring* – A Journal of Archetype and Culture (Putnam: Spring), p. 29-58.

______ (1984). *O mito da análise*. Rio de Janeiro: Paz e Terra.

HILLMAN, J. & VENTURA, M. (1992). *We've had a hundred years of psychotherapy* – And the world's getting worse. São Francisco: Harper Collins.

JELLOUSCHEK, H. (1997). *Sêmele, Zeus e Hera*: o papel da amante no triângulo amoroso. São Paulo: Cultrix.

JÚNIOR, J. (2016). "Apresentação". In: INSTITUTO DE ESTUDOS AFRO-BRASILEIROS MANUEL QUERINO. *Círculo Palmarino*: 10 anos de combate ao racismo. 8 anos de resistência cultural. Embu das Artes: Círculo Palmarino.

KILOMBA, G. (2019). *Memórias da plantação*: episódios de racismo cotidiano. Rio de Janeiro: Cobogó.

NOBLES, W. (2006). *Seeking the Sakhu*: foundational writings for an African psychology. Chicago: Third World.

NOGUEIRA, S. (2019). *Libertação, descolonização e africanização da psicologia*: breve introdução à psicologia africana. São Carlos: EdUFSCar.

NOVAIS, F.A. (1997). "Condições da privacidade na colônia". In: SOUZA, L.M. (org.). *História da vida privada no Brasil* – Vol. 1: Cotidiano e vida privada na América portuguesa. São Paulo: Companhia das Letras.

SODRÉ, M. (2017). *Pensar nagô*. Petrópolis: Vozes.

VALENTE, V.C. (2019). "Crise econômica, intolerância, violência e corrupção no Brasil. O que quer a alma brasileira?" In: *VIII Congresso Latino-americano de Psicologia Junguiana*, Bogotá.

VALÉRIO, N. (2001). *Estatísticas históricas portuguesas*. Lisboa: Instituto Nacional de Estatística.

7 *Tekoa* como espaço espiritual e político guarani: reciprocidade entre espíritos, humanos e animais

Ana Luisa Teixeira de Menezes

Tekoa: um território que faz assentar a vida

Tekoa é a terra guarani vivida como cultura, território, espiritualidade e política. É o reconhecimento do espaço simbólico entre os sujeitos que, ao valorarem sua existência, são capazes de produzir imagens e realidades, transformando-se e criando uma realidade vivida e compartilhada no coletivo. Há, nesse sistema, a apropriação do sujeito cultural que o ajuda a pensar a partir de sua realidade, sendo mais do que ela, no ato de pensar, de expressar sua palavra como ação e verdade em sua existência. Os guarani organizam-se a partir de um pensamento, no qual concebem a espiritualidade como uma refinada forma de organização política, em um modo de construção de uma ética pautada em regras sociais, que se fortalece no contato que cada pessoa estabelece com os espíritos. Esses pactos e significações se regulam num sistema de reciprocidade entre espíritos, humanos e animais, numa linguagem perspectivista. A compreensão da palavra espiritual como fundamento da existência guarani produz uma noção de comunidade pautada numa psique que não internaliza o sistema capitalista como modo de vida político e pessoal. Tal fato produz uma atração e uma provocação para a cultura ocidental como uma interrogação que fazemos a nós mesmos: como conseguem resistir por tantos anos, propondo um sistema político pautado na ética do tekoa? O que podemos aprender com os guarani?

Tekoa é desenvolvido como um princípio para pensar a relação entre espiritualidade e política, a partir da cultura *mbya guarani*. Não há uma delimitação entre essas dimensões, pois o *tekoa*, segundo os guarani, é um espaço de um território no qual há o cultivo da vida. Não se percebe a terra numa lógica capitalista, mas como um *habitat* que cultiva a alimentação, a educação, a espiritualidade, a política, um modo de ser e de existir. Tal concepção promove uma distinção no significado de pertencer e de pensar as regras de convivência e conexão com a vida. Conforme anuncia Kusch (2012a), trata-se de uma concepção na qual os sujeitos vivem e percebem seu solo e sua cultura como produtoras de ação, pensamento e sentimento. Nessa reflexão, o autor faz uma crítica à situação que a América vive, como se estivéssemos sendo sujeitos sem cultura, vivendo a invisibilidade, a vergonha, ou mesmo o desconhecimento de sua cultura, necessitando buscar teorias europeias e modos de vidas capitalistas para viver a produção de sentidos fora de seus contextos.

No contato com os guarani vivenciamos um processo de aprendizagem dos significados de ser sujeito com cultura em um constante e dinâmico diálogo no qual há uma busca pelos contextos, seus mitos e narrativas para referenciar os próprios pensamentos. Tais aprendizagens ocorrem pelo entorno das aldeias e do solo como fundamento para existir.

Destaco o significado do *tekoa* como um símbolo que integra princípios da espiritualidade e da política, dimensões estas tão polarizadas e inconciliáveis no mundo ocidental.

Para Kush (2012a) e Jung (2007), o símbolo é uma educação de oposições e, assim, podemos pensar o tekoa como um princípio que integra polaridades, como o estar sendo e o ser, o pensar e o sentir, a inteligência e a afetividade, a política e a espiritualidade.

Em diálogos com os guarani, vamos confirmando o que Santiago, cacique, nos fala: "O guarani tem o coração humilde. Não sei... a cultura permite isso a ele, o próprio nhanderu. Não traz violência para o outro. É muito ligado com a natureza. E a nossa natureza não permite agredir a pessoa". A política passa por uma compreensão espiritual no mesmo sentido desenvolvido por Guerrero (2007) quando afirma que a espiritualidade é o mais alto nível de organização política, pois produz relações que transpõem a lógica humana.

O fundamento dessa concepção espiritual é presente no pensamento de reciprocidade presente na criação do mundo e que se renova nas ações e ritos cotidianos.

No encontro com os guarani, percebemos que há uma educação mitológica, um pensamento que vai se tornando profundo na perspectiva do mito, conforme descreve Kusch (2012b, p. 212): "O tema do mito, do inconsciente, da antimatéria, do nada, responde a uma crise do mundo ocidental, na medida em que ele tem nadado sempre no meio do ser e deixou o todo para trás".

Existe uma produção de uma racionalidade mais aprofundada conforme anuncia Kusch (2012b) a partir de um encontro com distintos horizontes simbólicos que permitem ultrapassar o vazio intercultural que impede as pessoas de assumirem um pensamento que transcenda o seu próprio campo.

Kusch (2012a), ao desenvolver o pensamento seminal, faz uma relação entre afetividade e inteligência, diferenciando essas funções e refletindo o quanto vamos desenvolvendo uma neutralidade afetiva nas sociedades industriais patriarcais. Nesse sentido, a cultura citadina vai se acostumando com a explicação diante dos fatos, ainda que sejam pavorosos, e a análise reflexiva substitui a relação direta com o afeto. A cultura e a educação ocidental se contrapõem ao estado mais introspectivo passivo, de contemplação indígena, que para o autor representa o pensamento seminal, a germinação, a negação do que foi afirmado como evolução, progresso, dinheiro e capital. Analisando nossas experiências de encontros interculturais com os indígenas, percebemos que a perspectiva do tekoa nos traz a reflexão sobre os sistemas sociais, a relação entre matéria e espírito, bem como entre razão e coração como concepções que podem coexistir num sistema social.

O coração, enquanto faculdade psíquica, é um órgão regulador do pensamento indígena.

> O coração... órgão antigo que, ao mesmo tempo, vê e sente. Tem o valor de um regulador de julgamento intuitivo. O julgamento emitido pelo coração é racional e irracional, por um lado diz o que vê, ou seja, participa do mundo intelectual da percepção, e por outro sente a fé no que é visto, quase como um registro profundo, como uma afirmação de toda a psiquiatria diante da situação objetiva (KUSCH, 2012a, p. 64).

O coração como centro remete a uma função de equilíbrio e de organização, a um saber rítmico e mítico, que parte antes de tudo de um espaço ritualístico, uma condição subjetiva para um pensar esclarecido. Numa concepção junguiana, o lugar do coração é o do inconsciente, enquanto dimensão psíquica de totalidade que abarca as imagens e o mais profundo de cada ser e de suas culturas, um espaço simbólico e criativo que não se limita à condição do pensamento.

Se, por um lado, sabemos da importância central que o coração tem para os indígenas, como regulador do pensamento e do sentir, sabemos do desprezo que as culturas ocidentais têm por tudo o que remete ao coração, ao afeto, e ao próprio indígena, como se fossem aspectos menores, inferiores. Por isso, compreendemos que a educação indígena revela o cuidado com um mundo interno que não aparece na visibilidade daquilo que, por outro lado, significa crescimento e avanço para a concepção ocidental capitalista. Cada vez mais percebemos a necessidade de voltar-se para o coração como imagem que fala dos indígenas, como uma linguagem amorosa, uma "*utcatha*, palavra quéchua que significa, estar sentado, matriz ou *nayra* que é um símbolo de germinação [...] o lugar de nascimento, como fonte germinal de favor e desfavor para um sujeito" (KUSCH, 2012a, p. 145).

A ideia do coração trazida por Kusch ganha sentido para pensar um movimento entre os opostos num ritmo cósmico. Uma oposição que jamais é negada pelo indígena, ao contrário, é parte deste pensamento. Essa noção de opostos, não é fácil de ser vivida, pois enquanto cultura ocidentalizada, negamos a introspecção e exacerbamos a ação em nossa educação. Podemos refletir a partir de Kusch (2012a, p. 190), quando afirma que "o pensamento ocidental parece ser assediado pelo medo de perder o senso de ação e progresso, e os medos caem na invaginação", ou seja, um medo de viver a *Pacha* (terra), a *Pachamama*, enquanto senhora da terra, uma fonte seminal para que se possa viver a dimensão do repouso, de *ucatha,* da casa, do estar sentado, para que as dimensões da inquietude e repouso se alternem, assim como a matéria e antimatéria. É o que Jung (2014) descreve como um pensamento simbólico e criativo no qual os opostos, aparentemente inconciliáveis,

Assim, relacionamos o *tekoa* como *ucatha*, um território que faz assentar a vida, que permite que as melhores condições do humano possam se revelar, que o milho possa crescer, que a criança possa receber seu espírito, como uma condição de humanização.

Tekoa: o espaço espiritual e político

Na perspectiva de um modo de vida recíproco, podemos refletir, a partir do trabalho com os guarani, que vivemos numa cultura que teme o saber ritual e o estar sendo. Com isso, podendo encontrar o sujeito filósofo da América encarnada na opção cultural com cargas significativas que assumem a sua obscuridade e fé, com sua natureza lunar, sombria, que abriga a semente criativa da existência.

El

Essa perspectiva permite, pois, questionar para compreender melhor as disparidades com que vivemos essas oposições. Kusch fala de um colonialismo de causas, no qual um afã de consciência, num medo do inconsciente, uma busca quase mística solar, como um esticamento do dia para a noite para que não se despertem nossos sonhos enterrados nos atos heroicos. Produzimos uma apatia afetiva, substituindo os afetos pelas explicações racionais, como se bastasse, como se não precisássemos dormir, para esconder a obscuridade, as forças xamânicas, invisíveis, que necessitam de outros recursos para que possam aparecer. Por conseguinte, temos pensado que o *tekoa* é um sistema religioso e político que cria condições de possibilidade para pensar de forma seminal, uma vez que contribui para adentrar nessas dimensões, naquilo que tem sido negado e que, muitas vezes, parece perda de tempo. O *tekoa* se materializa em aprendizados de produção de sentidos, em uma educação e psique mais imaginativos e simbólicos, menos literalizados em determinações vazias de significados.

O estar sendo é destacado por Kusch (2009) como um modo de viver ameríndio que possui uma conexão com um modo contemplativo e cósmico. Significa poder estar em repouso, não como uma apatia, mas como uma relação que permite que a tradição perdure como ato contínuo e ao mesmo tempo criativo. O estar sendo tem inspirado a psicologia junguiana, fazendo-nos refletir que há um caminho longo a ser vivido e que é único, de um instante do eu que pode durar uma eternidade.

O *tekoa* é um espaço simbólico e territorial, que integra forma de viver, de fazer política e espiritualidade em mundos tão fechados para isso. O *tekoa* é um modo de produzir pensamento e ação na existência do guarani. Configura-se como um lugar de sentido, por isso, transcende a matéria, mas não se desprende desta. É congruente com a visão alquímica junguiana na qual o processo de trabalho está voltado a encontrar o espírito, o sentido na matéria.

Na rica descrição de seu Alexandre Acosta, liderança guarani, percebemos uma confluência com o pensamento de Meliá (2010) sobre a concepção da terra guarani como um corpo coberto de pelos e de pele, revestida de adornos. Resgatar essa descrição é fundamental para perceber o sentido de que a terra tem vida, é uma pessoa, tem alma, tem plasticidade e movimento. Ou seja, tem história e significado: espírito.

> Quando Deus transformou o mundo, isso foi Deus. Quando Deus terminou a transformação do mundo para ter este mundo, trouxe três pessoas – enviados dele, meio Deus também, *Karaí Xandaro*. Deus veio para a terra com estas três pessoas, os três eram *Karaí Xandaro*. Deus perguntou para o primeiro que queria ser a terra. Se tu fizeres o que eu mandar e assim Deus falou para essas suas pessoas. Ele perguntou para esses três *Karaí*, se queriam ser a terra. Perguntou para um, e o primeiro *Karaí* disse que não queria ser a terra, e aí ele perguntou para o outro se queria ser este mundo, e ele também não queria. Então, Deus perguntou para o terceiro se queria ser este mundo e também não queria ser, porém propôs: se eu também puder pedir o que eu quero, e tu também cumprires, então, eu aceito ser a terra. E aí ele aceitou. Aceito, só que tu, como é nosso Deus, eu farei como tu mandares. Com essa condição o terceiro *Karaí* aceitou ser a terra, esse mundo. Já que tu és meu Deus, eu farei o que tu mandares. Por isso que existe esta terra até hoje. Eu não queria ser esta terra, mas vou ficar porque o nosso Deus mandou. Por isso que o terceiro ficou, e aceitou as palavras de Deus. Foi assim que Deus determinou este mundo, Deus é que transformou este mundo a partir deste *Xondaro*. Deus transformou o *Karaí Xondaro* em nosso mundo. Por isso que até hoje tem. Mas daqui em diante, quando eu precisar, tem que ser feito. E foi assim que até hoje tem o mundo,

> mas em troca tudo o que este mundo pedir, tem que ser feito. Esta terra que pisamos é nosso irmão. Por isso que a terra tem algumas condições e por isso que o guarani respeita a terra, que é também um guarani. Por isso que o guarani não polui a água, pois é o sangue de um *Karaí*. Esta terra tem vida, só que nós não sabemos. É uma pessoa, tem alma – é o *Karaí*. A mata, por exemplo, quando um guarani vai cortar uma árvore pede licença, pois sabe que é uma pessoa que se transformou neste mundo. Esta terra aqui é nosso parente, mas uma pessoa acima de nós. Por isso falamos para as crianças não brincar com a terra, porque ela foi um *Karaí* e até hoje ele se movimenta, só que nós não percebemos. Por isso, quando os parentes morrem, a carne e o corpo se misturam com a da terra, porque a nossa carne é transformada em terra e é também feita de terra. Por isso, temos que respeitar esta terra e este mundo que a gente vive. Foi assim que eu aprendi e sei como este mundo foi feito (MENEZES, 2006, p. 130).

Nessa história está contida a concepção mitológica que enraíza o pensamento e a formação de um *tekoa* que compõe o rio e o modo como se entre no rio, a terra e o estar nela, a criança e a relação que se constrói com ela, os pássaros e a reciprocidade da caça, um modo de saber que ao considerar a presença espiritual na matéria fecunda a base para a capacidade dos seres para desenvolver a potência que carregam em si mesmas, numa ideia de matéria divinizada.

Numa perspectiva junguiana, podemos relacionar o *tekoa* como um espaço, tanto físico como simbólico, que permite que o mais essencial de cada ser se manifeste, percebendo uma profunda reciprocidade com os seres vivos, não só os humanos. Um exemplo importante a ser pensado emerge a partir da fala de Jerônimo, liderança guarani, no qual relata que após ter filhos, este passa a negociar com os passarinhos a sua caça, numa tendência de ir diminuindo essa prática. Os pássaros possuem um poder de proteção do espírito da criança e se eles forem caçados, estes vão diminuindo a potência do cuidado. Observo uma relação de reciprocidade e de diálogos de convivência na constituição de uma ética da vida.

Considerando, a partir da história mitológica, que a terra é feita a partir da aceitação das regras divinas de um *karaí*, conforme Alexandre Acosta afirma, esta é humanizada num modo perspectivista (VIVEIROS DE CASTRO, 2002), na qual há uma negociação com seres vivos e que são dados a eles condições de sujeição. Os animais, a terra, as plantas exercem um poder de produzir um pensamento e uma ética enquanto regras de convivência. Nesse sentido, a compreensão se assemelha aos estados de metamorfose ou multiplicidade qualitativa no pensamento ameríndio e perspectivista, no qual é possível viver uma transposição extensiva de estados. "O jaguar mítico é um bloco de afecções humanas em figura de jaguar ou um bloco de afecções felinas em figura de humano." O humano e o animal são potenciais um para o outro, assim como corpo e alma. O corpo representando a opacidade humana, na qual há o "corte de ligações potenciais entre o recém-nascido e a alteridade pré-cosmológica" (VIVEIROS DE CASTRO, 2002, p. 420). Podemos pensar que a noção de alma faz a junção, e o corpo separa, mas que essas dimensões coexistem como figura e fundo.

O *tekoa* é pensado como afecção humana em figura de terra. Terra e humanidade coexistem em reciprocidade forjando um psiquismo cósmico, pulsante na alteridade de seres. O sentido imaginativo que Jung (2012) promove para a concepção da psicologia é fertilizado reconhecendo as forças da natureza nos símbolos do inconsciente e na produção de uma consciência amplificada, a partir de mitologias indígenas.

Essa noção guarani e perspectivista nos faz pensar o desenvolvimento de um inconsciente com o potencial de humanidade no sentido perspectivista. Eis uma contribuição qualitativa das mitologias indígenas para pensar a relação entre inconsciente e consciente, um outro ponto de vista da mitologia ocidental europeia:

> A proposição presente nos mitos é: os animais eram humanos e deixaram de sê-lo, a humanidade é o fundo comum da humanidade e da animalidade. Em nossa mitologia é o contrário: nós humanos éramos animais e "deixamos" de sê-lo, com a emergência da cultura etc. Para nós, a condição genérica é a animalidade: "todo mundo" é animal, só que uns são mais animais do que os outros, e nós somos os menos. Nas mitologias indígenas, todo humano é humano, apenas uns são menos humanos do que os outros. Vários animais são muito distantes dos humanos, mas são todos ou quase todos, na origem, humanos, o que vai ao encontro da ideia do animismo, a de que o fundo universal da realidade é o espírito (VIVEIROS DE CASTRO, 2002, p. 481).

Na concepção guarani, a pele da cobra está presente nas cestarias, *ajaka pará* (desenho com grafismo), como o da cobra jararaca, da caninana e da coral, representando a caminhada que um guarani faz quando se muda para outra aldeia (SILVA, 2015). Nessa mesma concepção, a mulher surge da cestaria ou da panela, recipientes que acolhem os conteúdos do mundo. No caso da cestaria tramada com o grafismo da pele da cobra, há um importante elemento de transformação e de atualização do sentido da cobra na cultura e no psiquismo guarani. A pele da cobra é uma materialidade continuamente reapresentada e vivificada; simboliza dimensões de morte e renascimento, de transformação de uma consciência que busca o remédio, que a matéria "cobra" possibilita. O ser picado vai em busca do remédio e o encontro com a saúde. A cobra dá dinamismo ao psiquismo, é o movimento de alerta, de busca, assim como faz o guarani quando viaja para outra aldeia. Na cestaria, a cobra é fundamentalmente associada à origem da mulher guarani, ao feminino. "A mulher é um antigo cesto. O cesto de carregar é para eles [guarani] a metonímia da mulher" (CLASTRES, 1990, p. 79).

A cobra reaviva o movimento da psique, possibilita o acesso ao fogo. Ser picado é entrar em contato com as condições de metamorfose das materialidades psíquicas em direção a uma expansão criativa do pensamento. Permite acesso a uma dimensão que contém o remédio no corpo como um cerne da emergência espiritual. O veneno no corpo é a potência que contém e ativa o remédio de seu próprio sistema, uma força em movimento. O acesso do veneno como remédio parte do encontro da matéria com o espírito. O símbolo da serpente contém essa dualidade integradora que representa o fogo e a terra, o encontro com o celestial, a manifestação da e na vida, em um feminino criativo.

A cobra simboliza uma imagem espiralada trazida pelo mito *Yurupary*, no qual apresenta um movimento de integração entre o mundo aquático, de baixo e o mundo aéreo, de cima:

> [...] a força envolvente – espiral – que adquire o corpo da anaconda ao redor do tronco da palma da paxiúba, refere-se, de acordo com o mito, à forma vertiginosa com que essa palmeira cresce para o céu, originária das

> cinzas do yurupário, e servindo como um intermediário entre o mundo acima e o mundo abaixo (GUTIÉRREZ & TORRES, 2011, p. 95).

Jung traz uma dimensão sacrificial:

> Fico arrepiado em pisar neste vale de figuras enfadonhas, onde os bosques ficam em encostas pedregosas [...] ando hesitante sobre pedras de cascalho evitando aquele lugar, por medo de pisar numa cobra [...].
> Precisamos restaurar de novo a nós mesmos. Mas como a criação de Deus é uma ação criadora do mais elevado amor, a restauração de nossa vida humana significa uma restauração de nossa função inferior. Este é um grande e obscuro mistério. A pessoa humana não consegue por si só realizar esta obra. Para tanto ajuda-a o maligno, que a faz em lugar da pessoa. Mas a pessoa precisa reconhecer sua culpa conjunta na obra do diabo. Precisa comprovar este reconhecimento comendo da carne sangrenta do sacrifício. Com esse gesto anuncia que é uma pessoa humana, que reconhece tanto o mal quanto o bem, e que, pela retração de sua força vital, destrói a imagem da figura divina, e com isso também se declara desvinculada de Deus. Isso acontece para o bem da alma, que é a verdadeira mãe da criança divina (JUNG, 2014, p. 290-291).

É tarefa do caçador estar atento ao animal que traz em seu corpo a alma de uma pessoa. E quando este o captura, também faz o sacrifício e se vincula a essa alma, de alguma forma. Os caçadores indígenas desanas, que vivem na selva amazônica da Colômbia, não caçam em excesso, pois sabem que poderiam extinguir a força vital para as pessoas e para os animais. Há uma preparação para a caça, no dia anterior, no qual estes são privados de relações sexuais, banham-se nos rios e tomam laxantes e purgantes. Também colocam óleos e máscaras para atraírem os animais. Quando conseguem capturar as presas, pedem perdão às suas divindades, com um tratamento muito respeitoso (GOLDIN & NAVARRETE, 2003).

Da mesma forma são os caçadores guarani: depois que têm filhos pequenos, dialogam com os espíritos dos animais para haver equilíbrio e proteção entre eles, uma regulação entre morte e vida, entre pessoa e animal.

Imagens para pensar o psiquismo a partir da reciprocidade: um *tekoa* que permite novos nascimentos e nomeações

A problematização a partir da categoria *tekoa* provoca um redimensionamento nos modos de existência baseada na ideia de mercado. O termo "floresta", usado aqui, é baseado no pensamento de terra-floresta, designado por Kopenawa (2015, p. 480) para determinar o sentido da floresta – *urihi*, na língua yanomami. Terra floresta, segundo o autor, é o mesmo que o mundo inteiro para os não indígenas.

As árvores, como diz Kopenawa (2015, p. 472), sobrevivem por milênios, têm um sopro de vida longo. "É graças à sua respiração que as plantas que nos alimentam podem crescer. Então, quando estamos doentes, às vezes tomamos seu sopro de vida emprestado, para que nos sustente e nos cure. É o que os xamãs fazem".

O pensamento estende-se pela natureza, em diversos espaços cósmicos. Os pensamentos vão mais longe, como representam as vivências de alguns xamãs. O encontro com o *tekoa* é uma experiência de viver a imagem que o guarani necessita e que vai para além do guarani. Pode ser uma referência para "encarnar no mundo tridimensional de tempo e espaço, e também rejuvenescer e dilatar sua existência. Subsiste no universo para além da psique. Fornecemos um lar onde pode emergir e residir" (STEIN, 1998, p. 175).

Essas imagens são totalmente diferentes dos modelos que as sociedades ocidentais possuem, baseadas no mercado. É o que Meliá (2010) apresenta como um modelo de grande resistência dos povos guarani. O sistema econômico baseado na reciprocidade é um sistema de troca e de gratuidade, pensado a partir de uma cosmovisão profundamente espiritual. A grande busca é tornar-se um guarani e assumir as regras éticas deste viver.

A visão de Castiñeira (2017) remete à noção de reciprocidade guarani ligada a uma dimensão de ser e estar diretamente ligada ao *tekoa*, lugar onde o guarani é o que é e não como donos de coisas ou de bens. Nessa cosmovisão, o guarani nasceu com a terra, com o rio, com a mata e aprendem a partir de uma ordem divina. As divindades movem a vida guarani e eles têm consciência de que a palavra espiritual é o que os mantêm em pé.

O fio condutor que integra as imagens de reciprocidade guarani é a palavra-alma, o *nhe'é*, no ritual do *nemongaraí,* nomeação que acontece no primeiro ano de vida. O *karaí*, liderança espiritual, permanece muito atento, pois há espíritos maléficos que aparecem para distrair a escuta autêntica do nome enviado pelas divindades. Essas divindades são denominadas Jakairá. Karaí, Tupã e Kuaray enviam nomes espirituais que serão como norteadores para o guarani pensar sua vida, suas origens arquetípicas e seus caminhos. E cada guarani pertencerá a uma dessas divindades. Por isso, o ritual de nomeação pode prolongar-se por vários dias, para que haja maior concentração na escuta do *karaí.* Caso este erre o nome da criança, ela pode adoecer e até morrer, pois a criança ouvirá vozes contraditórias de seu ser. Por outro lado, a escuta adequada garante o espaço de diálogo do guarani com seu destino ou *nhe'é*.

O ritual *nemongaraí* é um dos mais importantes para significação cultural da constituição do psiquismo guarani. É um ritual de caráter coletivo, uma experiência de legitimidade para que cada um possa, ao longo de sua vida, individualmente, viver a responsabilidade e o compromisso com seu caminho, no sentido do Si-mesmo, desenvolvido por Jung (2007), como um fio condutor que vincula o pessoal ao coletivo, o humano ao divino, o corpo à alma, a pessoa à sua realização, o nome ao espírito.

Em algumas culturas, o nascimento do xamã vai num caminho de retorno ao útero, à terra, como possibilidade de transformar-se, assumir novos formatos, como nascimento de outra personalidade. Kopenawa (2015, p. 142), ao escrever sobre seu processo de tornar-se xamã, relata que "os espíritos nos fazem renascer como crianças. Assim voltamos a ser recém-nascidos, ainda vermelho do sangue do parto [...] As mulheres-espírito [...] amamentam-nos e cuidam de nós".

Simbolicamente falando, o *tekoa* é pensado como um útero que permite que o melhor de cada um seja cultivado. Esse é um tipo de organização no qual permite e possibilita que cada um habite em seu próprio destino, cumprindo o seu *tapé puku vé*, o caminho mais longo, conforme define Alberto Ortega, liderança guarani.

A criança na organização social do *tekoa* é um elemento central, que precisa emergir. A clínica junguiana considera a presença da criança no processo terapêutico como a que emerge do útero do inconsciente, possuindo a forma de se impor frente aos perigos, conforme Jung descreve, como uma personificação das forças vitais:

> A criança representa o mais forte e inelutável impulso do ser, isto é, o impulso de realizar-se a Si-mesmo. É uma impossibilidade *de ser-de-outra-forma*. O impulso e compulsão da autorrealização é uma lei da natureza e por isso, tem uma força invencível, mesmo que o seu efeito seja no início, insignificante e improvável (JUNG, 2007, p. 171).

A psicologia da infância desenvolvida por Hillman (2001, p. 57) inspira o mito de Er, por meio do qual "minha alma escolhe a imagem que eu vivo". E assim, com os guarani, lentamente, vamos aprendendo a viver imagens de dentro do coração, reavivando nossa alma. Com a leitura de Hollis (1995, p. 143), fica clara a força da criança, quando afirma que: "se quisermos curar a nós mesmos, teremos de perguntar o que a nossa criança espontânea e saudável deseja".

Os guarani, na constituição de cada *tekoa*, têm como princípio observar os movimentos das crianças para que elas possam dizer sobre seus destinos tendo força de carregar e cultivar suas palavras-alma. Em cada *tekoa* renasce a esperança de uma nova sociedade que podemos reconstituir em nossos mundos tão recheados de bens e tão vazios de reciprocidade.

Referências

CASTIÑEIRA, S.D. (2017). *Don e reciprocidad* – De Bartolomeu Meliá a la filosofía contemporánea. Buenos Aires: SB.

CLASTRES, P. (1990). *A fala sagrada:* mitos e cantos sagrados dos índios guarani. Campinas: Papirus.

GOLDIN, D. & NAVARRETE, F. (2003). "Los animales y sus cazadores". In: VV. AA. *Despertar del jaguar* – Vida y palabras de los indios de América. México: Fondo de cultura económica.

GUERRERO. P.A. (2007). *Corazonar una antropología comprometida con la vida*: nuevas miradas desde Abya Yala para la descolonización del poder, del saber e del ser. Assunção: Fondec.

HILLMAN, J. (2001). *O código do ser:* uma busca do caráter e da vocação pessoal. Trad. A.C. da Silva. Rio de Janeiro: Objetiva.

HOLLIS, J. (1995). *A passagem do meio*: da miséria ao significado na meia idade. Trad. C.G. Duarte. São Paulo: Paulus.

JUNG, C.G. (2014). *O Livro Vermelho – Liber Novus*. Trad. E. Orth. Petrópolis: Vozes.

______ (2007). *Os arquétipos e o inconsciente coletivo*. 5. ed. Trad. M.L. Appy e D.M.R.F. da Silva. Petrópolis: Vozes, 2007.

KOPENAWA D. & BRUCE, A. (2015). *A queda do céu*: palavras de um xamã Yanomami. São Paulo: Companhia das Letras.

KUSCH, R. (2012a). *Geocultura del hombre americano*. Rosario: Fundación A. Ross.

______ (2012b). *El pensamiento indígena y popular en américa y la negación del pensamiento popular*. Rosario: Fundación A. Ross.

______ (2009). *América profunda*. Rosario: Fundación Ross, p. 2-254 [Obra Completa, vol. II].

MENEZES, A.L.T. (2006). *A alegria do corpo-espírito saudável*: ritos de aprendizagem guarani. Tese de doutorado, Programa de Pós-Graduação em Educação, Universidade Federal do Rio Grande do Sul. Porto Alegre.

SILVA, A. (2015). *O grafismo e significados do artesanato da comunidade guarani da Linha Gengibre*. Florianópolis: UFSC [Monografia do curso de licenciatura intercultural indígena do Sul da Mata Atlântica – Departamento de História da Universidade Federal de Santa Catarina].

STEIN, M. (1998). *O mapa da alma* – Uma introdução. São Paulo: Cultrix.

VIVEIROS DE CASTRO, E.V. (2002). *A inconstância da alma selvagem e outros ensaios de antropologia*. São Paulo: Cosac & Naify.

8 Teologia evangélica brasileira acerca do mal e o voto eleitoral

Sílvio Lopes Peres

O rebanho não conhece a dúvida; quanto maior a massa, melhor sua verdade – mas também são maiores as suas catástrofes.
JUNG, C.G. *Psicologia e alquimia*, p. 563.

A teologia evangélica brasileira acerca do mal parte de pressupostos históricos e filosóficos, até mesmo a que é representada pelas denominações neopentecostais, presentes no país desde as décadas de 1970 e 1980, como Igreja Universal do Reino de Deus, Igreja Internacional da Graça de Deus e Igreja Mundial do Poder de Deus, maiores representantes da chamada "teologia da prosperidade"; uma vez que a questão do mal é refletida pelo cristianismo desde o século II, com Taciano o Assírio e Teófilo de Antioquia. Depois vieram São Basílio Magno, Dionísio o Areopagita e Santo Agostinho, Orígenes, João Crisóstomo e Santo Tomás de Aquino, que estabeleceram as bases das doutrinas chamadas *privatio boni* (concepção de o mal ser uma privação do bem, diminuição ou ausência do bem – de onde se conclui ser o mal uma produção objetivamente humana) e *summum bonum* (concepção de que Deus é totalmente bom, o produtor do bem, o sumo bem – resultando na compreensão de que Deus não pode produzir ou fazer o mal); sendo também reafirmada pelo Concílio Vaticano II: "O homem, olhando o seu coração, descobre-se também inclinado para o mal e mergulhado em múltiplos males que não podem provir do seu Criador que é bom" (*Gaudium et Spes*, 13, apud BONFATTI, 2000).

É importante notar que o "sucesso" do neopentecostalismo no Brasil se deve a algumas condições, como por exemplo: discurso religioso de fácil compreensão para a maioria da população a que elas se dirigem, que sofre com a pouca formação acadêmica; mensagens dirigidas a pessoas carentes de cuidados públicos com a saúde – daí as promessas que propagam "como milagres"; estratos sociais com situação financeira precária, como dívidas e/ou sem emprego e renda – por isso, o forte apelo à doação de dízimos e ofertas, em troca de "bênçãos materiais", com o agravante de o insaciável espírito da época ser de consumo e de espetáculo; intolerância a qualquer forma de tradição histórica, antes, se apresentam como "novidades" e com baixa ou nenhuma exigência de fidelidade por parte de seus frequentadores; e, por fim, a utilização de meios de comunicação de massa, com especial destaque ao rádio e canais de televisão, em nome da "liberdade de culto que se encontra ameaçada", segundo suas produzidas e repetidas veiculações.

E, não é novidade para ninguém: a insatisfação das necessidades imediatas pode gerar expectativas infundadas, aumentando o risco de frustração, que por sua vez, infelizmente, facilita o discurso de pregadores (pastores, missionários, bispos e apóstolos) e políticos demagogos que zombam do povo, conforme temos visto cotidianamente. A situação se agrava quando partidos políticos buscam apoio dessas denominações religiosas, representantes do pensamento teológico conservador de cunho fundamentalista, que veem nessa prática oportunidades para disputar e vencer pleitos eleitorais. Isso revela uma das faces perversas do sistema político-partidário e a má-fé dos líderes religiosos, fortalecendo a crença de que a sociedade precisa de candidatos poderosos e dominadores que se apresentem como verdadeiros "messias", preferencialmente, antipolíticos. Contudo, tanto a política quanto a religião têm a responsabilidade de emancipar os indivíduos dos "cabrestos" que os fazem cegos quanto ao poder e ao domínio de que são detentores como cidadãos no enfrentamento de suas necessidades.

O mal, segundo os líderes e fiéis da teologia evangélica brasileira do segmento neopentecostal é denominado "demoníaco", "diabólico", "satânico". Ele ganha uma representação em tudo aquilo que se opõe aos seus planos de se estabelecer como instituição religiosa, em especial no campo histórico--sócio-existencial dos nacionais mais necessitados de uma presença e ação efetiva do Estado brasileiro, quanto ao combate às doenças, atendimentos aos enfermos e pobreza, e pouca atenção aos assuntos que lhes interessam como a defesa de valores ideológicos conservadores.

Já no campo do protestantismo tradicional – presbiterianos, batistas, luteranos, anglicanos, metodistas e pentecostais históricos (com destaque para a Igreja Evangélica Assembleia de Deus) –, desde o seu estabelecimento nos últimos 40 anos do século XVIII e início dos anos 1900, compreendem o mal como "o sistema político-cultural em que a Igreja Católica e o Estado estariam unidos em excluir a presença social da minoria não católica, e manter o restante do povo na ignorância religiosa e superstição" (CAMPOS, 2007, p. 62), na tentativa de se traçar um contorno de uma identidade própria na intenção de se diferenciar da religião católica romana. Assim, "o demoníaco é aquilo que se opõe aos ideias divinizados, estabelecidos para o funcionamento de um grupo social histórico e culturalmente constituído" (CAMPOS, 2007, p. 70), seguindo, para alcançar a esse objetivo, o estilo do conservadorismo do protestantismo estadunidense.

Assim sendo, percebemos que, apesar de as razões que atribuem ao mal serem díspares, ambos os segmentos – neopentecostais e protestantes históricos – compreendem e lidam com o mal de maneira não muito diferente, pois compartilham do mesmo contexto religioso estabelecido desde os primeiros momentos da longa história do cristianismo, a saber, o mal não tem consistência para existir por si mesmo, mas é meramente um consciente e voluntário desvio ou negação do ser humano em relação ao bem, bastando a esse tomar uma atitude em direção contrária para que o bem, que é tão real quanto Deus, possa subsistir, uma vez que o mais importante é: só Deus é o bem e não produz o mal.

Nesse sentido, a Igreja evangélica brasileira tem preferido fugir de experimentar a essência interior humana sem considerar que as soluções para os graves problemas exteriores passam por resolver os assuntos referentes aos mesmos dentro de nós. Nossos problemas sociais estão intimamente ligados à nossa problemática pessoal, conforme C.G. Jung: "A alma é o ponto de partida de todas as experiências humanas, e todos os conhecimentos que adquirimos acabam por levar a ela. A alma é o começo e o fim de qualquer conhecimento" (2000, p. 261). Contemos em nós exatamente aquilo que estamos tentando combater fora. "A diferença entre um problema pessoal e um coletivo é que um problema pessoal deriva inteiramente de nós mesmos, das nossas próprias insuficiências pessoais. Mas um problema coletivo chega a nós devido ao fato de que vivemos em coletividade" (JUNG, 1933).

Imaginar uma nova política é algo que se percebe em todos os campos onde as decisões se fazem sentir: desde as ruas e praças limpas e sem buracos, chegando aos postos de saúde com agentes mais habilidosos com o sofrimento físico dos cidadãos e disponibilidade de medicação, nas escolas com professores e funcionários mais capacitados, nas repartições públicas com funcionários que atendam às necessidades da população, no uso do dinheiro e dos bens públicos com honestidade administrativa etc.

Das experiências pessoais é que nascem as nossas decisões e atitudes políticas. Por isso, algumas questões precisam ser respondidas como, por exemplo: o que me motiva, pessoal e intimamente, a participar do cenário político-partidário? Até que ponto estou comprometido com as causas dos cidadãos, principalmente quando estas não representam os meus interesses pessoais e do partido ao qual sou filiado ou me simpatizo? Os objetivos que tenho a propor no cenário político estão de acordo com a maioria dos cidadãos, e especialmente, com aqueles que são mais carentes e necessitados de uma promoção social mais justa e democrática? O que posso fazer melhor do que já foi realizado e o que devo mudar em mim como indivíduo, bem como o que a sociedade pode mudar para ser melhor?

A política não é um convite para o prazer, mas para um enfrentamento com o lado hostil da vida: a realidade do mal de cada um. Não se pode perder o amor-próprio em nome de um desempenho político exterior, ainda que bem-sucedido, baseado em promessas que não se realizam. Introspecção e reflexão psicológica não são perda de tempo, especialmente porque as decisões e ações que precisam ser tomadas necessitam de sabedoria e paciência, e não da esperteza que se alimenta com o mal, apesar das urgentes implementações de ações transformativas da realidade exterior.

Afastar-se dessa atitude é o mesmo que negar ou reprimir aquilo que há em nós de obscuro e destrutivo. Entretanto, afastar-se não significa eliminar ou erradicar, mas recolher no inconsciente, acumulando energia psíquica para, ao contrário de explodir e causar destruição e sofrimento ao meio social, buscar por soluções para aquilo que o mal nos provoca.

Nesses momentos, faz-se necessário desenvolver pensamentos e sentimentos de convivência comunitária, ecumênica (para usar uma palavra religiosa), porque nada pode funcionar enquanto estamos sob o efeito perturbador das emoções instintivas e irracionais. Pensar e sentir significa tentar entender, discriminar, avaliar o sentido e os significados dos afetos, integrando à consciência o seu conteúdo, para que ocorram, então, crescimento e sabedoria. Cabe-nos confrontar e satisfazer as exigências a que os pensamentos e sentimentos nos propõem. E, nessa tarefa, são fundamentais a paciência, a coragem para enfrentar a ansiedade, a dedicação contínua no sentido de uma disponibilidade para perseverar, a despeito de todas as modificações de humor e de estado mental, no esforço de pesquisar e compreender aquilo que está ocorrendo (EDINGER, 1995, p. 25).

Referindo-se à Igreja evangélica suíça, formada por pessoas que se consideravam membros de uma civilização de alto padrão, Carl Gustav Jung (1990, p. 84-85), reconhecendo a energia da religião no dinamismo psicossocial como "um grande risco e, ao mesmo tempo, uma grande possibilidade" daquele povo, nos ajuda a refletirmos, quando afirma:

> Nosso mundo é sacudido e inundado por ondas de inquietação e medo. [...] Observe-se a incrível crueldade de nosso mundo supostamente civilizado – tudo isto tem sua origem na essência humana e em sua situação espiritual! Observe-se os meios diabólicos de destruição! Foram inventados por *gentlemen* inofensivos, cidadãos pacatos e respeitados e tudo aquilo que se possa desejar. E se tudo explodir, abrindo-se um inferno indescritível de destruição, parece que ninguém será responsável por isso. É como se as coisas simplesmente acontecessem. E, no entanto, tudo é obra do homem. Mas como cada um está cegamente convencido de não ser mais do que uma simples consciência, muito humilde e sem importância, que cumpre regularmente suas obrigações, ganhando seu modesto sustento, ninguém percebe que toda a massa racionalmente organizada a que se dá o nome de Estado ou Nação é impelida por um poder aparentemente impessoal, invisível, mas terrível, cuja ação ninguém ou coisa alguma pode deter. Em geral, tenta-se explicar esse poder terrível pelo medo diante da nação vizinha (pessoas e/ou grupos), que se supõe estar possuída por um demônio maligno. E como ninguém pode saber em que ponto e com que intensidade está possuído e é inconsciente, simplesmente projeta seu próprio estado no vizinho. Torna-se então um dever sagrado possuir os maiores canhões e os gases mais venenosos. [...] Cada vizinho se acha dominado pelo mesmo medo incontrolado e incontrolável. É fato bem conhecido nos manicômios que os pacientes que têm medo são muito mais perigosos do que os impulsionados pela ira ou pelo ódio (JUNG, 1990, OC 11/1, p. 84-85).

Isso me lembra da palavra de ordem "Polícia neles!" – reação aos eventos que ficaram conhecidos como "rolezinhos", no início do ano de 2014, – quando grupos de adolescentes da periferia das grandes cidades passaram a frequentar os *shoppings centers*.

Por que chamar a polícia? Desejo por mais repressão? Entretanto é bom lembrar que há meio século (1964), os destacamentos policiais foram empregados com o objetivo de sufocar alguns movimentos sociais que, na época, igualmente, foram interpretados como barbárie, anarquia, rompimento com o capitalismo, confronto à ordem econômica e social da sociedade.

Parece que a sociedade brasileira não sabe reagir de maneira socialmente mais responsável nessas ocasiões, como aconteceu aos protestos que prometeram perturbar a "cultura" do consumo, do "espetáculo" da Copa do Mundo e o "circo" das eleições.

Segundo Jessé Souza (MARSIGLIA, 2014), sociólogo e professor da Universidade Federal de Juiz de Fora, essa realidade aponta que "o problema real não é nem da polícia nem das autoridades. É o *apartheid* social entre a classe média europeizada e as classes populares. Esse *apartheid* criou o tipo de polícia e a cultura da violência que temos".

E adensando mais a questão, Souza considera três outros fatores para essa reação: (1) que a classe média detém e espera que as classes populares consumam os bens político-culturais que produz; (2) não decide mais as eleições majoritárias no Brasil; (3) promove uma pobreza moral e política de ideias porque "desconhece que sem autoconfiança, autoestima e reconhecimento social, não existe comportamento econômico racional" (MARSIGLIA, 2014, p. E2).

Entretanto, a raiz do problema apontado por Souza é psicológica – a divisão entre pobres e ricos e a indiferença que gera a falta de compromissos efetivos com as condições de vida que tocam a todos nós – é a parte externa de uma realidade interna. Trata-se do complexo de poder, conforme a psicologia de C.G. Jung.

Segundo Jung (2000, p. 253) complexo é uma "entidade autônoma dentro da psique". Isto é, muitos dos nossos comportamentos podem ser controlados por uma energia psíquica que transborda do inconsciente, causando-nos uma desarmonia muito grande e, consequentemente, com todos ao redor.

Os "sintomas mentais" do complexo de poder se caracterizam por: egocentrismo narcísico (para exercer o poder, as necessidades alheias tendem a ser ignoradas), autoritarismo, intolerância à contradição, elevada estima por ambição e competitividade, apego ao poder, acúmulo de riqueza, fala com ar de comando, inveja, baixa tolerância à frustração, preferência à ostentação e aversão aos símplices, delírio de grandeza etc.

O consumismo, a que o sistema econômico estimula sob o comando de sucessivos governos, é uma das faces mais visíveis do complexo de poder. É como se consumir passasse a ser uma das emoções que mais nos deixasse inflados, verdadeiramente "possessos". Ricos e pobres "ficam fora de si mesmos" quando o assunto é comprar. A consequência se realiza no campo das relações sociais: fraco espírito de solidariedade e pouca responsabilidade político-social.

O complexo de poder nos tem levado a um estado de "intoxicação emocional", quer dizer, nossa mente tem ficado obscura, insegura, turva sob o poder fascinante a que o consumismo, por exemplo, nos leva, daí darmos mais importância ao que acontece na superfície da realidade exterior e nos afastamos da nossa essência pessoal.

A recusa em refletir sobre o aspecto psicológico das manifestações coletivas contra a opressão da polícia, com sua violência e programa higienista, comandada pelo poder público em curso, demonstra a relevância do tema para a realidade da alma brasileira na Contemporaneidade. Senão, vejamos: polícia neles? Não. As polícias têm muitas outras tarefas que precisam ser desempenhadas. Precisamos, sim, "policiar" o nosso próprio complexo de poder.

> "A regra psicológica diz que, quando uma situação interior não é conscientizada, ela acontece fora, como sina", conforme Jung. Quer dizer, quando o indivíduo permanece dividido e não se conscientiza de suas contradições internas, o mundo tem forçosamente de representar o conflito e ser rasgado em duas metades opostas (WHITFIELD, 2013).

Brasil: um país em epidemia psíquica

Quando olhamos para a crise das instituições do país, corremos o risco de nos iludir com as terríveis condições que aparecem na superfície. Porém, olhando mais profundamente, vamos perceber que o verdadeiro sofrimento tem suas bases mais profundas. Como diz James Hillman: "O exterior provoca sofrimento, mas ele não é em si sofrimento" (1993, p. 11). Quando a dignidade humana é desprezada, a barbárie e a injustiça se instalam no campo das relações sociais.

O terreno psíquico que está gerando essa crise é mais forte e superior a todos nós, quer como indivíduos quer como povo. Nossas reações emocionais à crise demonstram as nossas fraquezas frente às dificuldades a que a instabilidade – econômica, financeira, social, moral e espiritual – está nos conduzindo. O sentimento generalizado é como se fôssemos um povo destinado às injustiças; sem a capacidade de nos livrarmos dos maus governantes; sem direitos a melhores condições; condenado ao atraso educacional e à insegurança existencial.

Este momento não pede que tenhamos uma ou outra identidade político-partidária, mas que nos encontremos com o inconsciente psíquico; ou, mais uma vez, vamos dar uma interpretação errônea de nosso real quadro psicológico.

Erramos se interpretarmos que os valores alcançados pela consciência brasileira, depois de tantas lutas e mortes, são insignificantes, passíveis de revisões sempre a partir das tendências do presente. Se assim o fizermos, reduzimos e deflacionamos o nosso autovalor, como se fosse algo meramente "inautêntico". Essa visão pessimista, contudo, é mais uma expressão do lado escuro do inconsciente coletivo e pessoal.

Outra interpretação equivocada da crise é considerar que o povo e os indivíduos devem se submeter a sistemas portadores de "novas" energias, apregoadas como de natureza "quase mística", que possam dirigir a melhores condições de vida, como a autorregulação das leis de mercado e trabalho, conforme os discursos de movimentos coletivistas, bastando apenas uma correção de perspectiva ideológica para que as soluções redentoras e salvíficas apareçam.

Ambas as interpretações ou alguma "combinação" entre elas nos levam para longe do terreno psíquico mais forte e superior a nós – o problema do mal, fonte da crise brasileira e do resto do mundo. Se assim é, caímos em outro extremo: procuramos identificar qual a origem do mal, ora está com a massa coletiva ora com a elite burguesa. Entretanto, a questão-chave é se temos consciência da capacidade para o mal, para a crueldade, do lado negativo da personalidade humana.

O momento exige de cada um de nós e dos responsáveis pela condução da crise a formulação de uma percepção mais ampla e não ilusória quanto à nossa participação em sua continuidade como coisa sem correções ou em atitude contrária. A atitude consciente sobre o inconsciente é fundamental, isto é, assumir a responsabilidade de enfrentamento da crise coletiva, como indivíduos que elaboram intuitivamente a sua problemática com o mal pessoal para estar em condições de expiar o mal coletivo, como a nossa força-tarefa.

Os casos podem ser verificados como: a riqueza acumulada dos 1% mais ricos do mundo é igual a riqueza dos 99% mais pobres; o feminicídio e crescente homicídio de indígenas no país; a presença de falas que avançam contra o decoro que os cargos públicos exigem, bem como a defesa de atos autoritários e totalitários, como forma de inibição e eliminação das opiniões contrárias; o espancamento moral de jornalistas e de outras profissões por vias digitais e execração pública pela imprensa em geral, antes da palavra final da justiça; a indiferença para com as vítimas de violência homofóbica ou transfóbica ou qualquer discriminação por orientação sexual e identidade de gênero, bem como os preconceitos raciais; a banalidade dos casos de estupros de crianças, adolescentes e jovens; a negligência quanto à destruição do meio ambiente, como os incêndios da Floresta Amazônica e os derramamentos de petróleo no litoral brasileiro etc.

Apesar de, historicamente, sabermos que o desfecho dessas condições sociais nos envergonha, não conseguimos assimilar à consciência as componentes subjetivas que deflagram o processo de destruição daquilo que chamamos "civilização". É preciso possuir uma força sobre-humana para podermos reprimi-las. Mas são mais fortes do que a força de vontade do eu. Pensamos que não existem em nós, porque se encontram em camadas inconscientes. Porém, se conseguimos vê-las em nosso próximo, é porque as temos.

O quadro político-social é febril, infeccioso, débil; a economia está como que em estado hemorrágico – o desemprego alto e aumento da informalidade faz com que 104 milhões de brasileiros tenham de viver com o equivalente a meio salário-mínimo, número de ambulantes saltou mais de 500% entre 2015 e 2018; por fim, as dificuldades de compreender, distinguir e construir alguma saída honrosa de nossas seculares deformidades sociais estão expostas às nossas vilezas e cruel covardia.

O que está atuando política, social e economicamente é uma manifestação do que está se passando nas profundidades do inconsciente coletivo do povo brasileiro. Como afirma C.G. Jung: "O perigo que nos ameaça a todos não vem da natureza, mas dos homens, da alma do indivíduo e de todos. O perigo reside na alteração psíquica do homem. Tudo depende do bom ou do mau funcionamento da nossa psique" (JUNG, 2015, p. 142).

Para um melhor funcionamento da alma brasileira é importante que coloquemos em uso algumas funções sociais que foram mal-empregadas, como por exemplo: dialogar e implantar ações que visam à realização dos direitos e ao cumprimento dos deveres de todos nós; posicionar-se frente às situações e não esperar ser beneficiado pelas manifestações que outras pessoas tomam.

Horizonte político-psíquico brasileiro

Como psicoterapeuta, uma das minhas funções é ajudar os pacientes a trazer à consciência seus aspectos mais sombrios, inconscientes. É uma tarefa árdua, que exige forte compromisso ético, ou seja, um pacto de vontade interior e exterior, para com o descobrimento dos continentes ocultos e desconhecidos na penumbra da escuridão inconsciente.

Então, como psicólogo e cidadão, a questão mais importante que tem me ocupado, desde as últimas eleições, é a seguinte: quais seriam as consequências psicológicas para a sociedade brasileira, ligadas à sua sombra coletiva – importante estrutura de sustentação à psique – se houver maiores perdas e prejuízos, quanto às políticas sociais?

A julgar pelos discursos do vencedor, bem como uma grande composição parlamentar federal que saiu das urnas, formada por uma grande maioria de deputados e senadores ligados às Igrejas evangélicas, não é difícil verificar que os resultados serão catastróficos pois já têm afirmado, por exemplo, diminuir os investimentos no bem-estar geral da população, como cortes nas políticas de educação em todos os níveis; a não continuação de ações do Estado na proteção à saúde, haja vista que mais de 150 milhões de brasileiros dependem do Sistema Único de Saúde (SUS); a eliminação de programas de redistribuição e equidade de riqueza e renda; e, ainda, a venda de patrimônios e riquezas do país.

Quer dizer, além de trabalharmos com os aspectos pessoais dos pacientes, quanto ao que se passa com eles enquanto sujeitos, também observamos o movimento dos "espíritos ancestrais" que assombram a vida social, presentes em nossas opiniões e julgamentos. Eles são sentidos por uma energia quase super-humana, e nos desafiam, conforme a compreensão da psicologia analítica. "Condições sociais e políticas gerais afetam o inconsciente coletivo", conforme C.G. Jung, "no sentido de que todos aqueles fatores que são reprimidos na vida de um povo pela concepção do mundo ou atitudes predominantes se reúnem pouco a pouco no inconsciente coletivo e ativam seus conteúdos" (JUNG, 1986, p. 254).

É como se os fatos exteriores causassem um abalo tão forte nos indivíduos, que as suas concepções de vida desmoronassem, deixando-os sujeitos a terríveis castigos psicológicos, promovidos pelos conteúdos poderosos da sombra coletiva.

Infelizmente, a lista dos males não é pequena e seus efeitos já podem ser percebidos, como em recente artigo publicado no *Jornal da Manhã* da cidade de Marília (2018, p. 2), concluí juntamente com o colega psicólogo Igor de Almeida Faria Bueno. Senão, vejamos: indiferença ao horror e ao crime contra pessoas por estereótipos sociais, de gênero, de raça etc.; desejo dissimulado de arruinar a vida dos semelhantes; doenças psíquicas e psicoses coletivas passam a substituir possibilidades mais elevadas, ainda não vividas; teimosia destrutiva em desprezar e arruinar os projetos de pessoas que desejam e tentam se desenvolver; perder a percepção do valor de suas ações e palavras, principalmente, de como as faz e fala; indiferença para com as ações que põem em risco a vida de amigos, de familiares, de animais e do próprio planeta; perder não só a sua felicidade, como também, o sentimento de culpa, de ter causado a perda da felicidade do próximo; permitir que a pressão do mal tome tanto espaço sem se importar com isso; sentir a si mesmo como "algo estranho" e "perigoso", mas ser insolente consigo mesmo; crer que a astúcia ou habilidade racional encara tudo isso como "simples banalidades"; esperar que alguma coisa boa pode vir da violência; ter profunda aversão a todos os progressos e inovações, mas cultuar as tradições que mantém as aparências; sentimento generalizado de desconfiança entre os pares; perda de pequenos *insights* psicológicos ou de leve percepção ética, moral e espiritual; não se importar com a fragilização da solidariedade entre as pessoas; preguiça de ler a realidade da vida do próximo, sem perceber que, assim, se está envenenado pelo esnobismo e pela hipocrisia perversa etc.

Tal condição exige que nos voltemos para aquilo de que fala Rafael López-Pedraza, a necessidade de possuirmos a "consciência de fracasso" como capacidade de nos aproximar de nós mesmos, ampliando a consciência de quem somos de verdade. Ele aponta que nos negamos a ter consciência de fracasso devido à complexa e misteriosa natureza humana que nos leva a criar fantasias de podermos ter sucesso custe o que custar, mesmo sentindo que algo não está correto, por meio do processo de racionalização dos motivos que nos levam a sentir que fracassamos.

Isso lembra o mito da queda da humanidade, registrado na Bíblia Sagrada (Gn 3). Quando o homem e a mulher comem o "fruto do conhecimento do bem e do mal", fogem da questão mais importante. Negam a percepção do que os levou a desobedecer e satisfazendo-se com a formulação de um mecanismo de defesa de racionalização, reagem dizendo: "A serpente me enganou"; "A mulher que me deste por esposa, ela me deu da árvore, e eu comi".

Esse mito ilustra o processo inconsciente de expulsar um conteúdo subjetivo que provoca angústia, por considerá-lo incompatível ao que sentimos sobre nós mesmos e sobre os outros. E, ao reprimirmos a "consciência de fracasso", ficamos como que possuídos por esse mecanismo de defesa, interrompendo o fluxo de aproximação de nós mesmos que é a melhor forma de autoconhecimento.

Destarte, a nossa sobrevivência depende da seriedade que tratamos a natureza humana. É como se ainda tivéssemos de responder ao questionamento relatado no mito em questão: "Onde estás? Quem te faz saber que estás nu?"

O melhor disso é a inexistência de respostas corretas ou falsas. O mais importante é responder, tarefa que cabe à Igreja evangélica brasileira e a cada um de nós, assumindo seja lá o que represente o "isso", desde que a sua resposta seja pessoal, íntima, séria e trazendo para perto de si, seja lá o que for que o levou a achar o sucesso em transferir ou projetar em outras pessoas ou em objetos, o conteúdo considerado incompatível com você mesmo. A questão a ser respondida é: por que quero envolver o outro, se o fracasso é meu?

"Se nos esforçássemos em criar consciência de fracasso", afirma López-Pedraza, "estaríamos mais dispostos a entendê-la como uma consciência compatível com algo que está obscuro: o sofrimento em uma parte de nossa natureza que tem sido rejeitada" (1997, p. 95). Quer dizer, a "consciência de fracasso" é obtida quando nos pomos diante das questões que nos fazem sofrer, sem fantasiá-las, num autoengano, ainda que racional.

Segundo López-Pedraza (1997, p. 100), há três fatores que impedem o instinto da reflexão quanto ao mal: "o ideal juvenil sem o devido compromisso com a realidade, a histeria e o componente psicopatológico".

Parece que essa é uma das faces psicológicas que falta às Igrejas evangélicas brasileiras: "consciência de fracasso". O sucesso, tão desejado e conquistado a qualquer preço, e o seu fracasso é como um par de opostos. Um complementa o outro. Um não há sem o outro. É como uma moeda: de um lado temos sucesso, de outro, fracasso. Sofremos na medida em que desvalorizamos a uma das faces da moeda da vida, considerando que só há uma parte. Na verdade, o fracasso é o lado reprimido do sucesso. Todavia, um não anula o outro. Antes, asseguram a possibilidade da saúde mental, pois a loucura é carecer do "princípio de realidade", como entendia S. Freud.

Psicose e esquizofrenia são as consequências da tentativa de falsificar a realidade. Essas experiências alteram, para sempre, a personalidade. Assim, o sucesso a qualquer preço também faz o mesmo no que se refere às delimitações das nossas contingências. Tanto o fracasso quanto o sucesso comprovam a autenticidade da moeda da vida. A unilateralidade de um ou de outro abre as portas para o sofrimento da negação do viver.

Ter "consciência de fracasso" ao menos nos previne de cometê-lo novamente, pois nos provê reflexão. A exigência do sucesso a qualquer custo, ao contrário, nos cega, levando-nos a repetir as condições de fracassar, sempre. Fracasso e sucesso, como a moeda da vida, possibilitam transações, mudanças, alterações, transformações, transições de uma fase da vida para a outra, criativamente.

Não ter "consciência de fracasso" é ficar vulneráveis a sermos possuídos por fatores inconscientes muito poderosos, como bem expressou Paulo o Apóstolo: "Não me compreendo de modo algum, pois realmente quero fazer o que é correto, porém não consigo. Faço, sim, aquilo que eu não quero – aquilo que eu odeio. [...] Existe alguma coisa bem no meu íntimo, lá em minha natureza inferior, que está em guerra com a minha mente e ganha a luta" (Rm 7,15.23).

Na fala de Pedraza, acima citada, encontramos o mesmo sentido. Esses três elementos impedem o instinto da reflexão, ou seja, um "voltar-se para trás", em direção ao interior, "para dentro", capaz de elaborar psicologicamente uma postura individualizada e relativizada frente a tudo que pretensamente acredita que sabe acerca de si mesmo e do mundo.

O ideal de juventude eterna

Quanto ao primeiro elemento "ideal de juventude eterna", uma espécie de Síndrome de Peter Pan, que impede fazer o movimento de "voltar-se para trás/dentro", podemos compreender como referência à pressa de tudo, ser resolvido sem lentidão de nenhuma espécie; a de exigir que a realidade se adéque ao ritmo dos pontos de vista do ego; não esperar por melhores condições, para tomar decisões mais acertadas, ao contrário, dar preferência àquelas que "causam" pelo seu caráter surpresa, "de supetão", mesmo sentindo que são inapropriadas, não tenham alguma conexão com a realidade e suas exigências – aliás, tem baixa tolerância às exigências e sensatez; é a vontade de "querer tudo para ontem", como dizemos; entre tantas outras. Não é difícil perceber que essa "moeda" empregada pela Igreja evangélica brasileira em seus interesses vem destruindo a todos nós!

Isso pode ser observado em suas decisões de envolver-se e participar do governo, pois indica que parece considerar o "voltar-se para trás/dentro" é fraco, quase imperceptível, e, assim, o existir passa a ter algumas características: uma frágil conexão com a realidade terrena e suas complexas estruturas; a vida como que fica "suspensa no ar"; desprezo ou pouca valorização pelo passado; forte descaso para com o presente e grande negligência para com o futuro; ocupa-se com a superficialidade das questões momentâneas e passageiras; os "assuntos da moda" preponderam, portanto, não há aprofundamento em nada.

Assim sendo, há uma forte tendência a tomar decisões apressadas; empenho de impor o ponto de vista egocêntrico e conforme os padrões de vida da maioria ao seu redor às realidades; baixa tolerância para com as exigências e em relação a uma postura mais ou menos equilibrada em temas complexos; importa-se mais com os resultados imediatos ao invés de uma atitude paciente, mas com efeitos mais duradouros etc.

Tal situação leva a pessoa e aos grupos sociais, a ficar vulnerável a qualquer sofrimento psicológico e, por consequência, a uma piora ainda maior das situações reais, pois a vida, em seu percurso natural, busca encontrar as raízes de que precisa para continuar existindo e preservar-se para as futuras gerações.

"Quando um fato interior não se torna consciente", nas palavras de Jung, "ele acontece exteriormente, sob a forma de fatalidade, ou seja: se o indivíduo se mantém íntegro e não percebe sua antinomia interior, então é o mundo que deve configurar o conflito e cindir-se em duas partes opostas" (JUNG, 1982, p. 66).

O profundo *insight* de Jung nos coloca diante de uma questão crucial para os nossos tempos: os conflitos psicossociais, políticos, culturais, econômicos e religiosos estão na esteira da falsa inocência ou ingenuidade decretada pela negligência para conosco, à falta cometida contra nós ao reprimirmos a "consciência de fracasso", levados pela prepotência pretensiosa de buscarmos o sucesso a qualquer custo, mesmo que isso signifique a asfixia da atenção para com os sentimentos e atitudes que envolvem o fracassar pessoal e coletivo, e de tudo que existe no mundo?

Assim, considera Pedraza: "Sociedades em que predomina o adolescente como ideal coletivo e individual (desde o comer, o vestir, a estética pessoal etc., todo o viver regido pela fantasia e imagética do adolescente) não consideram o seu polo terreno oposto, e quando o fazem, geralmente fazem-no de maneira destrutiva" (1997, p. 105).

Apesar de o espírito da época facilitar a negligência para com a "antinomia interior", isto é, com o conflito entre duas ou mais afirmativas demonstradas como reais e indubitáveis, temos de ser fortes no cumprimento do dever em possuir a "consciência de fracasso", sob a pena de perdermos o direito de lutar por um mundo melhor!

Assim, vemos o pano de fundo onde a fantasia de obter sucesso em tudo, se alimenta. O êxito ou sucesso é o grande, senão o único, objetivo de vida. Frustração, fracasso e ruína são considerados "demônios" a serem exorcizados.

"Quando acontece um revés que poderíamos sentir como um fracasso do qual aprender e refletir", continua Pedraza, "fugimos desse revés rapidamente com o pretexto de uma outra fantasia fútil, indo irremediavelmente ao encontro de outro fracasso. [...] A demanda de sucesso é tão avassaladora que não nos provê do tempo nem do ritmo interior necessário para que a reflexão seja possível" (PEDRAZA, 1997, p. 96).

De uma futilidade malfadada, logo queremos encontrar outra, ainda que seja apenas para trocar, novamente, por um pensamento formatado por clichês e bordões midiáticos que não cessam por se atualizarem, buscando se servir de outras fantasias "mais palatáveis", sempre com o objetivo de atender ao sabor do imediatismo frenético.

A possessão por essa fantasia com raízes inconscientes, marca o espírito de nossa época, estabelece-se como um "culto" e, psicologicamente, propicia uma "infecção psíquica", uma "mania", numa "participação mística", isto é, uma submissão a tudo que atende aos apetites do ego, que tenta negar a sua condição de refém desse sistema, tanto interior (inconsciente) quanto exterior (social e coletivo).

López-Pedraza compreende esse fenômeno como um "mimetismo das ideias infladas do Puer", ou seja, as fantasias que povoam a um ego ou a uma sociedade – inclui-se aqui a Igreja evangélica brasileira – que escolhe por negar-se a enfrentar as dificuldades de uma realidade a qual acredita ser capaz resolver – porém, prefere por adiar as decisões, temendo as restrições que podem surgir caso decida "pôr os pés no chão" –, são assimiladas por mais pessoas, que passam a se considerarem "dentro do padrão geral", evitando, assim, o desconforto "de ser diferente", "de nadar contra a maré", "de ficar deslocado" do grupo etc. É muito fácil e rápido para ser "mais um" na multidão. Ser sábio, porém, é mais lento, pede mais tempo, mas é possível.

Como os fatores externos são altamente potentes, devido a sua natureza coletiva, decidir-se por "tomar a cor da maioria", "defender os valores da coletividade", é quase instantânea, não dando tempo a uma reflexão, ao movimento que se dirige "para trás/dentro", por sua vez, tem uma natureza pessoal, individual, mais lenta.

A histeria

Com relação ao segundo elemento impeditivo à reflexão, a histeria, podemos nos referir: Viver é mais do que acompanhar os acontecimentos narrados pelos meios de comunicação, apresentados tão fracionadamente, como se não estivessem relacionados uns com os outros. E, nos últimos tempos, as redes sociais têm ampliado e fortalecido esse fenômeno, acelerada e gravemente, contando com a colaboração da própria Igreja Evangélica.

Nesse contexto parece ficar cada vez mais distante que viver é desenvolver a capacidade de construir dimensões, perspectivas e profundidade da própria existência. Na realidade, a visão causal é dominante em nossos dias, ou seja, os fatos seguem uma sequência pura e simples entre eles – que a causa b, b causa c, e assim por diante. Como se nenhuma interação houvesse entre eles, mesmo quando são positivos. Porém faz-se necessário reconhecermos que os eventos possuem uma energia própria, um influencia e integra ao outro, de tal maneira a servirem como instrumentos uns dos outros na formação da realidade vivenciada em suas qualidades positivas e negativas. Só assim para o viver ter a dimensão, a perspectiva e a profundidade de uma verdadeira experiência humana; além de um simples "olhar da sacada", mas sem o sentimento de ser parte da realidade e seus desafios.

É como se fosse possível "olhar da sacada" para a vida, como presenciar decolagens e pousos de aviões, desde a plataforma de um aeroporto, porém sem a experiência do voo psíquico com a vida, sem buscar destinos pessoais. A falta de reconhecer esse estado de coisas deixa-nos confusos, isto é, a sucessão caótica e veloz dos eventos bloqueia a capacidade de reflexão acerca deles, "sufocando", então, o discernimento de nós mesmos e de tudo o que acontece ao redor. Com essa limitação, a personalidade humana fica refém dos histrionismos inusitados da histeria coletiva que o mundo vive, favorecendo que algumas pessoas se identifiquem, intermitente e/ou veladamente, com ideais contrários à sua própria alma.

Uma possível solução é passarmos a considerar seriamente as graves consequências a que já estamos submetendo a nós mesmos e às gerações seguintes, como o oposto de tudo aquilo que nosso coração considera como bom, justo, esperançoso, livre, harmonioso, pacífico, alegre, amoroso. Só assim, atingiremos a nossa própria natureza, um olhar mais profundo de sermos quem somos, uma consciência que toma distância dessa histeria sufocante dominadora da nossa cultura, a qual a Igreja evangélica brasileira tem contribuído para que nada seja modificado.

Pois, conforme nos lembra Jung, "as pessoas quando educadas para enxergarem claramente o lado sombrio de sua própria natureza aprendem ao mesmo tempo a compreender e amar seus semelhantes. Uma diminuição da hipocrisia e um aumento do autoconhecimento só podem resultar numa maior consideração para o próximo, pois somos facilmente levados a transferir para nossos semelhantes a falta de respeito e a violência que praticamos contra nossa própria natureza" (1980, p. 18).

Qual poderia ser a contribuição da Igreja Evangélica brasileira nesse processo?

Segundo C.G. Jung: "Quando um grupo é muito grande cria-se um tipo de alma animal coletiva. Por esse motivo a moral de grandes organizações é sempre duvidosa. [...] O indivíduo na multidão torna-se facilmente uma vítima de sua sugestionabilidade. [...] Na massa,não se sente nenhuma responsabilidade, mas também nenhum medo" (2000, p. 130).

Essas condições proporcionam a seguinte reflexão: Atrás de qual multidão eu escondo os meus medos? Que medos me distanciam da minha individualidade?

A "alma animal coletiva" se constitui de fatores históricos na formação cultural de um povo, e ela se fortalece impondo-se quando a agenda privilegia práticas de conservadorismo fundamentalista, conforme podemos observar na misoginia, no feminicídio, no racismo, na homofobia, no desprezo para com as pessoas que moram nas periferias das cidades, no preconceito com a organização social, com as línguas, as crenças e as tradições dos povos indígenas etc., resultando em políticas socioeconômicas que têm se mostrado destruidoras de todas as nossas conquistas.

Nesse sentido, compreende-se por que o medo diluído na multidão, por adotar uma opinião coletiva, toma proporções que anulam o bom-senso e até a empatia para com o próximo.

Em outro lugar, Jung escreve:

> Se o Estado de direito sucumbe, por exemplo, a um acesso de fraqueza, a massa pode esmagar a compreensão e reflexão ainda presentes em indivíduos isolados, levando fatalmente a uma tirania autoritária e doutrinária. Uma argumentação racional é apenas possível e profícua quando as emoções provocadas por alguma situação não ultrapassam determinado ponto crítico. Pois, quando a temperatura afetiva se eleva para além desse nível, a razão perde sua possibilidade efetiva, surgindo em seu lugar slogans e desejos quiméricos, isto é, uma espécie de possessão coletiva que, progressivamente, conduz a uma epidemia psíquica (JUNG, 1999, p. 2).

Nenhum de nós pode duvidar da presença e da atuação de fatores autônomos à consciência individual quando estamos em grupo. Não faltam políticos, jornalistas e pastores que têm seus miolos perturbados por fantasias dissociadas da realidade, a espalhar os fatores que nos levam a uma "epidemia psíquica" que pode fugir do controle.

Nada pior para uma nação do que quando os indivíduos renunciam a julgar e confiam o julgamento a uma corporação política, midiática, judiciária e, até mesmo, eclesiástica. Pois, como o mesmo Jung nos adverte: "quanto maior a multidão, tanto mais negligenciável se torna o indivíduo" (1999, p. 8).

O fator psicopatológico

Quanto ao fator psicopatológico – o terceiro elemento impeditivo à reflexão: Se entre nós brasileiros temos as narrativas indígenas do Jurupari e Anhagá, que falam do nosso comprometimento com o mal e a sua execução, dos gregos temos a da deusa Ate.

Zeus, o deus dos deuses, havia decidido dar a Héracles, filho da sua esposa favorita, Alcmena, o reino do mundo dos seres humanos.

Ate enganou a Zeus para não perceber a artimanha de Hera, que fez com que Euristeu, o filho de Eileitia, nascesse antes de Héracles e recebesse tal herança. Como consequência, o deus tomou-a pelos cabelos e jogou-a na terra, onde passou a se ocupar de confundir os homens.

Desde então, Ate passeia pelo mundo induzindo a todos nós a erros e à ruína. Provocando-nos maus discernimentos, confunde nossas mentes, engana-nos e retira de nós a sensibilidade moral para com a vida pessoal e comunitária. Ate nos destrói!

No *Simpósio*, Platão afirma sobre Ate: "Delicados são seus pés, pois no chão ela não corre; somente sobre a cabeça dos homens". É como se Ate pulasse sobre as nossas cabeças, deixando-nos confusos (malucos) em nossas divergências, impedindo-nos o bom-senso quanto às nossas vidas e para com o nosso mundo; antes, impulsiona-nos para as decisões tolas que nos prejudicam e arruínam a todos.

Assim, a deusa é sinônimo do sentimento destrutivo, da cegueira desastrosa, da inclinação para a fatalidade, da disponibilidade para cometer ações insensatas, que podem resultar na própria destruição, de falar e decidir impulsivamente, pondo tudo a perder, mesmo quando se está indo por um bom caminho. É como se estivéssemos possuídos por uma maldição que nos envergonha, angustia e magoa; mas disfarçamos com o orgulho e a arrogância, exageradamente insolentes e desdenhosos. Trata-se da insensatez e da discórdia obstinadas, do desejo impulsivo de arruinar algo, da má vontade contra alguém, que impede rever as posições tomadas por engano.

O mito descreve o clímax da presença e atuação da deusa Ate, quando, por puro ressentimento, porque não fora convidada para a festa de casamento de Peleu e Tétis, lá comparece e lança, à vista de todos, sobre a mesa do banquete, a maçã de ouro da discórdia, na qual inscrevera: "Para a mais bela". Exatamente como Ate planejou, isso causou uma terrível discussão entre as deusas Hera, Atena e Afrodite, a respeito de quem era a mais bela. Páris meteu-se a resolver a questão, concedendo o título a Afrodite, porém, isso disseminou tal desavença entre os demais, que por se simpatizarem com as deusas preteridas, iniciou-se a Guerra de Troia, que durou mais de um século. Conforme a sabedoria dos gregos, Ate instila guerras, batalhas e lutas quando não a honramos, não reconhecemos sua presença e atuação, devido à insensatez e tolice de nossos corações, causando, assim, destruição, separação, inimizade, distanciamento.

Essas antigas histórias nos dão conta do funcionamento da psicologia inconsciente, isto é, descrevem o funcionamento misterioso da nossa mente: como se os deuses fossem os arquétipos do inconsciente coletivo ativamente presentes. Nossos pensamentos, emoções e comportamentos denunciam o quanto somos continuamente impelidos e possuídos pelo poder, energia e sedução dos arquétipos, conferindo a energia vital necessária para a execução de nobres tarefas, porém, com bastante frequência, seus efeitos podem ser destrutivos, como no caso de Ate. Temos incrustado em nossa alma o arquétipo Ate, que nos leva à autodestruição, por isso não podemos nos dar ao luxo de cedermos à *hybris* de nossa consciência. Que somos capazes de destruir nossas vidas e daqueles com quem vivemos, devido a decisões insensatas e cegas, não podemos negar. É só prestar atenção nas histórias de nossas famílias, do mundo e dos últimos tempos, de nosso país.

Não se trata apenas de simples ignorância, ingenuidade ou falta de entendimento que nos leva a tomar decisões desastrosas e destrutivas. Nossas mentes engendram enganos. Somos enganados sem termos consciência disso e isso se apresenta em imagens, porém, sem mostrar as suas terríveis consequências. Como se "virasse a nossa cabeça" para não enxergarmos em que pode dar aquilo que imaginamos, fantasiamos. Refiro-me às ideias espontâneas, diante das quais somos passivos, simplesmente nos aparecem.

Entretanto, o perigo é quando essa fantasia, dissociada da realidade histórica, temporal, pessoal e coletiva vem associada a conteúdos inconscientes poderosos que, possuindo-nos, nos arrasta para a ruína e o erro. "A fantasia passiva requer sempre", conforme C.G. Jung, "uma crítica consciente, se não quisermos que represente e imponha unilateralmente o ponto de vista do contraste inconsciente" (2003, p. 802).

Criticar-se conscientemente é exercitar a capacidade de buscar compreender, com muita boa vontade, o significado do envolvimento com o mal. Ou seja, interpretar o seu sentido, procurando obter uma compreensão mais ampla possível, tentando prever e pressentir os objetivos finais que seriam alcançados, em caso de decidir, conforme se imaginou. A personalidade inconsciente, fonte das ideias grotescas e fantasias más, participa autonomamente da história da personalidade consciente, por essa razão precisamos apreender à consciência, o lado "humano, demasiadamente humano" da nossa condição. Afinal, como nos diz Jung: "Ninguém se torna iluminado por imaginar figuras de luz, mas sim por tornar consciente a escuridão".

> Somente o amor à sombra e sua assunção constitui psicologicamente a base para um comportamento ético realizável também para com o tu que se acha fora de nós. Somente me experimentando como escuro é que logro aceitar o ego escuro do outro, pois percebo minha pertença comum e solidariedade (NEUMANN, 1991, p. 74).

Não é possível deter a atividade imaginativa, fantasiosa. Fantasiar ou imaginar é o centro do funcionamento das nossas almas; sem imaginação, não seríamos seres psíquicos. Mas, se somos "passivos" quanto às ideias que nos aparecem, então não somos responsáveis por nossos atos e decisões? Certamente você já ouviu o antigo ditado: "Não se pode evitar que a pomba voe sobre a sua cabeça, mas pode evitar que ela faça ninho em cima dela!" Destarte, podemos discernir as consequências de nossas fantasias. E, para sermos bem-sucedidos nesse esforço, precisamos estar atentos ao que "respira" dentro de nossa mente e de nosso coração, e sermos capazes de fazer uma análise moral e psicológica dessa presença. Precisamos "ligar o desconfiômetro"! Questionar-nos: qual afeto para comigo e para com o próximo está sendo expresso, quando se realizar isso em que estou pensando e imaginando?

Nesse sentido, é bom nos lembrar do analista junguiano John A. Sanford: "Quando a pessoa possui pelo menos um pequeno *insight* psicológico ou percepção espiritual, bem como algumas ligações de amor e carinho com outros seres humanos, a capacidade de escolher os próprios atos ainda é possível" (1999, p. 92).

Referências

Bíblia Sagrada – Nova Tradução na Linguagem de Hoje (2000). São Paulo: Sociedade Bíblica do Brasil.

BONFATTI, P. (2000). "A questão do mal: uma abordagem psicológica junguiana". In: *Revista Rhema*, vol. 6, n. 22.

BUENO, I.A.F. & PERES, S.L. (2018). "Algumas consequências psicológicas dessas eleições". In: *Jornal da Manhã*, Marília, 28/out.

CAMPOS, L.S. (2007). "O demoníaco, as representações do mal, os sistemas de acusação e de inquisição no protestantismo histórico brasileiro". In: *Estudos de Religião*, ano XXI, n. 33, jul./dez.

EDINGER, E.F. (1995). *Anatomia da psique*. São Paulo: Cultrix.

HILLMAN, J. (1993). *Cidade & alma*. São Paulo: Studio Nobel.

JAFFÉ, A. (2015). *Memórias, sonhos e reflexões*. Rio de Janeiro: Nova Fronteira.

JUNG, C.G. (2003). *Tipos psicológicos*. Petrópolis: Vozes [OC 6].

______ (2000). *A natureza da psique*. Petrópolis: Vozes [OC 8/2].

______ (2000). *Os arquétipos e o inconsciente coletivo*. Petrópolis: Vozes [OC 9/1].

______ (1999). *Presente e futuro*. Petrópolis: Vozes [OC 10/1].

______ (1990). *Psicologia e alquimia*. Petrópolis: Vozes [OC 12].

______ (1990). *Psicologia e religião*. Petrópolis: Vozes [OC 11/1].

______ (1982). *Aion – Estudos sobre o simbolismo do Si-mesmo*. Petrópolis: Vozes [OC 9/2].

______ (1980). *Psicologia do inconsciente*. Petrópolis: Vozes [OC 7/1].

______ (1933). *The Visions Seminars*. Nova Jersey: Princeton University Press.

MARSIGLIA, I. (2014). "O rolê da ralé – Entrevista com Jessé Souza". In: *Estadão*, 19/jan. [Disponível em https://www.estadao.com.br/noticias/geral,o-role-da-rale,1120064].

NEUMANN, E. (1991). *Psicologia e nova ética*. São Paulo: Paulinas.

NIETZSCHE, F. (1987). *Obras incompletas*. 4. ed. São Paulo: Nova Cultural.

PEDRAZA, R.L. (1997). *Ansiedade cultural*. São Paulo: Paulus.

SANFORD, J. (1999). *Destino, amor e êxtase*. São Paulo: Paulus.

WHITFIELD, M. (2013). *Carl Gustav Jung: questão do coração* – A trajetória do fundador da psicologia analítica. São Paulo: Versátil Home Vídeo [DVD].

9 Pólis, psique e política: caminhos do poder e o adoecimento da alma

Vera Lúcia Colson Valente

Parte 1

Falar a respeito do poder nunca é fácil, pois falar sobre ele significa enfrentá-lo de alguma forma, olhar mais de perto, dissecá-lo em pequenos pedaços, ver por meio dos seus argumentos e justificativas que criam tantos tipos de poder. E ele não gosta de ser desnudado. Ele apenas é. Ele apenas quer ser.

É difícil definir o que é o poder, já que ele sempre aparece com muitas roupagens e justificado através de muitas ideias que, inicialmente, seduzem. Para James Hillman, o poder é "o demônio invisível que dá origem a nossas motivações e escolhas" (HILLMAN, 1995, p. 9).

Falar do poder é entrar, portanto, num espaço incômodo e sombrio, que muitas vezes trai as boas intenções, fazendo aparecer o demônio invisível que mostra o caminho e que quer ser obedecido. Por mais democrática que possa ser sua organização e concepção, por mais generosos e fraternos que possam ser seus objetivos, sempre favorece alguns, sempre prejudica outros. O poder visa sempre a sua própria manutenção, sonha com a eternidade.

Por outro lado, o poder é frágil, ele necessita de nossa imaginação e obediência. O poder só existe porque ele é imaginado e é imaginado coletivamente. O poder só se impõe porque pelo menos uma parte de nós o imagina forte, legítimo, verdadeiro, obrigatório, sedutor. Ele é fruto da nossa psique, forjada desde tempos imemoriais na luta pela sobrevivência.

O objetivo deste capítulo é refletir sobre alguns caminhos do poder que reproduz as ideias que organizam e dão sentido à sociedade contemporânea. Portanto, entre muitos tipos de poder, este capítulo tratará do poder que é hegemônico hoje e que, como nunca, emana dos interesses e necessidades do mercado, privilegiando uma minoria e prejudicando a maioria das pessoas. O capítulo abordará, portanto, o poder do pensamento liberal, que nasceu na Idade Moderna, passou por transformações, mas continua como nunca forte e quase obrigatório. Seu poder é introjetado com facilidade pelos indivíduos contemporâneos porque se tornou naturalizado, como se fosse impossível não existir, criando corpos, sentimentos, repressão, exclusão, disciplina, valores, determinando o que é patologia e o que é sanidade.

O objetivo é refletir, portanto, sobre alguns efeitos desse poder no cotidiano das pessoas. Mas é também refletir sobre o trabalho nos consultórios de psicologia. Eles são procurados por pessoas que se sentem desadaptadas, infelizes, deprimidas, incapazes de alguma escolha, querendo a mudança de hábitos compulsivos, ou desejando vidas impossíveis. Aqueles que não conseguiram o chamado sucesso ou, quando o alcançaram, só encontraram peso excessivo e vida sem alma. Cabe ao trabalho psicológico acolher esse sofrimento, sabendo, porém, que é esse desajuste que permite o movimento do aprofundamento, o olhar psicológico, o fazer alma, tanto na clínica quanto na sociedade. Para que a clínica não seja apenas um caminho para a adaptação e busca de felicidade, é preciso compreender a história e levar em consideração as manifestações dos poderes que partem de nossa organização social e contribuem para o surgimento de tantos sintomas psíquicos, patologias que se generalizam e dificultam o olhar psicológico. Nossa clínica não pode ser, pois não é, uma cópia da clínica médica que busca o tratamento e a cura, que dialoga com o poder e muitas vezes o reproduz. Nossa clínica precisa do aprofundamento que sai do senso comum onde está o discurso do poder hegemônico. Trabalhar com a psique, portanto trabalhar com a alma, é sair da imaginação do poder e entrar na imaginação da alma.

Parte 2

Este capítulo partirá da ideia, defendida por Jung, de que tudo é psique e que, portanto, é possível falar em *anima mundi*, a alma do mundo. Por esse caminho, todos os fenômenos podem ser apreendidos por meio de uma perspectiva psicológica que o próprio fenômeno traz, ampliando a imaginação, valorizando o acontecimento e desnudando as suas possibilidades arquetípicas. Essa ideia abriu um imenso campo de reflexão sobre fenômenos sociais, históricos e políticos, tradicionalmente afastados da psicologia. Tudo o que é vivido coletivamente também pode ser pensado em uma perspectiva psicológica que esse viver carrega. Para isso, temos que ficar com as múltiplas imagens que os acontecimentos sociais possibilitam, tentando responder à alma que se apresenta. O que ela quer? E, para encontrar essa resposta, precisamos esquecer teorias, os processos de desenvolvimento em que os caminhos já estão traçados, as dinâmicas arquetípicas vistas como se sucedendo num caminho de individuação já pré-concebido. Não precisamos interpretar a história, mas ficar com suas imagens e imaginações. O que elas nos dizem? Portanto, se queremos falar a partir da perspectiva da alma, temos que ver através do coração, nosso órgão que imagina e deseja o mundo. Compreender o fenômeno pessoal ou coletivo é apreender com amor sua beleza. A alma precisa dessa beleza para viver.

Porém, quando há patologia, a beleza não se apresenta. A doença psíquica aparece por meio da dor dramática, do sofrimento automutilante, da angústia eterna, da aflição sem sentido, da destrutividade, da repressão e da violência, sintomas vividos individual ou coletivamente. A patologia da alma cria culpa, vergonha, falta de empatia, individualismo perverso. Sintomas que destroem a beleza. Não a beleza superficial e literal, mas a beleza que há na profundidade, quando um fenômeno se apresenta na sua complexidade, emanando criação e não destruição. Nada mais perversamente feio do que a imagem de um campo de extermínio ou de uma sala de tortura. Essas imagens arrepiam, porque a alma se contrai. Inversamente, a alma se expande quando o belo e o bom se juntam, a estética e a moral, criando aquela beleza que se apresenta quando o fenômeno pode ser visto pelo coração.

Para imaginar a alma do mundo, Jung saiu da Europa em busca de outros povos e civilizações. Por meio dos seus estudos e viagens encontrou diferentes formas de viver e de pensar. Para além dessas diferenças, Jung conseguiu entender que todos os povos imaginam e criam por meio de arquétipos que são comuns à humanidade. Viu uma mesma psique em todos os povos, afastando-se das teorias raciais tão fortes no seu tempo, que hierarquizavam, separavam, reprimiam e matavam. Olhou com o coração as outras civilizações que conheceu, elaborando a ideia de um inconsciente coletivo comum à humanidade.

Apesar disso, Jung não conseguiu questionar outros aspectos do pensamento de seu tempo, abrindo espaço para as ideias de progresso e desenvolvimento, tão importantes para o positivismo elaborado no século XIX. A definição de povo primitivo ainda vivendo no estágio de participação mística, que fez sentido para Jung, reflete um pensamento questionado fortemente já no século XX, após os genocídios coloniais feitos em nome de um arbitrário processo civilizatório, do progresso e do desenvolvimento. Jung não percebeu que, mesmo durante a época em que viveu, falar em povos ou raças em estágios diferentes de um desenvolvimento visto como necessário seria falar de uma suposta superioridade europeia ou mesmo de hierarquia de raças e povos. Seria combater a pluralidade de culturas e imaginações e seu direito à existência. Além disso, a ideia de consciente coletivo, tão utilizada por Jung e hoje por junguianos, precisa ser repensada. Ela é utilizada como se os fenômenos sociais não fossem também um espaço de projeções inconscientes, como se fossem apenas um espaço raso, sem alma. Apenas consciência. Não é à toa que muitas vezes Jung se refere com desprezo aos acontecimentos de seu tempo. É importante e possível imaginar os fenômenos sociais como produtos de imagens arquetípicas, instintos, capacidade reflexiva, valores, interesses e desejos tanto quanto os fenômenos religiosos. Não há apenas consciência na organização da vida coletiva. Os movimentos populares, inclusive os que expressam ira e descontentamento, dizem muito das patologias ou da criatividade de um coletivo e permitem ou dificultam a elaboração dos sintomas psíquicos da história dos povos. As ideologias, tão desprezadas por Jung, são também imaginações míticas, projeções coletivas que ajudam a pensar psicologicamente os fenômenos sociais e a entender o caminho do poder na psique dos indivíduos.

Jung apenas propôs o autoconhecimento como resposta à barbárie de seu tempo e sabemos que isso foi e é pouco. O olhar de desprezo aos movimentos sociais e ideologias, principalmente aos que se opõe ao poder dominante, ainda está muito presente entre nós, terapeutas junguianos. Os movimentos coletivos criam novas imaginações, permitindo ou não que grupos sociais se imponham na cena política, ampliando ou não a consciência, permitindo ou não o fazer alma. Os consultórios que abraçam a dor psíquica do indivíduo não podem dar as costas ao que é imaginado coletivamente.

Parte 3

O poder se apresenta sempre em múltiplas dinâmicas que honram diferentes deuses. E o discurso do poder hegemônico, em todas as sociedades, é sempre o que está mais escondido, em caminhos que perdem sua origem histórica e passam a ser vistos como naturais, os únicos possíveis. É aí que reside a força do poder dominante, por meio da qual a hegemonia é exercida.

No mundo contemporâneo, apesar de se falar tanto em Pós-modernidade, as poderosas ideias liberais que criaram o mundo moderno ao longo de cinco séculos estão mais fortes do que nunca, hegemônicas, quase obrigatórias, gerando patologias cuja origem é desconhecida para a maioria. A ideia de uma Pós-modernidade, com fenômenos sociais que se tornam líquidos, desmanchando ideias e comportamentos numa rapidez incompreensível, dificultou o entendimento de que, junto dessas rápidas transformações, se fortalecia também uma ideologia antiga, secular, que tem dogmas e fé: o liberalismo, o pensamento do mercado, o velho monoteísmo religioso travestido em relações econômicas, políticas e sociais.

O que é chamado de Pós-modernidade é o apogeu do liberalismo, o neoliberalismo. Portanto, a Modernidade não está superada, pelo contrário, o momento atual deveria ser chamado de Ultra-modernidade. Seus fundamentos, como pensados no século XIX, ainda dirigem as sociedades. Nelas, as relações mercantis e financeiras estão globalizadas como nunca, criando um mundo de vitoriosos e derrotados, como quer o neoliberalismo. Países, nações e indivíduos estão divididos por suas capacidades de consumo ou de acumulação de riqueza. Situação inquestionável pelo discurso do poder hegemônico, pois justificada pela ideia de mérito, palavra mágica que domina imaginações, escondendo profundas injustiças e poderosos privilégios. E produzindo também muito sofrimento psíquico.

As antigas ideologias de esquerda, que lutaram e lutam por um mundo mais inclusivo e generoso, são vistas pela imaginação do poder como impossíveis e derrotadas. É aí que a Pós-modernidade foi imaginada. Como se sonhos e desejos por um mundo melhor ou diferente, não fossem mais possíveis. As diretrizes e relações do poder liberal vitorioso se esconderam na imagem de um capitalismo sem sombra, sem perversidade, sem culpa. Só consumo e acumulação de riqueza. Indivíduos travando sua luta cotidiana individual pelo sucesso prometido, que os fará entrar no mundo dos vitoriosos. São os caminhos do poder neoliberal se impondo como a melhor e única possibilidade de existência feliz. Não é à toa que hoje a ideia de democracia está tão ameaçada. Para o poder que domina, basta um caminho para viver e pensar. Para muitos, o debate político e a diferença de ideias só atrapalham o caminho determinado pelo capital rumo ao mundo da acumulação de riqueza pelos vitoriosos.

Parte 4

Vale a pena lembrar que a Modernidade é uma forma de ver o mundo e um estilo de vida que surgiu na Europa ocidental a partir do século XVI. O liberalismo é sua principal ideologia, justificando o poder que se impôs. Foi também na Modernidade que surgiu o indivíduo, cuja psique será estudada pela psicologia e que, como o nome diz, passou a ser a unidade indivisível dos novos tempos, não mais organizados em clãs ou em comunidades tradicionais. O ego estará no centro dessa nova sociedade, que se imaginará heroicamente capaz de conquistar o mundo. A luz da razão deveria combater as trevas da superstição e da irracionalidade.

Com a Modernidade, a ciência se impôs como a grande conquista do mundo ocidental e sua nova verdade. Os povos não europeus passaram a ser vistos como atrasados, primitivos e bárbaros, e deveriam agradecer ao Ocidente pela sua "missão civilizadora". É o início do pensamento racista, que hierarquiza povos pelas características de seus corpos, não mais por suas crenças religiosas. Essa nova sociedade foi possível quando o mundo da nobreza feudal foi questionado. Aos poucos, chegou ao poder na Europa o mundo dos comerciantes, da mercadoria, da valorização do trabalho, do lucro, da propriedade privada, da expansão territorial em busca de mais comércio, de mais ouro. Os valores modernos são os valores da plebe, dos que não tinham sangue azul, brasões, feudos, dos que não eram cavaleiros cristãos e dos que não combatiam em nome do poder, da honra, ou da cruz. Dos que se afirmavam por meio do comércio e do lucro. As Américas conhecem bem esse novo espírito mercador. Foram o resultado mais importante desse mundo plebeu que surgiu na Europa, o mundo moderno. Os povos indígenas e os africanos escravizados foram as suas primeiras vítimas, os derrotados pelo novo poder que se impôs. Foram eles que primeiro pagaram o preço da nova ideia de civilização.

Não será mais a Igreja Católica que comandará a sociedade moderna. O Estado separado da Igreja, o Estado laico, é uma das grandes invenções dessa época. O novo espírito da Modernidade criou o poder político vindo do povo e não mais de Deus ou das Escrituras Sagradas. As novas crenças da Modernidade e que continuam as mesmas ainda hoje propõem um mundo de homens livres, iguais perante a lei, capazes de convivência civilizada, portanto fraterna. Homens que devem construir seu futuro e participar da concorrência que se estabelece entre todos que buscam identidade e diferenciação em um mundo que não mais os divide pelo sangue azul ou pela tradição. Mas pelo mérito. Acredita-se que a história de cada indivíduo e sua posição na sociedade é fruto de seu trabalho, de sua competência e de sua vontade. Portanto, a Modernidade criou um mundo de egos inflados. Heroicos. O poder aos vencedores.

Para que esses caminhos do poder liberal fossem possíveis, a Modernidade também criou um mundo desencantado, na famosa expressão de Max Weber. Nele não há mistérios e maravilhas que não possam ser explicados pela razão humana. Para conhecer, divide-se: sujeito e objeto, sagrado e profano, físico e moral, natureza e cultura, razão e superstição, corpo e mente. Nesse sistema de crenças que sustenta a Modernidade, a escolha religiosa passou a ser uma questão privada, cada indivíduo definindo a sua fé. Enquanto isso, o discurso da ciência se impôs como verdade universal. Foi o início do culto ao desenvolvimento e progresso, ainda tão presente no imaginário contemporâneo. E o início da corrida diária pela acumulação de dinheiro.

Pensar hoje o mundo sem as ideias econômicas é como pensar a Idade Média europeia sem as ideias cristãs. Como um verdadeiro deus, o mercado paira sobre a cabeça de todos, exigindo obediência. É o dinheiro que define o poder desse novo deus. Tudo passou a ter um preço, tudo passou a ser comprado e vendido. As leis do mercado também exigem fé e têm dogmas. E viver sob essas leis e desejos do mercado exige um esforço heroico permanente. Os consultórios de psicologia recebem principalmente aqueles que não conseguem se adaptar a esse esforço cotidiano.

Com a Modernidade, surgiram também as poderosas ideias românticas que trouxeram à tona um conjunto de possibilidades humanas não contempladas pelo pensamento científico, como paixão, imaginação, sonho, mistério, subjetividade, agora em parte libertados das amarras do poder das Igrejas cristãs. Apesar da força do espírito moderno, que cria um olhar objetivo da realidade, como sempre a alma estará presente, permitindo, para quem for atento, uma profundidade e uma interioridade em todos os fenômenos pessoais e sociais. A ideia romântica completa a racionalidade iluminista.

É dentro desse espaço que surgiu o estudo da psique durante o século XIX. A psicologia nasceu dentro de consultórios, trazendo à clínica questões da alma, reduto até então das religiões ou das artes.

Hoje, na Ultra-modernidade, o enfraquecimento da luta popular por direitos impõe cada vez mais uma vida individualizada, em que todos competem com todos, sem compaixão. Direitos devem ser comprados pelo mérito pessoal e não garantidos por leis. Cada indivíduo passou a ser visto como o empreendedor de si mesmo, numa corrida sem fim. E o sofrimento físico e psíquico é saudado como essencial para o sucesso no mundo dos negócios e do trabalho.

O impressionante crescimento de algumas Igrejas evangélicas no Brasil e a divulgação do que se convencionou chamar de teologia da prosperidade é uma proposta de comunidade para esses indivíduos exaustos, solitários e derrotados. Igrejas, antigos espaços de vivência do sagrado transcendente, agora são lugares em que o antigo Deus dos judeus se manifesta contribuindo com o deus do mercado, prometendo riqueza e consumo para os que forem fiéis.

Parte 5

Dentro desse mundo forjado por ideias tão poderosas, os indivíduos travam sua luta diária pela sobrevivência. A todo o momento, novas necessidades e desejos são criados e os indivíduos são jogados numa corrida diária pela permanente adaptação às novidades, que requerem mais e mais dinheiro para serem adquiridos. É com razão que hoje se fala de uma sociedade do cansaço. A alma, esquecida nas suas necessidades, adoece.

O poder adquirido pelo consumo de mercadorias estimula a insatisfação permanente. A exigência de rapidez do mundo contemporâneo com os novos meios de comunicação, a intensa concorrência atrás de privilégios, o desencanto com o sonho de um mundo mais igualitário e fraterno levou à valorização da busca pelo prazer imediato e individual e a desvalorização da satisfação adquirida por meio da vivência de sentimentos compartilhados. A valorização de um estilo de vida cada vez mais extrovertido criou a imaginação do mundo como espetáculo, o mundo das celebridades, a perda de limites claros entre o público e privado. O indivíduo contemporâneo ideal é aquele que coleciona sensações divertidas conquistadas pela sua ação, consumidas rapidamente e que passam a ser invejadas pelos outros. O poder exige cada vez mais. O prazer que a passividade pode gerar, sentido na preguiça, no ócio, na gula, na lentidão e na rotina não geram a sensação da vitória na ação e, portanto, perdem a importância ou são desqualificados pelo discurso do poder.

O corpo passa a ser um espaço de prazer privilegiado: é nele que se concretizam a beleza, a juventude, o peso ideal, a saúde, o prazer sexual, a admiração, a força, a habilidade, a diversão. No discurso do poder contemporâneo o corpo deve ser cuidado, trabalhado e admirado em nome da saúde e da beleza, na corrida por uma eterna juventude. Há muito o conselheiro da família deixou de ser o padre, pois o objetivo principal não é mais alcançar a salvação da alma que exigia comportamentos austeros na vida privada e pública. O conselheiro ideal da família hoje é o médico, o terapeuta ou o livro de autoajuda. O comportamento austero passa a ser um meio para alcançar a saúde e admiração na busca da longevidade.

É o corpo que deve mostrar o *status* e os privilégios vividos por cada pessoa, num espetáculo permanente. Na busca ansiosa por diferenciação, o indivíduo contemporâneo deve expor seu privilégio de ter tempo livre e dinheiro disponível para cuidar e moldar seu corpo, mesmo que por meio de grandes sofrimentos autoimpostos. O próprio ideal de beleza, que é sempre privilégio de poucos, principalmente de jovens "bem-nascidos", foi se moldando a essas novidades imaginadas pelo poder. A beleza no século XIX estava nos corpos brancos e frágeis, que mostravam o privilégio de não precisar trabalhar ao sol e de poder viver imerso na vida privada. Após 1950, a beleza foi vista nos corpos queimados de sol. Numa época de trabalho feminino, o tempo livre na praia era um privilégio. Agora, o ideal de beleza está nos corpos brancos dos protetores e musculosos com o tempo gasto nas academias, demonstrando dinheiro e o privilégio do lazer, numa sociedade que precisa trabalhar cada vez mais. A saúde dos corpos jovens e belos deve ser mostrada e vista como um privilégio adquirido por meio de hábitos saudáveis e austeros. Hoje, o discurso do poder produz a idealização de corpos admirados e prontos para participar do mercado. Para isso é necessário o controle dos desejos do corpo e muito sacrifício. Mas não mais para garantir a salvação da alma, como no pensamento cristão, mas para garantir a salvação do corpo do ridículo destinado aos corpos flácidos, gordos ou fracos.

O ego heroico se volta para uma vida saudável, divertida e longa. Se há falta de vontade de se adaptar a esse discurso, logo aparece o diagnóstico de depressão. Hoje os anormais são os fracos, deprimidos ou muito ansiosos, os que não têm vontade para dominar o corpo, o tempo, os que vivem no ócio, dominados pela gula ou sem a vivência do prazer sexual, que passa a ser visto como obrigatório. Os antigos pecados cederam espaço para as patologias. Já não se fala de imoralidades, mas de doenças. Hoje, o critério de normal e de patológico não é mais definido pela religião, mas principalmente pela ciência, agora o nosso discurso mais poderoso.

Uma sociedade formada por indivíduos que veem no gozo do prazer seu principal objetivo é uma sociedade que gera insatisfação e insegurança. Tudo passa rápido e deve ser conquistado a cada momento, por indivíduos incansáveis e claro, ansiosos. O mercado de consumo, importante espaço de gozo, não gera satisfação, mas insatisfação. No máximo é permitido um prazer consumido rapidamente. É a produção da insatisfação que põe a economia em marcha, criando indivíduos insaciáveis com suas necessidades de consumo. Quanto mais temos, mais queremos. Essa é a nova lei do poder do mundo contemporâneo. O medo da perda se torna o centro das preocupações de egos insatisfeitos e inseguros.

Privilegiar as sensações na busca do prazer consumido rapidamente gera patologias que se disseminam e se multiplicam nos consultórios: transtornos na percepção da imagem corporal, como na anorexia, abusos na exploração das sensações corporais, como no consumo de drogas, transtornos de humor, o binômio ansiedade-depressão tão conhecido, transtornos narcísicos encobrindo a dor que verdadeiramente é sentida. A moda da tatuagem é um ótimo exemplo do novo papel do corpo. Roupas e joias já não são suficientes para demonstrar emoções e conquistas. Em um mundo em que pouca coisa é permanente, o corpo deve ser um mural onde sentimentos possam ser desenhados para se tornarem eternos. Já não se fala mais do corpo por meio de metáforas, mas de valores e prazeres literais, concretos, privilegiando a vontade heroica e a aparência física, em prejuízo dos sentimentos, ou de um olhar que veja através do concreto dos corpos e de cada fenômeno.

Neste mundo de indivíduos solitários, até o trabalho perdeu sua força identificadora. Antes, o indivíduo era identificado principalmente pela sua profissão e por seu local de trabalho. Trabalhar toda a vida numa empresa ou num mesmo ofício era sinônimo de competência e eficiência. Hoje, o indivíduo desenraizado valoriza a mudança, a ousadia, a novidade. Trabalhar num mesmo lugar por muitos anos é sinônimo de preguiça ou falta de ousadia. Hoje, o trabalhador ideal é o indivíduo que não enraíza. Deve ser um homem globalizado, que pode e deve buscar em qualquer lugar do mundo a melhor oportunidade para ser um vencedor, portanto, para ter poder. Valoriza-se o indivíduo que não se cansa das tarefas impostas ao herói e que não tem pressa de voltar à sua casa e às suas raízes.

A sociedade do espetáculo também se manifesta no ideal de felicidade vivido como diversão. O espetáculo organiza o mundo como um desfile de imagens que devem ser imitadas e seguidas, sem convidar o sujeito a pensar em seu significado e sentido. Cria multidões de imagens reproduzidas pela internet, produzindo opinião e ideias a serem consumidas rapidamente. O espetáculo diminui os limites entre a vida pública e privada. Hoje, há pouco espaço para que o indivíduo possa garantir seu direito à intimidade e esconder seus vícios e sentimentos não nobres. O corpo o expõe. Não é mais possível fugir do olhar e julgamento do outro, a falta de vontade ou impossibilidades financeiras estão permanentemente expostos. A sociedade do espetáculo, da insatisfação, da insegurança e do cansaço cria, portanto, paranoia. O ideal está permanentemente exposto. Os limites e impossibilidades também.

A internet veio ampliar intensamente esse processo, transformando rapidamente o espaço privado num espetáculo público. Em blogues, sites, Facebook, ou Instagram, a vida cotidiana é produzida e o indivíduo pode dar asas à imaginação na criação falsa de um outro corpo e de uma vida ideal, caso a insatisfação e a insegurança estejam fortes demais. A produção da identidade, marco da Modernidade, pode ser agora apenas virtual. A luta pelos direitos coletivos, que geravam a sensação de pertencimento a um grupo ou a uma nação, perdeu espaço para a conquista do consumo individual como imagem do pertencimento. Os indivíduos exaustos adoecem.

Parte 6

O último século gerou como nunca almas desenraizadas por meio de mudanças no estilo de vida extremamente rápidas que prejudicaram ou não puderam ser acompanhadas por multidões em todos os continentes. As intensas mudanças no trabalho, nas ideias morais, nos estilos de vida, no consumo de mercadorias comandadas pela globalização e pelas mudanças tecnológicas, fizeram com que muitos se sentissem estrangeiros em seu próprio território. O poder contemporâneo joga nas costas do indivíduo o peso da construção de sua vida e de seu sucesso. A luta coletiva por direitos, que caracterizou os séculos XIX e XX, é substituída, como pensamento hegemônico, pela luta individual da inclusão pelo consumo. E a frustração, raiva e desânimo se espalham entre os que se sentem excluídos, os que se veem derrotados.

E essas multidões tendem a responder com ressentimento, rancor e mágoa. Sentimentos raivosos, que expõem a dor da alma que já não reconhece com amor, a terra que é sua. Como defesa, os homens e mulheres ressentidos e frustrados, projetam em outros a culpa pelos sentimentos dolorosos. Tudo isso pode criar ódio. E ódio, justificado pelo ressentimento, pode gerar perversidade, morte e destruição inimaginável. Sabemos que foi isso o que aconteceu, por exemplo, durante o nazismo. A alma alemã não reconhecia suas raízes após a derrota na Primeira Guerra Mundial. Muitos foram jogados no desemprego, na pobreza, mas principalmente na frustração de uma derrota militar que não reconheciam como justa. E muitos jogaram o ressentimento e o ódio sobre os que viam como culpados de seus infortúnios: os socialistas, os judeus, os homossexuais, os democratas. Sabemos o que aconteceu. Milhões de mortos. Os ressentidos alemães tiveram poder para isso. Hoje, quando a extrema-direita cresce em muitos países, trazendo à tona, mais uma vez, uma imensa frustração, o ódio pode rapidamente clamar pela morte, como já vem acontecendo.

A alma doente do nosso tempo gerou populações que não querem as novas raízes que crescem trazendo imigrantes, novas culturas, novos hábitos, novas cores, novas ideias morais, novos tipos de família. Querem mais uma vez excluir a diversidade. Têm medo do que não conseguem viver, se agarram ao passado. O poder desejado pela extrema-direita é um poder que exclui, que se volta ao passado idealizado, ao moralismo rasteiro. Olham com desprezo as populações pobres, as minorias frágeis e todos aqueles que desejam um mundo mais igualitário, justo e fraterno.

Uma parte da humanidade não foi incluída pelo poder nos lucros da expansão dos mercados e da globalização do capital, mas teve sua vida profundamente atingida por ela. Essa parte foi empurrada para a periferia do novo sistema em todos os continentes, após ter seu estilo de vida e de consciência destruído ou menosprezado pelo poder econômico que se impôs. Pela primeira vez na história, há um imenso contingente de pessoas derrotadas que, do ponto de vista dos mercados, não serve para nada: os excluídos dos lucros e benefícios da expansão mercantil, que apenas geram medo e desconfiança nos que se sentem incluídos e privilegiados.

São eles a grande parte das populações das nações africanas, dos povos indígenas americanos, das multidões que vivem nas periferias das grandes cidades pelo mundo, dos que vivem nas grandes favelas da Índia, do Quênia, da Nigéria, do Brasil, das populações indígenas que veem suas reservas ameaçadas, da população quase inteira do Haiti, das comunidades das antigas colônias portuguesas que conseguiram sobreviver à décadas de guerra civil, da população do Iraque e do Afeganistão, massacrada e aterrorizada pela guerra e ocupação militar, da população líbia que viu seu Estado ser destruído, das multidões que vivem em acampamentos de refugiados, da população sem perspectiva do norte da África que em desespero atravessa o Mediterrâneo, da população síria que assiste à destruição de seu país por interesses que não são seus, das populações sem direitos da América. Pela primeira vez, do ponto de vista dos mercados, os derrotados no processo de globalização do capital e das mercadorias não interessam. Nem para o trabalho lucrativo, nem para o consumo de bens, têm uma cultura exótica, uma língua desconhecida e inútil. São multidões que apenas atrapalham os que se veem civilizados e desenvolvidos. A exclusão é quase absoluta. Multidões transformadas em nada. E o mundo se torna cada vez mais um deserto árido de pouca imaginação, com uma imensa sombra ameaçadora. E a consequência tem sido insegurança, medo, ódio e a demanda por um poder autoritário. A extrema-direita não para de crescer. O tempo é de paranoia.

No mundo que se vê globalizado, as fronteiras estão cada vez mais rígidas e excludentes, impedindo ou dificultando muito o deslocamento desses refugiados. Não há mais espaço disponível para eles. Hoje a globalização é para o dinheiro, as mercadorias e a tecnologia que vagam livremente pelo mundo. E preconceito, exclusão e confinamento para as populações sem esperança. É o mundo forjado pelo poder do capital financeiro, perverso, dissociado, adoecendo a tudo e a todos. Sem culpa, sem angústia. É a banalidade do mal.

Parte 7

O Brasil vive uma profunda crise econômica, política e social. O otimismo de alguns anos atrás acabou e até a construção recente de uma democracia, que começou com a luta contra a Ditadura Militar, está ameaçada. A pobreza aumentou e o fosso entre ricos e pobres no Brasil não parou de crescer. Como sempre, qualquer crise econômica atinge mais os pobres. A desigualdade social, o sintoma mais evidente da doença psíquica, que impede a convivência e reprime a criatividade, não para de aumentar, excluindo uma parte da população de qualquer direito. Os brasileiros poucas vezes falaram tanto de política, independentemente das suas posições e da profundidade de suas ideias, estimulados pela polarização de opiniões e sentimentos e por meio dos novos espaços criados pelas redes sociais. O aparente anonimato e distanciamento do oponente que a internet favorece fizeram vir à tona uma direita raivosa, que, sem constrangimento ou vergonha, grita o que era dito e vivido mais escondido, mostrando a intolerância e o racismo que sempre marcaram a história do Brasil. Numa sociedade hierarquizada, com poucos espaços de ascensão social, a possibilidade de inclusão, por meio de políticas públicas das multidões periféricas, cria medo e raiva nos grupos privilegiados. Ideias rígidas, pré-concebidas, repetidas à exaustão, fruto da raiva, do medo, da prepotência, até do ódio, inundam a sociedade brasileira. Tudo isso demonstra mais uma vez que a desigualdade social nunca é fruto meramente do acaso ou da ignorância. Mas fruto de políticas públicas ou privadas que refletiram durante séculos o olhar preconceituoso e intolerante dos poderosos e de todos aqueles que não se identificam ou empatizam com a maioria pobre da população.

Vale a pena voltar ao momento histórico da fundação do Brasil, quando navegantes portugueses chegaram a essa terra desconhecida e proclamaram sua conquista. Muito já se falou das ideias religiosas desses navegadores, do seu monoteísmo cristão e do desejo de conversão dos indígenas pelos jesuítas portugueses que vieram para cá, destruindo as culturas e identidades dos povos originários. A imaginação monoteísta não queria se expandir e se transformar, o coração tinha que se manter anestesiado, mesmo tendo à frente as maravilhas recém-descobertas do novo mundo. Dentro dos espaços de estudo da psique, porém, pouco se fala das ideias econômicas e políticas trazidas por esses mesmos navegadores: seus objetivos mercantis, seu desejo de riqueza e poder, suas novas ideias nada sagradas, mas também monoteístas, que se impunham no século XVI com o início do que posteriormente seria chamado de capitalismo. Era o começo da Era Moderna, quando o deus do mercado passa a ser o deus da civilização ocidental. Aí está a origem das patologias da alma brasileira. A construção do Brasil se deu por meio da luta por poder e riqueza a qualquer custo, em um território que, para os conquistadores, não tinha nem deus nem lei.

O novo deus dos mercados então se impôs, por meio da conquista de território e da escravização de pessoas, índios ou africanos, mesmo que na Europa a escravidão já não fizesse mais sentido e o trabalho assalariado começasse a florescer. Aqui, com tanta terra disponível, os trabalhadores tinham que ser prisioneiros pela ótica dos poderosos, obrigados a trabalhar intensivamente para seus senhores. Acumulação de riqueza e poder a qualquer custo.

Em cinco séculos foram trazidos da África para cá, mais de cinco milhões de pessoas aprisionadas e transformadas em escravos. Estima-se que o mesmo número de indígenas foram mortos. A violência dessa colonização é impressionante. Genocídio feito em nome do poder e da riqueza a qualquer custo. O Brasil é de longe o país americano que teve o maior número de pessoas escravizadas e em que a escravidão durou mais tempo. O desejo de poder e riqueza no Brasil nunca aceitou limites, éticos, religiosos, morais ou legais.

Com essa escravidão violenta e cruel, transformando em escravos milhões de pessoas, começava também a nossa imoral desigualdade. De um lado a casa grande, habitada pelos que haviam conseguido poder e riqueza. De outro a senzala, homens e mulheres transformados em mercadoria e sem nenhum direito. A riqueza da casa grande era medida pelo tamanho de sua senzala. Em torno dessa unidade econômica fundadora da alma brasileira e que marca sua história até hoje, estavam outros excluídos de qualquer riqueza e poder: comunidades indígenas que tentavam sobreviver, mestiços que aos poucos criaram sua própria forma de viver, quilombos com antigos escravos foragidos que lutavam pela sua liberdade e até hoje lutam pela sua terra, os milhares de deserdados, os esquecidos pela história, os que incomodam.

A alma brasileira começava a mostrar suas patologias mais significativas até hoje, como a dissociação histérica e as graves defesas psicopáticas que afastam da empatia com a dor e o sofrimento do outro que é parte do mesmo corpo. São patologias que rejeitam o corpo brasileiro e apagam seus limites. Vem daí o profundo sentimento nacional de inferioridade. Se todas as partes que compõem o corpo brasileiro não são aceitas pelos que criam o discurso do poder, o sentimento angustiante de inferioridade se impõe. A violência se alastra. Vem daí também a paranoia, sintoma tão comum, que busca uma ordem que gere segurança, mesmo que essa ordem se imponha pela violência e destruição. Desde quando violência gera segurança? Poucas vezes o Brasil entrou em guerra contra outros países, mas está permanentemente em guerra contra partes de si mesmo.

Hoje, o clamor de muitos por uma Ditadura Militar, ou por um Estado policial violento e autoritário, é uma declaração de guerra. O medo paranoico da perda de poder e riqueza sempre gerou perversidades. E a defesa narcísica se estruturou projetando nos pobres, negros, índios, nordestinos, favelados a culpa pelo atraso. A dissociação impede que os poderosos e privilegiados de sempre percebam que no Brasil, independentemente da origem de cada brasileiro, ninguém é apenas branco ou europeu, pois a alma brasileira é mestiça. Condição que nenhum passaporte europeu vai mudar.

Para entender a origem da corrupção endêmica no Brasil, temos que voltar para esse impulso primário da nossa história: a busca de poder ou de riqueza que não respeita lei ou limites éticos, adoecendo a todos, tanto os que conseguem a riqueza quanto os que permanecem pobres. Patologias coletivas gestadas por essa dinâmica disfuncional, impedindo novas ordens mais generosas, inclusivas e tolerantes. O Brasil é um dos países mais desiguais e violentos do mundo. Os que detêm o poder e a riqueza continuam a respirar o espírito da casa grande e da senzala, ecoando ainda hoje violência e descaso com a dor e a angústia que vêm de dentro desde os primeiros tempos. Para que as principais patologias da alma brasileira possam ser elaboradas – dissociação histérica, paranoia por vezes delirante, complexo de inferioridade, defesa narcísica, projeção no outro do mal – o que está reprimido teria que vir à tona com força, mas teria também que encontrar disposição de mudança entre os que detêm riqueza e poder. O ego brasileiro teria que abrir as portas para os inferiores e periféricos e elaborar uma outra forma de viver, incluindo, finalmente, as imensas partes renegadas.

O Brasil perdeu muitos momentos importantes de elaboração das psicopatologias. Na maioria das vezes, os que detêm riqueza e poder preferiram reprimir com violência sintomas que pediam mudanças, ou buscar a conciliação com o inconciliável, criando novas formas de convivência com as patologias.

Após a tardia abolição da escravidão, nada foi feito para incluir os antigos escravizados no mundo dos homens livres. Pelo contrário, o governo estimulou a vinda de trabalhadores europeus para embranquecer a "raça" brasileira e dificultou o acesso à terra, legalizando as propriedades já existentes. Era o começo da imoral concentração de terras e o início das favelas e multidões excluídas. Os levantes e movimentos de rebeldia, sintomas da dor psíquica, foram sempre reprimidos com imensa violência. Revolta da Chibata, Canudos, Cabanagem, revolta dos Malês, do Contestado, da Vacina, o Cangaço, Ligas Camponesas. Nomes que se perderam com a história.

Na década de 1930, quando o novo Estado brasileiro foi construído, nada foi feito para transformar o campo brasileiro. Os trabalhadores rurais continuaram excluídos de qualquer direito ou modernização, iniciando a imensa migração interna de trabalhadores rurais que vieram para as cidades em busca de uma vida melhor, garantindo mão de obra barata para o trabalho urbano. Essa massa humana se juntou aos descendentes de escravos nas favelas, periferias, cortiços. As defesas psicopáticas, que insistiram em não ver o sofrimento psíquico, se tornavam mais fortes.

No início da década de 1960, os movimentos populares rurais e urbanos ganharam força, exigindo reformas que garantissem direitos. Os poderosos no Brasil, percebendo que estavam fracos para enfrentar democraticamente mudanças que ameaçavam seu velho poder, apelaram para uma Ditadura Militar que durou 21 anos, rompendo com o processo de conscientização e inclusão de desejos e criatividade que exigia reconhecimento. O mal foi mais uma vez projetado no outro por um poder paranoico, gerando a violenta repressão que caracterizou a Ditadura Militar. A concentração de riqueza e poder deveria continuar a qualquer custo.

A ditadura terminou enfraquecida, em meio a uma enorme crise econômica, profundamente impopular e tendo que assistir ao crescimento da luta que exigia democratização. É incrível como hoje, contra todas as evidências históricas, muitos defendem a Ditadura Militar como um período de ordem e prosperidade.

Parte 8

As patologias da alma brasileira se tornaram mais graves nos últimos anos. O PT, eleito a partir do desencanto com efeitos perversos do projeto nacional ao longo de décadas, tentou ser um governo que agradasse a todos, mantendo a perspectiva da conciliação, tão cara entre nós. Incentivos à economia, aumentando a riqueza dos já ricos. Medidas de proteção e ampliação de direitos aos mais pobres. Criação de novos espaços às minorias oprimidas. Alguma, mas importante distribuição de riqueza, a exemplo das Cotas, do E-Social ou do programa Bolsa Família. A classe média, sentindo-se esquecida, teme a perda do que vê como antigos direitos e hábitos arraigados. O PT, sem questionar a estrutura do poder, tentando conciliar o inconciliável, flertou com os poderosos de sempre, imitou seus hábitos, não questionou de verdade a corrupção. Quando a crise econômica começou, os ocupantes do poder não foram perdoados pelos seus erros, porque nunca foram vistos como iguais. Com a luta contra a corrupção, o ódio centenário se alastrou, o clamor por um castigo implacável se impôs. As patologias se agravaram. A projeção do mal no outro, que sempre gerou dissociação histérica e graves defesas psicopáticas nas imaginações da alma brasileira, se intensificaram. Como os que trabalham com a psique sabem, quando se acha "o culpado", numa psicodinâmica coletiva, a elaboração para novas imaginações empobrece, o mal é projetado. Daí pode surgir o ódio e o desejo de destruir o culpado. A raiz do problema seca. A escalada no Brasil de ódio, intolerância e violência contra "os culpados" nos afastaram de qualquer possibilidade de elaboração das patologias que haviam vindo à tona. Da alma doente e sem raízes, de seus espaços perversos e simplistas, saiu o clamor por um salvador. Da paranoia, surgiu o desejo por mais violência, por autoritarismo, por intolerância. E, dos porões perversos da alma brasileira, surgiu a nova alternativa de poder para muitos.

A atração pela morte caracteriza Bolsonaro. Apareceu pela primeira vez querendo explodir quartéis e o reservatório de água do Rio para conseguir aumento salarial para militares. Expulso do exército por um acordo amigável, que o tornou capitão, passou a ser eleito deputado por famílias de militares, defendendo prisões em massa, morte a bandidos, armamento da população, somado a valores morais tacanhos defensores de misoginia, homofobia e racismo. Tornou-se cristão, ganhando o apoio de evangélicos. Formou seus três filhos a sua imagem e semelhança, matando neles novas imaginações. Sempre defendeu a Ditadura Militar, negando inclusive a sua própria existência. Deixou de ser apenas um deputado folclórico, quando defendeu a tortura e um famoso torturador em pleno Congresso Nacional. Nem a Ditadura Militar fez isso, ela torturava e matava escondido. Esse crime foi acompanhado pelo silêncio de juízes e promotores, eles também com medo de sua própria alma. Com medo de perder o poder. Bolsonaro passou a ser uma opção para governar o Brasil quando angariou o apoio de grande parte da elite financeira, dos militares, da classe média moralista e religiosa, dos jovens nas periferias que querem se armar, dos grandes fazendeiros que querem se livrar dos índios, das leis ambientais e dos camponeses organizados. E de todos que odeiam o PT, o que ele significa ou pelo menos significou. Hoje os brasileiros sabem que Bolsonaro também tem o apoio das milícias criminosas do Rio de Janeiro. Bolsonaro é atraído pela morte. Ele traz a morte. A morte literal, mas também a morte das raízes brasileiras que sua alma não consegue alcançar.

Hoje o Brasil vive um período muito perigoso. A democracia e os direitos sociais estão ameaçados. O fortalecimento da extrema-direita com seu discurso radical contra a esquerda e os movimentos populares tenta garantir que as propostas de Paulo Guedes, ministro da economia e defensor de um poder ultraliberal, sejam possíveis. Transformar direitos políticos, sociais e trabalhistas apenas em mercadorias compradas pelos que podem só é possível com um regime disposto a tudo para transformar os movimentos populares em atos criminosos a serem reprimidos. Querem esconder os sintomas que expressam dor, desejos e sonhos da população excluída. Uma grande parte da elite brasileira, trazendo mais uma vez à tona o desejo de não ver as patologias seculares da nação brasileira, aceita Bolsonaro em nome da tranquilidade necessária para ampliar seus privilégios que as propostas de Paulo Guedes anunciam. A sombra da desigualdade, da injustiça, do egoísmo, da violência desmedida se fortalece.

Parte 9

Como lembrou James Hillman, no seu livro *O pensamento do coração e a alma do mundo*, o leão ruge enfurecido para acordar o coração anestesiado (HILLMAN, 2010, p. 60). Pela tradição, esse é o animal que vive no deserto, pois é o animal do sol e do calor. É também agente da ressurreição e guardião dos túmulos. Seu rugido acorda o coração para as paixões da alma, para que o deserto se torne habitável. Apenas o desejo pelo consumo é pouco, apenas viver entre objetos que não têm alma é pobre.

O mundo ocidental, com sua ciência e tecnologia impressionante, nunca precisou tanto do leão, que vaga no deserto árido da Modernidade. Seu rugido pode ser ouvido quando, nas franjas ou nas profundezas desse mundo desalmado, surge a resistência, a rebeldia, a crítica, o enfrentamento, permitindo o aprofundamento na alma ferida, gerando vida diferente, com novas tradições e possibilidades. O poder do espírito que domina uma época, nunca conseguiu destruir por completo outras formas de se organizar valores e a vida cotidiana, outros estilos de consciência.

Sou de uma geração que lutou contra a Ditadura Militar e acreditou poder fazer desse país um lugar melhor para todos os brasileiros, acordando seu coração anestesiado pelos caminhos seculares do poder. Agora vemos o fortalecimento de ideias que tornam as patologias da alma brasileira mais evidentes e fortes, defendendo o fim da democracia, o armamento da população, a destruição do meio ambiente, a exclusão e a intolerância. Mas continuo do mesmo lado. Uma nova imaginação mais generosa e saudável não está nos gabinetes de Curitiba entre promotores, juízes e policiais, pois não é o superego que elabora patologias e cria novas possibilidades. Fico com a luta dos índios e quilombolas por suas terras, com os que ocupam terrenos e fazendas ociosas na luta por visibilidade e direitos, com a criatividade das periferias, reais ou imaginárias, que declamam outros versos, que percorrem outros caminhos. Com os que resistem contra a pobreza da imaginação autoritária e excludente. É com esses que sigo meus caminhos.

Para Ivan, companheiro de vida e de sonhos.

Referências

ARENDT, H. (1999). *Eichmann em Jerusalém*. São Paulo: Companhia das Letras.

BAUMAN, Z. (2003). *Amor Líquido* – Sobre a fragilidade dos laços humanos. Rio de Janeiro: Zahar.

COSTA, J.F. (2004). *O vestígio e a aura* – Corpo e consumismo na moral do espetáculo. Rio de Janeiro: Garamond.

DUNKER, C.I.L. (2015). *Mal-estar, sofrimento e sintoma* – Uma psicopatologia do Brasil entre muros. São Paulo: Boitempo.

HAN, B.-C. (2015). *Sociedade do cansaço*. Petrópolis: Vozes.

HILLMAN, J. (2010). *Ficções que curam* – Psicoterapia e imaginação em Freud, Jung e Adler. Campinas: Verus.

______ (2010). *O pensamento do coração e a alma do mundo*. Campinas: Verus.

______ (2001). *Tipos de poder*: um guia para seu uso inteligente. São Paulo: Axis Mundi.

JUNG, C.G. (1991). *A natureza da psique*. Petrópolis: Vozes [OC 8/2].

______ (1988). *Aspectos do drama contemporâneo*. Petrópolis: Vozes [OC 10/2].

10 O fenômeno psíquico coletivo no Brasil: a escuta clínica do analista junguiano

Denis Canal Mendes

Apresentação

> A psicoterapia [...] deve se ocupar da totalidade da psique. Nesse sentido, ela precisa discutir e considerar todos os fatores que influenciam de maneira decisiva a vida psíquica, sejam de ordem biológica, social ou espiritual. A situação de uma época como a nossa, conturbada em alto grau pelas paixões políticas [...] afeta de tal maneira o processo psíquico do indivíduo que o médico não pode deixar de dedicar atenção especial aos efeitos que provoca na psique individual. A avalanche dos acontecimentos de uma época não é perceptível apenas no lado de fora, isto é, no mundo exterior e distante. Ela atinge também a tranquilidade do consultório e a privacidade [...] (JUNG, 2011 [1946], OC 10/2, § 368).

Este capítulo é uma reflexão baseada na escuta clínica do analista junguiano sobre os fenômenos psíquicos de massa ocorridos no Brasil a partir das manifestações sociais e políticas iniciadas em 2012.

Nesse período, no país, muitas pessoas, que até então mantinham-se equilibradas num discurso politicamente correto, tiveram a *persona* habitual invadida e passaram a manifestar aspectos da sua psique de forma intempestiva e raivosa, expondo e verbalizando os sentimentos mais obscuros, com perturbações emocionais das mais variadas origens.

O consultório, *locus opendi curationis*, é o lugar terapêutico onde as aflições e os medos se apresentam, no qual o indivíduo perturbado procura ajuda para dar vazão às suas idiossincrasias, independentemente da sua posição político-ideológica.

A inconsciência coletiva tornou invisível a situação da pobreza e da desigualdade social que o país vivencia. O jogo político-econômico cega, imobiliza, impedindo a identificação dos problemas, gerando sofrimento e profundas feridas.

Por outro lado, como é possível a crueldade humana deixar milhões de crianças morrerem e ninguém se dar conta disso. Falta compaixão? O Brasil é estruturalmente um país de grandes desigualdades sociais, isso pode ser analisado pela economia, pela política, pela área socioeducativa e também pelo olhar psicológico. Porém, será que a sociedade não é também uma grande responsável por essa desigualdade social? Para Gambini (2002), que questiona o papel de todos enquanto cidadãos e o nível dos sentimentos em relação às questões sociais, convida a todos a uma autoanálise, colocando em dúvida não somente a alienação política, mas a responsabilidade de cada indivíduo na sociedade.

Com isso, o espaço terapêutico protegido da análise, com seu ambiente atemporal, recupera a narrativa emocional de cada paciente-cidadão, que, com todas as desigualdades sociais e, ao vivenciarem os reflexos dos movimentos de massa, sofrem esse impacto emocional, entrando em crise, tanto na relação com o outro, nas amizades, na família e no trabalho, como pela influência dos meios de comunicação que se manifesta no ambiente social. As feridas são abertas, trazendo a lembrança daquilo que não se quer ver.

Segundo Gambini (2002, p. 57), a *sombra* carrega aquilo que é negado na cultura de uma sociedade, originalmente marcado pelo pai explorador e uma mãe vítima de estupro e exploração: o que é muito difícil de lidar. Percebe-se o quanto esse imaginário e os fenômenos coletivos contribuíram para afetar a psique do brasileiro, deixando à mostra a *sombra coletiva* para buscar alguém que ocupe esse lugar de salvação.

O contexto

> Naqueles primeiros decênios de nossa era, poderia alguém esclarecido ter gritado com absoluta certeza, em meio às intrigas políticas, especulações de toda ordem, adoração a César e embriaguez circense do mundo romano: "No escuro, atrás de toda essa confusão sem rumo, já nasceu o único rebento dos tempos que estão por vir – o rebento daquela árvore que cobrirá de sombra com uma convicção, uma cultura e uma língua os povos" (JUNG, 2011 [1948], OC 10/3, § 299).

Era o ano de 2016 e as manifestações em todo o país atingiam o seu auge. Parece impossível imaginar que na Contemporaneidade os indivíduos possam ainda manifestar-se com tamanha incompreensão e agressividade. Será mesmo que isso aconteceu? Refletindo sobre essa situação, surge a questão: qual foi o motivo que fez as pessoas entrarem nesse estado? Perguntas que assolam a mente de tantos cidadãos brasileiros pelo país invadem o consultório, manifestam-se pelo medo, pela insegurança e pela sensação de vazio.

O cataclismo da incompreensão do que está acontecendo com as pessoas no dia a dia é de se espantar. O espaço analítico, protegido, acolhe a agonia, a dificuldade e o medo. O sigilo do vaso alquímico faz com que a experiência clínica de consultório seja singular e única, pois o sofrimento e a inquietude dos fenômenos psíquicos individuais são acolhidos, na potência de eventos, sob a influência do que está constelado e atuando no imaginário coletivo. O indivíduo é o receptáculo das projeções da inconsciência coletiva e tem que se ver com elas.

É no *têmenos*[16], nesse lugar, que podemos abarcar as experiências, tanto individuais quanto coletivas, escutando e olhando com certa imparcialidade para o fenômeno circundante e que está presente neste momento atual.

Assim, ao observarmos as manifestações psíquicas, surge a pergunta: quando é que a inconsciência coletiva manifesta a *sombra*? Para Jung (2011), a *sombra* trata dos conteúdos inacessíveis à consciência ou rechaçados pelo ego e que podem somar para o desenvolvimento psicológico do indivíduo; e a *sombra coletiva* seria esse aspecto mais ampliado e que constelam os grandes temas de uma sociedade ou grupo. Neste estudo, trata-se de uma ideia dos aspectos negligenciados por vários indivíduos de um determinado grupo, uma sociedade ou, em especial, do Brasil. Mas quais seriam? O que poderia estar por trás de um fenômeno tão atual, potente e assustador?

---

16. *Têmenos*: do grego, vaso alquímico; espaço de proteção e incubação de conteúdos para serem transformados.

O paciente que procura a análise junguiana[17] inicia seu processo, muitas vezes, por causa da dificuldade em lidar com a sua *sombra* ou em se adequar à *persona*, sentindo-se desadaptado, desorientado etc., o que o leva a uma busca incessante do entendimento dos fenômenos psíquicos que o atormentam.

No caso dos fenômenos de massa, a *sombra coletiva* é constelada no inconsciente da grande maioria dos indivíduos, que, tomados por esse fenômeno psíquico, o reproduzem, literalizando suas emoções ao eleger culpados, projetando tudo aquilo que estava guardado e contido pela *persona* de adaptação social nos outros e no mundo. Assim sendo, há uma erupção de emoções traduzidas em raiva e agressividade.

Mas como entender esse indivíduo e a sua relação com o fenômeno psíquico de massa? Como abarcar as contradições psíquicas e sociais que assolam este momento delicado no Brasil a partir da escuta clínica?

O fenômeno psíquico coletivo

> O equívoco é fruto em boa parte da ignorância no sentido científico da palavra; ignorância da história do mundo e da nossa própria; ignorância dos nossos verdadeiros desafios e dos obstáculos para superá-los (RABELO, 2009, p. 22).

---

17. Processo analítico pautado no método dialético de fins emocionais. Tem como base teórica a psicologia de Carl Gustav Jung (1875-1961). A prática psicoterapêutica junguiana tem como principal ordenador o processo de individuação. O método junguiano na sua amplitude visa o diálogo com os diversos aspectos: o passado com o presente; o consciente com o inconsciente; o pessoal com o coletivo; o eu com o outro e o semelhante com o diferente.

Jung, assim como Fierz[18], refletiram e vivenciaram a *sombra* desditosa do nazismo e do fascismo europeus. A experiência clínica de ambos, tanto na instituição psiquiátrica como no consultório, marcou suas trajetórias. Com esse repertório, Fierz (1997) abre caminho para uma reflexão crítica e indica os perigos do fenômeno de massa.

A *sombra coletiva*, repaginada com a inconsciência coletiva dos indivíduos, faz com que os fatos exteriores causem um abalo tão forte que as suas concepções de existência desmoronam, deixando-os sujeitos a terríveis castigos psicológicos, promovidos por conteúdos poderosos de desesperança. Infelizmente, a lista dos males não é pequena, e seus efeitos já podem ser percebidos: indiferença ao horror e ao crime contra pessoas por estereótipos sociais, de gênero, de raça etc.; desejo dissimulado de arruinar a vida dos semelhantes e de eliminá-los, pois quando um povo perde os símbolos centrais de sua vida cultural, social, política e religiosa, esses indivíduos acabam ficando incrédulos, desamparados e sem perspectivas, sendo que as consequências disso podem ser catastróficas (FIERZ, 1997, p. 448-468).

Jung (2011 [1946] vol.10/2, § 458-487), por sua vez, ao falar da psicologia de massa e do Wotan, cita o quanto a inconsciência do indivíduo e a inferioridade psíquica levam à projeção arquetípica da imagem de um salvador. O homem coletivo ameaça sufocar o indivíduo e se abstém da sua responsabilidade, que repousa, em última instância, em toda obra humana. Além

---

18. Heinrich Karl Fierz (1912-1974) formou-se em psiquiatria em 1938 e fez parte da primeira geração de analistas junguianos. Sua contribuição com relação a um novo olhar sobre a psicopatologia é fundamental e ainda ficamos a desejar com relação a um constructo junguiano sobre o tema.

disso, tais conteúdos até então guardados, vêm à tona, e, quem é capaz de opor resistência a essa força, se vê atormentado por sua difícil e poderosa atração. Será que essa força, constelada na inconsciência coletiva, é mesmo devastadora? Segundo Jung:

> Com a eclosão das forças coletivas dá-se uma surpreendente modificação do caráter. Um homem afável e sensato pode transformar-se num louco furioso ou numa fera. Em geral costumamos ligar essas alterações a circunstâncias externas, mas nada poderia eclodir dentro de nós se já não estivesse de alguma forma presente [...] devemos pregar a razão e a compreensão sadia, mas o que fazer se tivéssemos, por exemplo, como ouvintes ou internos de um hospício ou uma massa de possessos? Não há muita diferença entre ambos, pois tanto o louco quanto a população se movimentam segundo forças impessoais e onipotentes (JUNG, 2011 [1945], OC 10/2, § 463).

Ao contextualizar, é possível reviver todo o processo de desencapsulamento a partir das primeiras manifestações em 2012, o decurso do *impeachment*, em 2016, da presidente eleita democraticamente, e de toda tensão vivida nas pré-eleições presidenciais de 2018. O desmembramento desses eventos evidencia uma sensação de medo, ansiedade e fantasias futuras, com sensações de ruptura, sugerindo até uma paranoia coletiva. Nesse sentido, é importante a impressão dos aspectos psicológicos, pois:

> sempre estive convencido de que os movimentos políticos de massa, características de nosso tempo, são epidemias psíquicas, ou seja, psicoses de massa. Como mostram os fenômenos desumanos que os acompanham, eles constituem fenômenos psíquicos anormais e me recuso terminalmente a considerar tais coisas como normais [...] (JUNG, 2011 [1945], OC 10/2, § 465).

É preciso ter sabedoria para compreender a diferença entre esses três momentos históricos, mas não deixar de associá-los, pois é importante a linha sócio-histórica desses eventos. Jung considerava o indivíduo como um sujeito histórico e destacava a importância da história na compreensão dos fenômenos, já que a natureza e a cultura são indissociáveis, pois encontram-se amalgamadas, de forma inseparável da experiência humana.

Com o entendimento desses últimos anos da história do país e adentrando um pouco mais em seus dramas culturais, o que Leonardo Boff (2016) destaca é que existem quatro nós górdios da cultura brasileira: o colonialismo, o holocausto indígena, a escravidão e a corrupção. Mais adiante, sob um olhar mais junguiano, Boechat (2018) replica, enfatizando que estes seriam os quatro grandes complexos culturais da nação brasileira (OLIVEIRA, 2018). Essas noções ajudam a refletir sobre a noção de *alma* brasileira e podem estar no imaginário do já mencionado paciente perturbado inconscientemente, como aquilo que Gambini (2002) cita anteriormente e poderia responder àquelas perguntas sobre os motivos que levaram à eclosão dessas manifestações coletivas.

Por outro lado, tanto a *sombra* individual como a coletiva expressam e falam de uma faceta do indivíduo que o mesmo recrimina. Nesse sentido, o que fica marcante no trabalho clínico é que o indivíduo necessita ter consciência desses aspectos:

> A *sombra* é a ganância, é o não reconhecimento do outro. Portanto, é um egocentrismo narcísico, egoísta, mesquinho, que vê valor naquilo que é diferente de si mesmo. Tem crueldade nessa *sombra*, crueldade sádica, não controlada, não redimida. Tem raiva. Todos os componentes da psique que precisam ser controlados numa civilização, foram liberados aqui (GAMBINI, 2002, p. 35).

Assim, ao dimensionar essas temáticas, que se interlaçam entre o universo dos pacientes e permeiam o consultório, apresentando-se como complexos de inferioridades, fragilidade egoica, dificuldade de lidar com aspectos do *animus, persona* defensiva, com a sensação de desenraizamento e não pertencimento, o analista passa a considerar que isso seria um movimento da psique, onde a *sombra coletiva* constela-se na vida psíquica do sujeito e ativa todos os seus complexos autônomos que estavam contidos ou adormecidos.

> O homem coletivo ameaça sufocar o indivíduo sobre cuja responsabilidade repousa, em última instância, toda obra humana. A massa como tal é sempre anônima e irresponsável. Os chamados líderes [*Führer*] são os sintomas inevitáveis de um movimento de massa (JUNG, 2011 [1946], OC 10/2, § 461).

Nessas circunstâncias, tanto Fierz como Jung atestam que o campo está propício para o surgimento de uma psicose de massa, e que a perda de um símbolo pode constelar o surgimento de um salvador, como na figura de um messias, um justiceiro, um deus. No caso da Alemanha nazista, Hitler; na Itália e na Espanha fascistas, Mussolini e Franco; e na Rússia, um ditador chamado Stalin. Todos esses líderes surgiram a partir de um imaginário com discurso patriótico, salvador e ordenador, como se empoderassem de uma nova ordem, de certa faceta moralizadora, todos mobilizados por uma força maior. Como dizia Jung: "As forças propulsoras do movimento psicológico de massa são de natureza arquetípica" (JUNG, 2011 [1946], OC 10/2, § 465).

Enfim, podemos questionar se não terá sido essa *sombra coletiva* que se expressou nos pacientes-cidadãos, trazendo à tona tudo o que estava contido e reprimido, tendo sido projetado como ideias político-ideológicas na figura de um messias. Figura essa encarnada e legitimada por um personagem emblemático dessa *sombra* brasileira do misógino, do estuprador, do expurgador, do sem-pudor, do sem-freio, do sem-ética e do sem-respeito.

Foi assim que aquilo ecoou como um mantra: #ele não.

A escuta

Sim, escutar a *alma*. Perante a eclosão de tantas idiossincrasias e atrocidades, o que emerge? Sim, a *alma* pede socorro, como também a *alma do mundo, a anima mundi* sente-se ameaçada. Algo precisa ser revisto, ressignificado.

O indivíduo, a sociedade e o país pedem socorro; o sujeito que sofre pede ajuda, pede atenção ao seu sofrimento e nesse momento a sua angústia vai para além dos dilemas individuais. Ele grita enquanto filho, pai, cidadão e enquanto ser político. Sua *alma* rechaça as dores da adaptação social, da *persona*, das suas projeções inconscientes, e pede amparo para os seus aspectos mais profundos e sombrios que, no caso, se não forem acolhidos, podem levá-lo à loucura e à desconexão com sua *alma*.

O cidadão brasileiro deseja ser acolhido, ouvido e cuidado. Nesse sentido, não podemos esquecer que dentro do pensamento junguiano o sujeito é histórico.

A dor não escolhe lado, parceiro político ou time de futebol, ela simplesmente se apresenta, infiltra e dilacera por dentro. O indivíduo que busca ajuda, grita por socorro e compreensão dos fatos da sua vida, de um entendimento mais profundo da sua alma. Tanto a *sombra individual* quanto a *sombra coletiva* devem ser assimiladas, enfraquecidas e elaboradas, pois só assim poderá haver transformação profunda do indivíduo e, em um grau mais amplo, de uma sociedade.

O analista também precisa lidar com os conteúdos de sua *sombra*, que o assola e permeia na fantasia do curador: a *sombra* do salvador. Os complexos culturais colocam na conta do social as demandas individuais, mas ajudam na interlocução com os campos das ciências sociais e políticas, antropologia e história. Nesse sentido, o analista junguiano capacitado pelo tripé da formação[19], com um repertório amplo e recheado pela busca de conhecimento e da eterna atualização, diferencia-se da massa, tendo um papel especial como agente de mudança, pois semeia o seu arcabouço terapêutico, recheando sua visão com as mais variadas alternativas. Nesse sentido, todo ato terapêutico torna-se um ato político por natureza (no sentido da pólis grega), pois traz modificações para a sociedade como um todo (MENDES, 2019).

Assim, o medo do futuro, a desesperança, a falta de perspectiva e de sentido na maioria dos cidadãos-pacientes, juntamente com a constelação de um patriotismo febril, sugere a perda do símbolo (FIERZ, 1997) e do afloramento da semente do fascismo no Brasil como uma possibilidade, que antes era tão remota, mas que agora torna-se perceptível e atualizada.

Percebe-se na agonia do *têmenos* o reflexo de uma sociedade paralisada e desesperançosa. Porém, como analistas, deve-se insistir numa compreensão mais ampla e irrestrita, sem julgamentos morais, sociopolíticos, partidários e religiosos. Conscientes da amplitude dessa perspectiva e na abertura da

---

19. Tripé analítico: teoria, análise e supervisão. Na formação para analistas, considera-se seminários teóricos, análise didática e supervisão clínica.

janela da *alma*, é que é possível servir de grande utilidade para o acolhimento desse sofrimento, trazendo alguma esperança para essa dor.

Como analista, é de grande importância terapêutica fortalecer a consciência do paciente, dando condições para o entendimento e para a possibilidade da assimilação dos conteúdos do inconsciente. É sabido que uma imagem arquetípica, quando constelada, carrega um potencial com forças propulsoras que emanam de forma ambivalente, pois não possuem um lado bom ou mau, levando a entender os seus efeitos contraditórios na psique dos indivíduos. O nazismo constitui um desses fenômenos da psicologia de massa, uma dessas irrupções do inconsciente coletivo, que são incontroláveis e que Jung notou quando percebeu a constelação da imagem arquetípica de Wotan sob a psique do povo alemão (JUNG, 2011, § 371-399).

Assim, quando um potencial de um arquétipo é constelado, tem sua dimensão amplificada. Existe aqui um perigo iminente, mas é na fragilidade egoica do indivíduo que esse risco se torna real e literal. O fascínio exercido pela imagem arquetípica é de tamanha força, que somente um indivíduo com ampla consciência e com um ego estruturado poderá suportar o desafio de encarar essa desmesurada realidade. Por outro lado, aqueles com certa fragilidade e dissociados da sua real disposição psicológica, tornam-se vítimas da projeção do falso salvador, transmitindo todo peso e responsabilidade da sua vida individual a outrem.

No caso do Brasil, por meio da escuta clínica é perceptível perceber a desilusão, a dissociação e a fragilidade como mecanismos da projeção da dualidade potente da imagem arquetípica constelada irem ao encontro dos salvadores da pátria. Como há 30 anos, quando surgiu o Caçador de Marajás (como ficou conhecido Fernando Collor de Mello, durante sua campanha para a presidência da República nas eleições de 1990) e o "Varre, varre, vassourinha" (música, que pregava a limpeza da corrupção, utilizada por Jânio Quadros durante a campanha para a presidência nas eleições de 1960). A ideia de um salvador ou um herói, constelando, fez com que recentemente fosse eleito para a presidência da República o falso messias, caçador de corruptos. A psique fragilizada, como na inconsciência coletiva fixa na imagem de um salvador a possibilidade de mudança, constela a imagem do pai estuprador. Essa imagem é literalizada quando, no inconsciente coletivo de uma nação, alguém se assume como tal. Então, o *Zeitgeist* – o espírito do tempo – dá o ar e o seu nome: Ares.

E o mantra da consciência coletiva urge: #ele não.

Zeitgeist e o vir a ser do consultório

O *espírito do tempo* quer nos engolir. Ele evoca aquilo que está constelado na *sombra coletiva* e desafia a nossa realidade, trazendo os aspectos mais abomináveis. Porém, o *espírito da profundeza* nos convida à mudança. Sabe-se que a manifestação emocional de todos esses laços é pungente, permeia os nossos aspectos mais criativos, pois na abordagem junguiana, o "dar nascimento ao antigo em um novo tempo é a criação" (JUNG, 2013 [1914], p. 236). Para isso, o papel do analista no cenário atual e nesta condição pós-moderna é fundamental.

O analista não pode se abater ou temer as atrocidades neoliberais da Contemporaneidade, pelo contrário, deve deixar-se guiar por aquilo que julga mais profundo e que corrobora para o *esse in anima*, pois a *alma* existe e não pode ser dilacerada pelo *Zeitgeist*.

A *alma* quer acender-se, a função inferior é aquela que acaba trazendo algo novo, balança as estruturas conservadoras da psique e promove um movimento autêntico, mas isso não quer dizer que não exista sofrimento, dor e medo. O analista precisa ter em mente que ninguém deve jamais passar diretamente para a *função inferior*, provocando uma erupção. Muitas vezes, esses sentimentos não lapidados, de matéria bruta, estão ali só esperando o seu consentimento para se tornar inflamável, com esse aditivo especial. Essa gasolina pode ser suficiente para incendiar tudo que esteja vulnerável, vindo à superfície de maneira não lapidada, eclodindo sem filtro e destruindo tudo ao seu redor.

O indivíduo que foi tomado por essa *sombra coletiva*, expressou, por meio da inconsciência coletiva, a projeção literal no personagem central do país, tornando real tudo o que não queremos ver e elaborar.

A Contemporaneidade traz um desafio, atentando aos recursos conectivos e digitais. A *sombra* brasileira se nomeia: preconceituosa, machista, misógina, homofóbica e militarista.

Aproveitando os desencadeamentos dessa nuvem sombria que circulou o fenômeno de massa no Brasil a partir de 2012, com a ruptura do papel da presidente na figura maior de chefe de Estado, o que resultou num processo de *impeachment*, se dá voz ao seu representante mais emblemático, que urge dos porões da ditadura brasileira, aprimorando-se de sua natureza sarcástica e cômica (como Hitler), trazendo à tona um dos aspectos mais ameaçadores da *sombra* brasileira: o medo declarado, firmado no discurso de ódio.

Nas ruas, os gritos por reconhecimento e inclusão de todos os cidadãos brasileiros no processo. Porém, somente na ação da inconsciência coletiva está a constelação da *sombra* e a literalização de um messias.

Quando o analista ouvir seu grito, reconhecerá a solidão e a fragilidade do cidadão-paciente. Pode-se dizer que, somente ao cuidar de sua *sombra* pessoal, será possível estar mais consciente da sua *sombra coletiva*, por meio da qual serão refletidas suas escolhas, de preferência mais éticas e humanas. Porém, pode-se cair na armadilha de atitudes reativas que não vão resolver as questões sociais.

Urge aquilo que se nega a si próprio: #ele não.

Consultório ontem:

Cena 1

Adentra no *seeting* analítico o paciente José, que há cinco anos está em análise. Nesse momento, apresentando certa ansiedade, senta-se de frente para o analista e começa a contar sobre o domingo passado na Avenida Paulista. Sua narrativa é clara e elucidativa, cita:

– *[...] Levei minha família por conta do chamado contra a corrupção. Lá me deparei com pessoas iguais a mim, aguardando o desfecho final. Quando no telão ocorreu o fim da votação, fui tomado por uma satisfação embriagante que vinha de todos os lados, com gritos de TCHAU QUERIDA! Me senti fortalecido e aumentei o tom de voz e gritamos todos juntos veementemente esta frase: TCHAU QUERIDA! Como se ecoando um grito de torcida de futebol. Veio uma satisfação enorme, tinha a sensação de que todos aqueles problemas: greve, manifestações, brigas e discussões haviam acabado. Fui embora feliz, com minha filha e esposa. No metrô, nos deparamos com pessoas vestidas com camisas vermelhas, com olhar triste. Não entendíamos aquilo, porém seguimos nosso caminho até a estação Vila Madalena e pegamos o carro de volta à nossa residência.*

Cena 2

– *Cara, não entendo por que isso aí* (aponta para o smartphone e mostra uma manifestação fechando a Rua da Consolação e a Avenida Paulista) *não acabou. Já não aconteceu o* impeachment*? Agora é só o país voltar ao normal. Não é isso?* (silêncio).

O analista intervém:

– *Como assim? O que você esperava?*

José:

– *Puxa, isso tem que acabar, não dá mais para o país ficar parado assim.* Insiste: *Mas já não acabou?* (outro silêncio, com um suspiro).

O analista diz:

– *Mas acabou para quem?*

José fica em silêncio profundo e um olhar pasmo com os olhos arregalados marcam o seu semblante. O analista continua:

– *Qual é a sua fantasia?*

José:

– *Quando eliminamos um problema, as coisas voltam ao normal..., sei que na vida é diferente, lembra da história do cachorro do vizinho que eu ficava incomodado, que não parava de latir, é... ele não morreu, eu não o atropelei e nem joguei veneno na ração dele, tive que mudar a minha postura, dar pouca atenção para isso* (silêncio e uma cara tristonha).

O analista:

– Uhum, é... (silêncio).

Consultório hoje:

Cena 1

Adentra uma jovem, Maria, 28 anos, tensa, colocando a mão próximo ao coração, com o rosto sofrido, demonstrando preocupação com a situação atual. Diz:

– Você viu a situação das universidades? E o lance da Vaza Jato? Não é possível que aquele ministro que dizia que veio para acabar com a corrupção endógena no nosso país tenha ficado quieto. Fica claro o favorecimento político, os conchavos, temos que sair às ruas e pedir a sua destituição. Eu não aguento mais isso, é muito difícil acreditar na justiça, em políticos, nas pessoas.

Cena 2

– Acredita que fui me encontrar com um rapaz, bonito, educado, depois de dar-nos match *no Tinder e, quando nos encontramos, a primeira pergunta era se eu era feminista. Não acreditei! Não tive dúvidas, já na lata perguntei em quem ele havia votado. Adivinha! E não me olha com essa cara...*

Analista:

– Qual cara.

Maria:

– O que será que veio à sua mente... É óbvio! Me senti uma tola, como se tivesse perdido muito tempo da minha vida naquilo. Adivinha! Ficamos em silêncio alguns minutos e nos levantamos dali. Seria impossível para mim ficar com aquele cara, mesmo achando ele simpático e carinhoso.

Analista:

– É? Por quê? Mas vocês não haviam dado match*?*

Maria:

– Hoje é difícil, você sabe, sou exigente. Fiquei com raiva dele, eu também não gosto dessas feminazis, mas ele me comparar a elas, logo de cara... Perguntar sobre isso é muito para a minha cabeça. E aí na sequência não resisti, perguntei em quem ele havia votado, se gostava do Bruno e Marrone, fui um tanto explosiva... Ahh... foi uma tarde difícil...

Analista:

– E como se sentiu?

Maria:

– Acho que cada vez mais vou me afastar das pessoas, o mundo está muito perigoso e cheio de gente chata, ainda mais com essa onda machista. Quando tentamos nos abrir, acontece isso. Puxa que encontro...

O paciente em análise junguiana acaba se confrontando com o problema ético, do qual não consegue escapar e que faz parte do processo de individuação. A pessoa sem moralidade esquece do seu lastro, do seu lugar historicamente no mundo.

A *alma*, o espírito das profundezas, o sujeito histórico, ajudam o cidadão-paciente a se localizar como indivíduo na sua caminhada, nessa sua jornada de enraizamento e integração da *sombra* individual e coletiva.

> O indivíduo deve entregar-se ao caminho com toda a sua energia, pois só mediante a sua integridade poderá prosseguir e só ela será uma garantia de que tal caminho não se torne uma aventura absurda (JUNG, 1975, p. 75).

O indivíduo que abdicar da sua consciência individual será tragado pela inconsciência coletiva, fascinado pelo fenômeno de massa e, dessa maneira, servirá e acabará vivendo como boi, esperando a morte como num fim próximo, aquele do abate no frigorífico.

Enfim, as imagens suscitadas nessa escuta clínica revelam o lugar onde a *alma* pode estar, as idiossincrasias fazem parte para a elaboração de um processo maior, que pressupõe suor e sofrimento. Não é fácil estar num mundo que se abriu para uma nuvem negra e um espectro que assombra o mundo hoje. Seu nome é *Zeitgeist*. Em vista disso, é importante perceber o mal-estar desta época e se faz necessário estar consciente do próprio caminho, vislumbrando a abertura ao diálogo, escolhendo a democracia e a ética como guias para a vida.

Referências

BOECHAT, W. (2018). "Complexo cultural e brasilidade". In: OLIVEIRA, H. (org.). *Desvelando a alma brasileira*: psicologia junguiana e raízes culturais. Petrópolis: Vozes, p. 68-87.

BRIZA, D.H.R. (2006). *A mutilação da alma brasileira*. São Paulo: Vetor.

DIAS, L. & GAMBINI, R. (1999). *Outros 500*: Uma conversa sobre a alma brasileira. São Paulo: Senac.

FIERZ, H.K. (1997). *Psiquiatria junguiana*. São Paulo: Paulus.

GAMBINI, R. (2002). *Espelho de índio*. São Paulo: Axis Mundi.

HOLANDA, S.B. (1995). *Raízes do Brasil.* São Paulo: Companhia das Letras.

JUNG, C.G. (2013). *O Livro Vermelho*. Petrópolis: Vozes [edição sem ilustrações].

______ (2011). *Aspectos do drama contemporâneo*. Petrópolis: Vozes [OC 10/2].

______ (2011). *Civilização em transição*. Petrópolis: Vozes [OC 10/3].

______ (2011). *O eu e o inconsciente*. Petrópolis: Vozes [OC 7/2].

______ (2011). *Presente e futuro*. Petrópolis: Vozes [OC 10/1].

MENDES, D.C. (2019). *O Livro Vermelho de C.G. Jung no trabalho clínico do analista junguiano na América Latina*. São Paulo: PUC [dissertação de mestrado].

______ (2019). "Os diversos outros em mim: Arthur Bispo do Rosário na ótica junguiana". In: EUGÊNIO, P. & MENDES, D.C. (orgs.). *Diversidade: o outro em mim*. São Paulo: Sattva, p. 51-62 [Coleção Simpósios IJUSP, vol. II].

OLIVEIRA, H. (org.) (2018). *Desvelando a alma brasileira*: psicologia junguiana e raízes culturais. Petrópolis: Vozes.

11 Intoxicação prometeica em tempos de aquecimento global: o aceleracionismo como fantasia antropocêntrica e sua compensação

Maurício Silveira dos Santos

1 Prometeu, o fogo sagrado e o aquecimento global

No texto *Intoxicação hermética* (2015), James Hillman afirma, a partir de sua construção teórica arquetípico-fenomenológica, que a cultura global contemporânea vive uma espécie de overdose do deus Hermes e cita outros momentos históricos ou cenários em que há um tipo de hipertrofia de um ou mais deuses em relação aos outros como, por exemplo, o acesso de fúrias matadoras regidas por Marte quando populações são tomadas por tendências agressivas ou uma overdose de luz solar apolínea acompanhada da racionalidade normalizadora de Minerva na Idade da Razão. Em *Intoxicação hermética*, o criador da psicologia arquetípica elenca e desenvolve as várias características do que ele mesmo chama de monoteísmo de Hermes que caracteriza a virada do último para este século.

cadora arquetípica. O outro nome do que aqui tentamos definir, para compreender psicologicamente, poderia ser simplesmente antropocentrismo, na sua máxima expressão e intensidade.

Se no caso da overdose do deus Hermes, Hillman nos ensina que é a proximidade com Héstia, deusa da celebração da introversão, da sacralidade do espaço interno da casa e da desaceleração, que pode reequilibrar o jogo (HILLMAN, 2015), nos cabe perguntar: qual seria a estratégia ou, dito de uma forma um tanto prática, a "receita" para, do ponto de vista psicológico transindividual, nos tirar da rota apocalíptica da intoxicação prometeica, de um humanismo monádico alienado e sua crença desmedida no progresso? A mesma pergunta poderia ser feita para Jung, que compreendeu, antes de Hillman e nos seus próprios termos, que o sistema psíquico se autorregula e que qualquer unilateralidade psíquica necessita ser compensada e de fato em algum momento será compensada pelo inconsciente, pois esta é a dinâmica natural da psique. No caso da teoria seminal de Jung, devemos lembrar a título de exatidão, com uma ênfase diferente do politeísmo psíquico de Hillman, pois, para Jung, essa compensação é regida pelo *Self como* centro organizador ou regulador. O caminho teórico que escolhemos aqui inclina-se ao princípio da multiplicidade e não da centralidade.

3 Mais rápido, mais rápido!

Antes de respondermos estas perguntas, contudo, propomos um exercício de pensar, hipoteticamente, em sentido contrário ao de Jung e Hillman. Vamos supor que não é a busca pelas forças opostas e ao mesmo tempo complementares que poderiam fornecer alguma solução ou cura da intoxicação prometeica. E se considerássemos que essa cura, em vez de compensação, passa justamente por potencializar ao máximo a maestria prometeica, essa fé fervorosa nas capacidades do homem e da sua tecnologia? Estaríamos justificados pela sua competência também ilimitada de resolver todos os problemas a partir da sua potência técnica incalculável? Pela avaliação de que a natureza, ou que a terra, ou que Gaia e seus habitantes, animais, vegetais, florestas, rios são apenas figurantes nestas tensões e não precisam ser "ouvidos", mas pelo contrário, podem ser manipulados e alterados ao gosto de uma ciência humana definitiva que solucionará todas as questões, que corrigirá todos os erros cometidos, que fará a própria natureza superar-se a partir da sua influência técnica?

Pois essa é, em linhas muito gerais, a proposta do chamado aceleracionismo, uma proposta filosófica e movimento de traços políticos que surgiu na Inglaterra no final do século XX e tem como criador o filósofo Nick Land. Para o aceleracionismo, as lutas ambientalistas são apenas retrógradas e ineficientes e o capitalismo só será de alguma forma vencido quando seus fluxos forem acelerados à máxima potência numa busca por um progresso contínuo, por uma modernização da modernização. Benjamin Noys, professor da área de teoria crítica e estudos literários em Chichester, também na Inglaterra, foi quem cunhou o termo "aceleracionismo" e mapeou as referências estéticas e filosóficas do movimento, capitaneado, como dissemos acima, pelo professor universitário inglês e blogueiro Nick Land[21]. A ideia central dos aceleracionistas é que este mundo, da forma

21. Para uma breve história do aceleracionismo, cf. Beckett, (2017).

que é, de certa forma já acabou, então deve acabar de vez. Não há mais espaço para ilusões passadistas, ingênuas e bucólicas dos "sonhadores e abraçadores de árvore" (DANOWSKI e VIVEIROS DE CASTRO) que acreditam ainda numa espécie de possibilidade de retorno a um romântico tempo pré-capitalista. Para os aceleracionistas o capitalismo tornou-se universal e hegemônico e ele tem a capacidade de capturar qualquer resistência contra si. Já que não há a possibilidade de constituição de um fora do capitalismo a solução seria modificá-lo ou transformá-lo por dentro até a sua dissolução, isso só pode ser colocado em prática acelerando-o ao máximo para que, finalmente, ocorra uma destruição criativa e que daí surja um novo mundo. Essa destruição não será abstrata, trata-se de algo literal com consequências nefastas e em grande escala, mas para os aceleracionistas, necessárias.

É difícil não reconhecer uma fantasia apocalíptica e escatológica nesta intrincada narrativa redentora, mas ao mesmo tempo, se trataria de um tipo de apocalipse intencionalmente produzido pelo próprio homem a partir das forças liberadas pela sua própria cultura socioeconômica e tecnocientífica. O humano, nessa estranha agenda aceleracionista, também deverá ser profundamente modificado no processo, transformado pela tecnologia, "pós-humanizado", o homem do futuro será meio biológico, meio maquínico, fruto de intervenções técnicas e genéticas. Quem sabe, nessa estranha utopia, o homem poderia tornar-se imortal, um deus, senhor do seu destino, mas como lembra John Gray, a mesma genética que pode curar as doenças da velhice, talvez seja a tecnologia predileta em futuros genocídios. Cito Danowski e Viveiros de Castro em trecho crítico ao aceleracionismo:

> O operário máquina cognitiva plugado na rede, zumbificado pela administração contínua de drogas químicas e semióticas, produtor-consumidor perenemente endividado do imaterial, gozando avidamente com a própria exploração, é o novo antissujeito heroico deste pós-mundo freneticamente desvitalizado, esta distopia jubilosa (DANOWSKI & VIVEIROS DE CASTRO, 2014).

Em 2013 foi lançado por Williams e Srnicek o chamado Manifesto Aceleracionista (2013). O texto fala em uma "política prometeica de maestria máxima sobre a sociedade e seu ambiente". Segundo Danowski e Viveiros de Castro, o manifesto não chega a ser original, ele seria uma espécie de *upgrade* tecno da vulgata marxista ao repisar o *Manifesto Comunista* de 1848 misturado ao que Oswald de Andrade chamava de "filosofia messiânica, a saber, a bimilenar narrativa patriarcal, repressiva, transcendentalista, racista e falocrática que atravessa como um fio rubro a história do Ocidente, de São Paulo a Marx, Husserl, Heidegger a além". Os mesmos autores resumem o que para eles é o projeto aceleracionista:

> Os aceleracionistas entendem que "nós" devemos escolher entre o animal que fomos e a máquina que seremos. Em sua angelologia materialista, eles propõem, em suma, um mundo sem nós – mas feito por nós. Reciprocamente, imaginam uma espécie pós-humana recriada por uma "plataforma material hipercapitalista" – mas sem capitalistas. Sonham com uma humanidade extracorpórea, um mundo extraterrestre. Uma natureza desnaturalizada pelo deus-homem. Um materialismo, enfim, espiritualizado (DANOWSKI & VIVEIROS DE CASTRO, 2014).

A esta altura, poderíamos perguntar, mas afinal, do ponto de vista psicológico, qual a razão da preocupação com o pensamento e o projeto aceleracionistas? Ora, o aceleracionismo é justamente o exemplo mais acabado, a expressão mais radical e por que não chamar fundamentalista, da intoxicação prometeica. Ainda que não aplicado à risca, ele é a vanguarda de uma concepção e prática que estão em vigor, colocando a vida do planeta em risco, mas ainda que consciente disso, pretende intensificar o *modus operandi* em voga. Compreender o modo de pensar aceleracionista, sua psicologia, nos capacita melhor a enfrentar o desafio urgente que temos à nossa frente.

4 Jung, Hillman e o pampsiquismo[22]

Nesse sentido podemos considerar o aceleracionismo uma espécie de delírio prometeico, a elevação do fascínio ao humano, aos seus feitos passados e possibilidades futuras a níveis nunca imaginados, uma espécie de ultra-humanismo. Esse ultra-humanismo vai de encontro ao que Hillman defende no quarto capítulo do clássico *Re-vendo a psicologia*; a operação psicológica que ele denomina "desumanizar", assim como a uma ideia de *anima mundi* que ele recupera e desenvolve e de várias sabedorias de culturas indígenas ou exteriores à cultura hegemônica europeia, para as quais o antropocentrismo não faz nenhum sentido, mas pelo contrário, pode ser um tipo de adoecimento.

---

22. Sabemos que há distinções históricas e conceituais entre pampsiquismo e animismo, mas elas fogem ao escopo deste trabalho, por isso decidimos tratar as duas ideias como análogas do ponto de vista psicológico. Em outro momento essas diferenças e particularidades poderão ser abordadas num contexto em que não haja o risco de produzir um desvio do objetivo geral do trabalho.

Hillman defende que a alma, ou psique, tem rincões não humanos e que "nem tudo o que é psicológico é humano" (HILLMAN, 2010), ou seja, a alma se estende para além do humano. Ele vai mais longe, afirmando que boa parte da luta do homem com a imaginação e suas produções intelectuais, culturais, religiosas e seus sofrimentos talvez possam ser compreendidos como "movimentos imprevisíveis e torcidos da psique libertando-se do aprisionamento humano" (HILLMAN, 2010).

> Nossas distinções entre psique e humano têm várias importantes consequências. Se concebemos que cada ser humano é definido individual e diferentemente pela alma, e admitimos que a alma existe independentemente dos seres humanos, então nossa individualidade humana essencialmente divergente não é, na verdade, *humana de jeito nenhum*, mas sim o presente de um *daimon* inumano que exige serviço humano (HILLMAN, 2010).

Assim como a psique não é humana, Hillman explica que também o amor não é humano. O problema central da intoxicação prometeica, pensamos, é justamente de enclausurar o amor numa modalidade humana e pelo humano causando uma inflação psíquica autorreferenciada no *anthropos*, alienando-se do fato de que, do ponto de vista mítico e arquetípico, há várias modalidades ou personificações do amor na qual os humanos tomam parte. Esse amor é sempre divino e têm funções que nem sempre são o enaltecimento da vida humana em si mesma e como se ela fosse a parte mais relevante do cosmos. Hillman explica que há diferentes expressões e estilos de amor em Afrodite e Eros, os exemplos mais claros, mas também nos enredos que envolvem Ares, Hefesto, Poseidon, Apolo, Dioniso, Ulisses, Penélope, Atená, Ariadne, Teseu, o grande Zeus e assim por diante. O amor enquanto potência é múltiplo e aponta para fora do homem.

> O amor, então, não é mais um fim e sim um meio de retorno da psique humana para sua essência imaginal não humana (HILLMAN, 2010).

Ainda elaborando a relação entre o humano e a psique, Hillman recupera a ideia ou a percepção de *anima mundi* que, segundo ele, é uma visão análoga a concepções antigas como o animismo, por exemplo, e também a leituras neoplatônicas de Marsilio Ficino e outros pensadores renascentistas. A noção de realidade psíquica, então, não parte de uma clivagem entre os sujeitos particulares animados e objetos inanimados, "mortos", mas cada acontecimento, objeto, expressa a alma do mundo, tem sua própria profundidade, é um sujeito psíquico. A *anima mundi* requer uma sensibilidade estética ou resposta estética ao mundo como um novo faro, o que Hillman chama de pensamento do coração e que nada tem a ver com um repositório de sentimentos ou sentimentalismos, pois ele requer uma nova percepção da psique humana como psique do mundo, esta visão é, sem dúvida, uma visão muito ampliada da realidade psíquica e definitivamente desconstitui a fantasia antropocêntrica que, entre outras características flutuantes dependendo de sua expressão em diferentes épocas, só consegue ver alma no humano, quando não apenas em determinada etnia ou religião. A falta de alma do mundo nunca foi um problema do mundo, dos animais, vegetais, minerais, mas sim de uma sensibilidade intoxicada por uma unilateralidade empobrecedora de si mesma, doente de si; uma alma empobrecida do mundo, clamando por cura.

5 A compensação e os deuses

Aqui retornamos ao trabalho de Jung e um dos princípios teóricos e clínicos mais importantes de sua psicologia: a compensação. A ideia de compensação foi inspirada no trabalho de Alfred Adler, primeiro discípulo de Freud a se afastar da psicanálise e criador da chamada psicologia individual que comporta uma série de conceitos originais e importantes, especialmente a proposta de compreender a libido não como uma energia de origem psicossexual, mas sim ligada a um desejo de poder ou ao que ele chamou de protesto masculino. Adler preocupava-se muito com um frequente sentimento de inferioridade na infância, marcada por uma fragilidade patente frente a um mundo hiperdimensionado, composto por pessoas grandes de que a criança dependia e frente às quais não tinha autonomia ou capacidade de se reger. Essa situação, para Adler, etiologicamente se explicava pela deficiência orgânica do início da vida, uma situação em que era necessário produzir uma ficção psicológica de superioridade compensatória, capaz de equilibrar o sentimento de inferioridade. A partir daí desencadeou-se um processo de compensar essa fraqueza para conseguir adaptar-se a esse universo ameaçador (JUNG, 1991).

Jung toma essa ideia e a amplia, considerando-a como uma "equilibração funcional", como uma autorregulação geral do aparelho psíquico, especialmente do inconsciente em relação à função consciente. Quanto maior a unilateralidade da atitude consciente, maior a resposta inconsciente, especialmente por meio de sonhos que visam equilibrar a situação em questão. Jung ressalta que a função compensatória está sempre ativa e é inconsciente, por isso só é notada nos casos mais extremos, pois normalmente funciona mais por orientação e complementação do que por contraste. É neste último caso que a terapia analítica é mais importante, para auxiliar nesta conscientização e compensação. O princípio de compensação não é apenas individual, pelo contrário, deve ser compreendido com relação a complexos culturais, possessões e paixões coletivas, ele se constitui e se manifesta a partir e na psique coletiva. Uma imagem arquetípica, um deus composto por toda uma temática (Wotan é o exemplo mais clássico utilizado por Jung), pode tomar os corações e mentes de grupos ou nações em resposta a contextos históricos específicos manifestando-se de forma fanática e blindada. Provavelmente será seguida por um novo movimento inconsciente com o objetivo de mostrar o que não estava sendo visto e tornar a equilibrar o sistema psíquico, no processo que ele chamou de enantiodromia, um movimento em direção ao que é oposto ou a posição oposta.

Na visão de Hillman, não é exatamente pela via de uma operação de compensação que ocorre o movimento psicológico de reequilíbrio em casos de "intoxicação" por um deus. É que Hillman, epistemicamente, não parte da ideia de uma psique individual humana consciente que é auxiliada por um inconsciente regulador, sempre pronto para mostrar o outro lado da questão. Na sua visão politeísta, os deuses andam sempre juntos e têm realidade e força, são eles que nos criam e não nós que os criamos apenas como abstrações representativas de arquétipos. Então, na medida em que começa a ocorrer um tipo de monoteísmo num determinado indivíduo, grupo, período ou cultura, naturalmente outro ou outros deuses se apresentarão para "curar" a *overdose* que se faz presente e gera danos.

De qualquer forma, não há como não ver aí uma dinâmica compensatória, mesmo que sob outra rede de sentidos, também sem a atuação de um *Self* abstrato regendo o processo e, finalmente, sem a ideia de que o inconsciente serve ao consciente. Dito isso, voltamos à nossa pergunta inicial sobre qual seria a "cura", do ponto de vista psicológico, para a intoxicação prometeica. O que estaria se movendo na psique coletiva para dar conta da crise ambiental e do aquecimento global antropogênico que fosse uma resposta alternativa ao aceleracionismo que procura curar o mal com um mal ainda maior, em uma espécie de uso sinistro e distorcido do princípio homeopático em que semelhante cura semelhante?

6 Há almas por toda a parte: o princípio antropomórfico como cura

Acreditamos que as soluções psicológicas coletivas que se esboçam, e ao mesmo tempo nos desafiam, às ameaças da ilusão no progresso, do isolamento perante o planeta e seus habitantes outros, relegados a um *status* de irrelevância, e da catástrofe ambiental, passam por algo que está presente na visão de Jung e posteriormente de Hillman. Trata-se de uma repactuação com as expressões da vida ou com a "grande cadeia do ser", na bela e antiga expressão retomada por Arthur Lovejoy. O inconsciente que fascinou Jung era e é habitado pelas mais diversas forças e formas e de forma alguma privilegia o homem como ente central ou mais importante. O conceito limite de psicoide remete a concepção de psique à toda a natureza e não a sedia especialmente no humano. Jung sempre trabalhou personificando as manifestações psíquicas em vez de conceituá-

-las abstratamente: Grande Mãe, Velho Sábio, sombra, *anima*, *animus*, Trickster etc. O método da imaginação ativa solicita que, literalmente, conversemos com as figuras da imaginação, que as tratemos como reais e não como simples fantasias relacionadas aos eventos da vida consciente, que as entreguemos com dignidade ontológica. Uma psique ricamente habitada, em que as figuras arquetípicas e os complexos têm autonomia e se movem a partir das próprias forças e da própria natureza dos seus desejos sem dever obediência ao ego ou à consciência, mas às vezes, inclusive, entrando em violento choque com eles.

Na esteira de tais intuições, construções e métodos de Jung, Hillman retorna a uma antiga expressão e ao mesmo tempo avança na descrição de uma *anima mundi* que se aproxima do animismo e do antropomorfismo, mas que passou a ser parte importante de sua psicologia arquetípica. É a operação psicológica denominada *personificar* que nos mostra na prática o que ele sugere. Trata-se de um modo de ser e de experimentar o mundo espontaneamente como um campo psicológico que inclui pessoas, coisas, eventos que nos tocam e nos movem. Personificar é lidar com as expressões das configurações da existência como pessoas psíquicas. Em *Re-vendo a psicologia*, Hillman cita estas belas passagens de Miguel de Unamuno:

> Para amar e compadecer-se de todas as coisas, humanas e extra-humanas, vivas e não vivas, você deve sentir tudo dentro de você mesmo, você deve personalizar tudo. Pois tudo aquilo que ama, tudo aquilo de que se compadece, o amor personaliza [...] nós apenas amamos – aquilo que é semelhante a nós mesmos [...] é o próprio amor [...] que revela essas semelhanças. [...] O amor personaliza tudo que ama. Apenas personalizando é que podemos nos apaixonar por uma ideia. [...] Nosso sentimento do

> mundo, sobre o qual está baseada a nossa compreensão dele, é necessariamente antropomórfico e mitopoético (HILLMAN, 2010).

Aqui começa a se esboçar o caminho possível, apontado por ambos os autores, à intoxicação prometeica, ao antropocentrismo, à crise ambiental e ao aquecimento global antropogênico produzido por uma ideia narcísica de progresso que tem causado febre no planeta. Segundo Danowski e Viveiros de Castro é justamente o antropomorfismo (presente em muitas das culturas ditas animistas) que pode fazer frente ao antropocentrismo e isso significa, na nossa opinião, uma espécie de reanimação do mundo, não no sentido de um impossível retorno ao passado ou a modos de vida pretéritos, mas à produção de novas formas de se relacionar conosco mesmos e com a rede viva que compõe desde as partículas subatômicas dos corpos até Gaia e sua dança no cosmos, partindo do ambiente contemporâneo criado pela cultura humana com toda a sua complexidade e sua desmedida. Aprender com os valores do passado não é reeditá-lo e, além do mais, quem disse que a história deve ser concebida como um processo linear e evolutivo e que a relação como ele deva ser sempre de deixar para trás, livrar-se, superar massivamente? Não seria essa uma outra face do prometeísmo obcecado pelos poderes do homem que olha apenas para a frente e pelo progresso futuro?

Essa busca que podemos considerar, do ponto de vista psicológico coletivo, de compensação ou equilíbrio mutual das presenças dos deuses rechaçando a unilateralidade e tendência a algum monoteísmo (de qualquer deus), pode ser traduzida, no caso deste capítulo, no contraste entre antropocentrismo e antropomorfismo. Com relação a estes termos, novamente

Viveiros de Castro vem em nosso auxílio. No seu arrojado trabalho sobre as metafísicas ameríndias (VIVEIROS DE CASTRO, 2009) ele demonstra o quanto o pensamento indígena nas suas variantes parte de uma outra ontologia na qual os humanos e os seres da floresta têm outra natureza e outras relações se comparados a nossa própria tradição metafísica ocidental. Se na nossa metafísica tradicional temos um corpo análogo aos demais animais e nos diferenciamos pelo fato de termos uma alma ou uma mente singular enquanto espécie, nas culturas ameríndias ocorre o contrário: as almas são as mesmas, todas são humanas-para-si, os corpos é que diferem e isso garante ao outro, às outras espécies, aos outros seres da natureza, até mesmo rios, terra, vegetais, a mesma dignidade ontológica, o mesmo valor vital que é reservado aos humanos; este é o caso do antropomorfismo ou animismo, que não são exatamente sinônimos, mas aqui funcionam de forma análoga.

O perspectivismo ameríndio ensina que para os animais nós não somos humanos, que eles nos veem como bichos de caça, ou como feras predadoras ou tribos inimigas poderosas, ou espíritos canibais, conforme a posição ocupada na cadeia alimentar e isso gera uma interessante cosmopolítica antropomórfica muito distante da política transespecífica antropocêntrica em que a humanidade tem uma relevância transcendental e transcendente para além dos outros seres da natureza.

> Como todos os humanos, como todo o animal, enfim, os ameríndios precisam comer ou de alguma forma destruir outras formas de vida para viver. Eles sabem que a ação humana deixa inevitavelmente uma "pegada ecológica" no mundo. A diferença está em que o solo em que deixam suas pegadas *também* é vivo e alerta, sendo, frequentemente, o domínio ciosamente vigiado de algum super-

> sujeito (o espírito-mestre da floresta, por exemplo). O que requer, portanto, olhar com muita atenção onde se pisa. Pois como diria o santo padroeiro do perspectivismo ocidental (Leibniz), "há almas por toda a parte". Em suma, o postulado fundamental da cosmopolítica ameríndia é o que se costuma designar de *antropomorfismo*, um conceito que, em nosso entender, não deveria ser usado da maneira pejorativa usual com que o fazemos, ao aplicá-lo complacentemente aos povos "primitivos" e aos espíritos "simples" em geral. Ao contrário [...], é uma pressuposição prático-ontológica largamente difundida [...] [e] pensamos que o antropomorfismo merece receber cidadania filosófica plena, apontando para possibilidades conceituais ainda inexploradas (DANOWSKI & VIVEIROS DE CASTRO, 2014).

O que o autor chama de princípio antropomórfico deve ser contrastado com o princípio antropocêntrico, este hegemônico e firmemente fixado na metafísica ocidental que descrevemos nas páginas iniciais e que, em sua máxima potência e unilateralidade, torna-se o que denominamos intoxicação prometeica. Não é apenas um conjunto de percepções e ideias, mas uma perspectiva dominante por meio da qual pensamos o mundo e nos relacionamos com ele, além de ser a via pela qual construímos e estruturamos o nosso conhecimento.

Afirmar que tudo é humano, portanto, ao contrário da pressuposição antropocêntrica dominante, é passar para o princípio antropomórfico, é perceber e compreender que os humanos não são uma espécie especial, um evento excepcional "que veio interromper magnificamente a trajetória monótona da matéria no universo" (DANOWSKI & VIVEIROS DE CASTRO, 2014). Não há nada de transfigurador nos humanos que os faça diferentes do restante da natureza. Ainda segundo os autores, o princípio antropomórfico afirma que os demais entes da natureza são justos como nós, ou seja, ele parte de uma generalização pampsiquista como método básico de equiparação do mundo com o humano preexistente.

> [...] a acusação de uma projeção do ego sobre o mundo é algo a que os modernos sempre recorreram para definir a característica antropológica dos povos "animistas" – Freud foi, como se sabe, um dos mais ilustres defensores dessa tese. No entender destes que chamamos animistas, ao contrário, somos nós, os modernos, que, ao adentrarmos o espaço da exterioridade e da verdade – o sonho –, só conseguimos ver reflexos e simulacros obsedantes de nós mesmos, em lugar de nos abrirmos à inquietante estranheza do comércio com a infinidade de agências, ao mesmo tempo inteligíveis e radicalmente outras, que se encontram disseminadas pelo cosmos (DANOWSKI & VIVEIROS DE CASTRO, 2014).

7 Compensação? Cura? Como assim?

Momento de finalizar, lembrando que tentamos costurar alguns pressupostos e concepções da relação da psique com e no mundo nas obras de Jung e Hillman com a obra antropológico-filosófica de Danowski e Viveiros de Castro e a crítica aguda do progresso e do humanismo do filósofo John Gray, auxiliados também por outros autores não menos relevantes, mesmo que menos citados. Acreditamos que temos elementos suficientes para afirmar que a "cura" ou o movimento compensatório ao que chamamos de intoxicação prometeica, causadora da crise ambiental global e do risco de vida ao planeta como o conhecemos, passa por cultivar, pois não se trata de criar algo *ex nihilo,* e ao mesmo tempo fabricar, pois novas condições pedem a produção de diferença, um modelo de vida baseado numa cosmovisão almada, ou num olhar que parta da *anima mundi*, ou numa perspectiva antropomórfica, todos esses termos não são sinônimos, mas ressoam como concepções e caminhos análogos; dito de outra forma, nos engajarmos numa revolução da sensibilidade rumo a uma cosmopolítica de todos e com todos os viventes, desde Gaia até o mais ínfimo e último grão de vida não orgânica. Nesse caso, o termo "desintoxicar" não é suficiente, pois não se trata apenas de afastar um agente danoso e retornar a um estado pretenso inicial, mas de reinventar formas de produzir e viver, o que nos remete à psique e à política paralelamente, nos leva à economia e à estética, à já citada sensibilidade, talvez o passo inicial, mas também à sofisticação do pensamento, um pensamento menos centrado em si e muito mais poroso à vida que preenche e que é a matéria.

Referências

BECKETT, A. (2017). "Accelerationism: how a fringe philosophy predicted the future we live in". In: *The Guardian*, 11/mai. [Disponível em https://www.theguardian.com/world/2017/may/11/accelerationism-how-a-fringe-philosophy-predicted-the-future-we-live-in –Acesso em 26/10/2018].

BRANDÃO, J.S. (2001). *Mitologia grega*. Vol. I. 16. ed. Petrópolis: Vozes.

DANOWSKI, D. & VIVEIROS DE CASTRO, E. (2014). *Há um mundo porvir?* – Ensaios sobre os medos e os fins. Florianópolis: Cultura e Barbárie.

GRAY, J. (2005). *Cachorros de palha*: reflexões sobre humanos e outros animais. Trad. M.L. Oliveira. Rio de Janeiro: Record.

HILLMAN, J. (2015). *Mythic Figures*. Nova York: Spring [e-book, v. 3.0.8].

______ (2010). *O pensamento do coração e a alma do mundo*. Trad. G. Barcellos. Campinas: Verus.

______ (2010). *Re-vendo a psicologia*. Trad. G. Barcellos. Petrópolis: Vozes.

JUNG, C.G. (2011). *A natureza da psique*. Trad. L.M.E. Orth. Petrópolis: Vozes [OC 8/2].

______ (2000). *Os arquétipos e o inconsciente coletivo*. Trad. L.M.E. Orth. Petrópolis: Vozes [OC 9/1].

______ (1991). *Tipos psicológicos*. Trad. L.M.E. Orth. Petrópolis: Vozes [OC 6].

KERÉNYI, K. (2015). *A mitologia dos gregos* – Vol. I: A história dos deuses e dos homens. Trad. O.M. Cajado. Petrópolis: Vozes.

PAINEL INTERGOVERNAMENTAL SOBRE MUDANÇAS CLIMÁTICAS (2018). *Aquecimento Global de 1,5°C*. Incheon: IPCC [Disponível em https://www.ipcc.ch/site/assets/uploads/2019/07/SPM-Portuguese-version.pdf – Acesso em 25/10/2018].

STENGERS, I. (2017). *No tempo das catástrofes*. São Paulo: Cosac Naify.

VIVEIROS DE CASTRO, E. (2015). *Metafísicas canibais*. São Paulo: Cosac Naify.

WILLIAMS, A. & SRNICEK, N. (2013). "#Accelerate Manifesto for an Accelerationist Politics". In: *Critical Legal Thinking – Law and the political*, 14/mai [Disponível em http://criticallegalthinking.com/2013/05/14/accelerate-manifesto-for-an-accelerationist-politics/ – Acesso em 25/10/2018].

12 *Bacurau*, bacurando-me, bacurando-se

Amnéris Maroni

Bacurau (2019), filme aclamadíssimo e muito premiado, de Kleber Mendonça Filho e de Juliano Dornelles, deu margem a um sem-número de comentários, resenhas, debates, polêmicas. Um elogio à violência? Incógnita? Filme de resistência? *Bacurau* é uma pergunta ambulante, quer ganhar sentidos e mais sentidos; ele é fonte. Drama, suspense, ficção científica, western, ação...

Li muitas boas resenhas e comentários de grandes intelectuais, destaco Rodrigo Nunes (2019), em *El País*, e C. Dunker, com o vídeo "Desejo em cena", disponível no seu canal no Youtube (07/11/2019).

Em *El País*, o Professor Rodrigo Nunes nos confronta com uma abordagem algo sedutora: *Bacurau* encenaria para nós uma "fantasia vingativa" e produziria uma catarse naqueles que o assistem e, então, essa emoção despertada daria conta do impacto do filme e do porquê de *Bacurau* nos arrastar inapelavelmente. É a vingança que ronda os "involuntários da pátria", para me valer de uma expressão de Eduardo Viveiros de Castro: os indígenas, os camponeses, os favelados, os sem-teto, os sem-terra. Rodrigo Nunes traz muitos bons argumentos para sua tese: a atual fase do capitalismo produz uma gigantesca massa populacional sem direito algum, excluídos do sistema, quer do mercado, quer do Estado. A "fantasia vingativa" para Rodrigo Nunes nutre-se da dissolução do pacto tácito entre governantes e governados que, desde o século XVII, estabelecia que em troca de potencializar a vitalidade econômica dos governados, os governantes assumiam o dever de fazer viver (por meio de políticas de saúde, trabalhistas etc.). *Bacurau* aponta para uma virada abertamente necropolítica do capitalismo. Neoliberalismo na sua versão mais tenebrosa. Genocídio. Bacurau é um ensaio nessa direção, ao se transformar em um parque de caça humana para turistas. A resposta dos moradores de Bacurau é a "fantasia vingativa". Pura catarse. É o futuro.

Para C. Dunker, *Bacurau* é uma alegoria e então comporta várias temporalidades: é Canudos, é a escravidão, é o Estado Novo, a Ditadura Militar...Tudo acontece ao mesmo tempo numa espécie de transmissão silenciosa do trauma, aquilo do qual não se pode falar. Para Dunker, *Bacurau* é alegórico no sentido de W. Benjamin, vale dizer, é uma maneira de olhar a história e com esse olhar compreender a gramática que a compôs e que já está a se completar. Apreender o que vem de longe no sentido benjaminiano: promessas não cumpridas, futuros soterrados: utopia de séculos atrás que foi enterrada, sonhos de futuro podendo ser retomados. Os diretores de *Bacurau* valeram-se da alegoria como uma estratégia para abordar o traumático em nosso país, o extermínio contínuo, sua gramática. E então nos convocam para a cura e o sonhar. Somos capazes de sonhar. É utopia.

Ambas as críticas são excelentes e, todavia, não sossegam *Bacurau*, exatamente porque dão uma boa explicação. Buscam produzir nos leitores: "ah, compreendi. É isso!" Os comentadores e, particularmente os que citamos, apostam em uma determinada direção interpretativa – e com isso cegam muitos outros sentidos. Depois dessas leituras, muitos leitores sentem *Bacurau* ainda mais exigente, arredio e avesso a essas interpretações. *Bacurau* rebela-se, é um ser vivo! Seguiremos um outro caminho interpretativo.

1 Distopias e utopias

Todos concordam em um ponto: *Bacurau* é o futuro, tem algo de utópico, não se restringe à distopia como outros filmes que nesse ano lhe fizeram companhia, entre eles, cito *Coringa*, de Todd Phillips, também mistura gêneros, cujo principal personagem Arthur Fleck (Joaquin Phoenix) é submetido a um permanente *reality show* de opressão e humilhação. O diretor deixa claro que o mal não reside em Arthur, mas no neoliberalismo, na divisão do mundo social em *winners* (vencedores) e *losers* (vencidos), tendo como cenário uma Gotham City decadente e cheia de lixo. E nela uma figura recente emerge, o "empreendedor de si mesmo", como palhaço, sem direitos, sem assistência médica psiquiátrica, excluído, pobre e convidado à sarjeta, ao crime. Tudo isso misturado a um claro culto às celebridades, a loucura do Coringa é então a loucura do mundo em que vivemos. Real e imaginário se confundem para Fleck e, claro, também para os espectadores obrigados a fazer revisões e correções, mantendo-se na incerteza até o final e mesmo depois do final. E Arthur delira em cenas de glória e sucesso desejando se tornar uma celebridade junto a Murray Franklin (Robert de Niro). Uma vez convidado a participar de seu programa preferido, finalmente Arthur Fleck transforma-se em Coringa e sua loucura torna-se contagiosa. Gotham City é incendiada por homens com máscaras de palhaço. Máscaras que não escondem uma verdade, mas tornam todos anônimos, sem identidades. Ninguém. É a revolta do humilhado "empreendedor de si mesmo", último achado subjetivo do capitalismo em colapso. Solitários, algo anárquicos, os mascarados palhaços espalham em sua revolta o que tem no coração: ressentimento, ódio, alienação, violência.

Cito ainda *Parasita* (2019), do diretor Bong Joon-ho, que é também francamente distópico. E também crítico ao neoliberalismo, na sua faceta mais cruel, a da desigualdade social. A trama é tecida por espelhamento entre duas famílias: os kim, pobres, habitantes de um subsolo, argutos, malandros e unidos; os Park, abastados, habitantes de uma luxuosa mansão, ingênuos e desatentos. Comédia, sátira social, suspense e terror esse filme nos captura pela mágica de Bong: quem de nós – pobres, classe média baixa, classe média-média – não tem uma parte de si que mora no porão, no subsolo? Identificação feita, vamos soçobrando nas mãos do hábil diretor. Como os Kim, algumas partes nossas – moradoras do subsolo – invejam, ressentem e querem algum tipo de vingança contra os muito ricos. Muitos de nós ultrapassam essa fase e percebem que por aí não há saída, não há ação política. Os Kim quase perceberam que por meio desses afetos não haveria saída. A tempestade foi esse momento de reflexão. Se o filme tivesse parado na chuva que despenca do céu coreano, com efeitos diferentes para os habitantes do subsolo e para os que habitam a luxuosa mansão, o filme imporia a todos uma contundente reflexão. Sairíamos do cinema com um pensamento não pensado que exigiria de todos nós, moradores do subsolo, ser pensado e que assim resumo: inveja, ressentimento e vingança não propiciam saídas políticas! Planos com esse tipo de afeto não produzem uma verdadeira ação. Bong porém, nesse exato instante, apresenta uma reviravolta no roteiro e, nessa viravolta, ao invés de herdarmos junto com a família Kim, um pensamento não pensado sobre a inveja, o ressentimento e a vingança, somos repostos no drama sem saída do neoliberalismo, com seus sonhos não sonhados, que nos transformam em mercadorias. Caímos de novo na inveja, no ressentimento e na vingança. Mas, ainda assim, *Parasita* mantém-se crítico, e crítico por trazer à tona a distopia em que vive a Coreia do Sul e, por extensão, o capitalismo. Ambos os filmes são distópicos e nos agradam por flagrar a distopia em nós mesmos e globalmente. *Bacurau* não é assim: o futuro e a utopia são a sua marca e são elas que nos convocam.

2 *Bacurau*, bacurando-me, bacurando-nos

Ninguém duvida também que *Bacurau* fale estranhamente do Brasil; não há quem não se reconheça nele, sendo brasileiro. Mas por quê? Pelas muitas pistas deixadas pelos diretores do filme? Referências e mais referências teriam o poder de gerar esse reconhecimento maciço? Fatos históricos são rememorados em *Bacurau*, vestígios de estilos passados. Eu me deliciei rememorando a Tropicália, o moderno e o muito antigo, o chique e o cafona juntos... E o Glauber Rocha também não estava lá presente? E Macunaíma, o herói sem nenhum caráter? A trilha musical, com certeza, ajuda a construção do clima e da atmosfera Brasil: Sérgio Ricardo (*Bichos da noite*); John Carpenter (*Night*); Geraldo Vandré (*Réquiem para Matraga*) e Gal Costa...

Corro a recolher mais indícios, sinais largados como iscas pelos diretores. Se alinhavar todos esses detalhes, sinais, iscas consigo explicar/compreender *Bacurau* e, ao invés disso, depois desse trabalho de recolhimento... sinto que o perdi de vez! Qual foi a mágica para gerar tamanha proximidade, quiçá, reconhecimento? Matutando tive um *insight*: talvez o nome correto não seja identificação! Não nos identificamos com nenhum personagem, nem com a matança, nem com a violência. Se *Bacurau* nos "pegou" não foi por identificação.

Vencida, descanso e penso: foi outro o processo. *Bacurau* pede outra dança, um movimento diferente: é preciso se bacurar com bacurau. Nem explicação, nem compreensão, mas atravessamentos; é preciso que nos deixemos atravessar, tocar por *Bacurau*.

O filme conta com uma atmosfera emocional que sim, dizemos, é Brasil. E essa atmosfera emocional evoca e convoca a diferenciação. *Bacurau* se fez presente e me habita não por identificação, mas por diferenciação. Quando diferencio algo de si mesmo, sou também parte dessa diferenciação e, ao diferenciar e me diferenciar, crio uma nova possibilidade interpretativa-existencial. Por meio da diferenciação criamos, inventamos, individuamos algo. Bacurando-me: individuando-me com *Bacurau*.

Uma cidadezinha no Nordeste, chamada Bacurau, nome de um pássaro, ave com hábitos noturnos e comum nos sertões brasileiros chamado pelos tupis de *wakura'wa;* essa cidadezinha desapareceu do mapa! Já não está mais lá, no virtual: o virtual venceu o real e esse é o primeiro aviso que temos. Adentramos a essa cidadezinha desaparecida, pelas mãos de Teresa (Bárbara Colen), uma das netas da líder espiritual, Dona Carmelita (Lia de Itamaracá), matriarca idosa que faleceu. A senhora morreu, com muitos parentes pelo mundo, e a cidadezinha perdeu sua força espiritual, sua líder ancestral, corrente de infinitas gerações, corrente da própria vida, feminina, tecedora de gerações. Matriarcalismo. O elo afetivo de Bacurau arrebentou. Essa morte e esse enterro já nos sinalizam que a cidadezinha ameaça colapsar sem sua unidade afetiva, que a líder representa, sem os seus afetos que ela, a líder guarda.

Nós espectadores vamos com Teresa e assim passamos a ter contato com a cidadezinha do sertão, com seus moradores. Essa apresentação é longa e o intuito dos diretores parece-me, agora, claro: quer que nos sintamos parte de Bacurau, um dos seus moradores. Sim porque uma comunidade – esse é o melhor nome para Bacurau – é constituída por afetos, hábitos, costumes e mitos. Vive deles. Ainda quando essa comunidade, a de Bacurau, seja algo atípica: como já dissemos, evoca e convoca diferenciações. Atmosfera emocional singular: Brasil.

Bacurau é fictícia, ela não existe, é lugar nenhum, é utopia – cujo significado etimológico é exatamente "lugar nenhum". Um mundo possível. E se dá em um futuro recente, tempo possível para além do presente. Utopia.

Depois do enterro, continuamos a conhecer Bacurau dando as mãos para Teresa e nos familiarizamos com a moça da venda, o tocador de viola, as prostitutas, a médica, o protetor, um líder que não manda nada, recomenda apenas; não raro, os moradores chupam uma espécie de bala, uma droga, que só eles conhecem e a droga funciona, ela mesma, como um elo entre os membros da comunidade. Todos os comentadores de *Bacurau* concordam em um ponto: o protagonista é a comunidade e não as pessoas, os indivíduos. Uma comunidade singular que patrocina diferenciações.

Íntimos já de Bacurau, fazendo a experiência de sua atmosfera emocional, nós espectadores vamos nos dando conta que *Bacurau*, o filme, é uma incógnita; seu vir a ser é mistério pois não conseguimos imaginar e prever o roteiro. Estamos nas mãos dos diretores e do roteirista – que, aliás, são os mesmos – já citados. Não é possível prever o que acontecerá. Já somos Bacurau como espectadores – moradores e já nos tornamos o alvo do mistério. Nossa atenção e tensão aumentam muito, pois tudo pode acontecer e acontecerá à nossa revelia, à revelia dos moradores de Bacurau. Faremos a experiência de um acontecimento inaudito, não previsto, que permitirá um renascimento da pequena Bacurau.

Chegam os turistas paulistas (Karine Teles e Antônio Sabóia) que, estranhamente, não querem conhecer a pequena Bacurau! Vieram fazer o que ali? Se perderam na trilha inaugurada pelos gringos, os imperialistas aliados dos paulistas, que caçam e matam os habitantes de Bacurau. Seu líder é Michael (Udo Kier). Bacurau é escolhida pelos imperialistas aliados da elite de São Paulo, e também aliados à elite local do sertão pernambucano, como parque de caça humano. Essa elite local ressoa e traz consigo os estrangeiros com muitas armas, tecnologia e menosprezo por qualquer afeto que una e mantenha a solidariedade entre as pessoas. Bacurau é um parque de caça humana, numa grotesca distopia. Por um momento.

A comunidade conta com um prefeito da elite local, Tony Júnior (Thardelly Lima), típico político moderno, filho do latifundiário local, que angaria votos em troca de migalhas – livros, remédios vencidos etc. – para os moradores. A elite local é corrupta e enganadora e, claro, aliada aos estrangeiros. Passivamente os moradores de Bacurau dividem as migalhas trazidas pelo candidato a prefeito que parece não adivinhar que tipo de comunidade é essa que pretende gerir. Eis que vamos nos dando conta, nós espectadores e já agora moradores de Bacurau, que essa comunidade conta com uma base de afetos, emoções e mitos, elementos centrais da qualidade do interindividual que a constitui. Para Gilbert Simondon, C.G. Jung descobre em sua análise do inconsciente (ou do subconsciente) os temas afetivos-emotivos que estão na base dos mitos. Cito-o:

> Se é possível falar, em certo sentido, da individualidade de um grupo ou daquela de um povo, não é em virtude de uma comunidade de ação, descontínua demais para ser uma base sólida, nem de uma identidade de representações conscientes, amplas demais e contínuas demais para permitir a segregação dos grupos; é no nível dos temas afetivo-emotivos, mistos de representação e ação, que se constituem os agrupamentos coletivos. A participação interindividual é possível quando as expressões afetivo-emotivas são as mesmas. Os veículos dessa comunidade afetiva são, então, os elementos não somente simbólicos, mas eficazes da vida dos grupos: regime das sanções e das recompensas, símbolos, artes, objetos coletivamente valorizados e desvalorizados (SIMONDON, 2020, p. 368).

Esse trecho de Simondon é muito pertinente para *Bacurau*: dá para sentir esses temas e expressões afetivo-emotivos vendo o filme. Como uma/um das expectadoras-moradoras, de repente, em um salto involuntário, partilhamos as mesmas expressões afetivo-emotivos, os mesmos símbolos, o mesmo amor pelo museu, pelo líder que não lidera, pelo gaiato tocador de viola, pela médica compassiva e alcoólatra. De repente somos uma das moradoras e também queremos defender Bacurau dos gringos, dos neoliberais armados até os dentes e portadores de muita tecnologia. Como sugerem Jung e Simondon, essas expressões afetivo-emotivos são uma espécie de chão do grupo ou da comunidade; é dela e por meio dela que podemos falar do interindividual.

Os moradores de Bacurau vivem também do espírito da velha senhora que morreu, a matriarca; vivem dos seus mitos; vivem do precioso museu histórico de Bacurau que conta a história do Norte e Nordeste, dos cangaceiros, de Lampião e Maria Bonita. A comunidade de Bacurau conta com memória ancestral e é isto que faz dela Um ainda que por um momento, por um instante.

3 Individuação do social, alquimia generalizada

Aterrorizados com a presença estrangeira, com os paulistas, o povo de Bacurau se rebela e chama Lunga (Silvero Pereira) unhas e olhos pintados, tatuagens, escondido e achado por Pacote/Acácio (Thomas Aquino). Uma troca de olhares longa e sedutora entre Lunga e Pacote. Diz Lunga: "estamos aqui como uma bicha do Che Guevara, passando fome nesta merda". Lunga, "cangaceiro *queer* de Bacurau", um transgênero, bandido e benfeitor ao mesmo tempo chamado para defender Bacurau, o povo de Bacurau, dos atiradores genocidas (ressentidos/as, amargurados/as, fracassados/as) que nem sabem por que estão matando. Os moradores de Bacurau parecem não se importar com a sexualidade de Lunga[23]; aliás os demais moradores são

23. Em uma entrevista ao jornal *El País* (27/09/2019), intitulada "Há uma revolução LGBT+ no sertão", Silvero Pereira (Lunga) conta que convocado

também pouco ortodoxos: a médica Domingas (Sonia Braga) tem por companheira uma mulher que aparece trepando com outros homens em pelo menos duas cenas do filme. Pacote não disfarça a sedução e o tesão por Lunga e vice-versa, muito embora Pacote esteja "ficando" com Teresa que o convoca: "vamos dormir juntos essa noite?" É esse espírito, é essa a atmosfera emocional que talvez seja bem brasileira e nos convide também à liberdade e à diferenciação.

Lunga e seus amigos vêm e a população de Bacurau se arma, ela é Um, melhor dizendo, se transforma no Um, provisoriamente – já, já se diferenciarão, mas por um instante é Um, liderados pelo bem e pelo mal, por todos os gêneros, por todos os tempos: Lunga portador da violência ancestral.

A comunidade de Bacurau mergulha na dissolução, deixa de ser Um; torna-se Nenhum, Ninguém. A violência corre solta, particularmente nas mãos de Lunga, o xamã matador. Os caçadores de homens, no parque de caça, chamado Bacurau, caem assassinados um a um. Impiedosamente, suas cabeças rolam. Um banho de sangue, sangue vermelho molhando o chão. Violência sagrada, que re-funda a comunidade de Bacurau.

Estou a pensar a individuação de uma comunidade, de um grupo social, de Bacurau. A ideia de que o interindividual entre os moradores de Bacurau tem por base os afetos, as emoções, os usos, os hábitos, os costumes, o coração é uma construção romântica e já está anunciada, de alguma forma, em Jean-Jacques Rousseau em *O contrato social* (1987, p. 68-69). Contra a

---

pela Câmara Municipal de Fortaleza, para receber o título de cidadão fortalezense, não preparou discurso e simplesmente disse: "Sou de escola pública, sou pobre. Sou a caricatura do nordeste que passou fome e sede. Sou bicha, *drag queen* e artista. E eu acho que sou Brasil justamente por tudo isso".

guerra de todos contra todos que percorre séculos, enunciada por Thomas Hobbes, em *O Leviatã*, passando por Margareth Thatcher que, cheia de si, afirmava "não existe isso que vocês chamam de sociedade, só existem indivíduos", até chegar ao momento atual: o do "empreendedor de si mesmo" abandonado pelo Estado, sem direitos, sem previdência e em guerra, no mercado, contra outros "empreendedores" mascarados, anônimos, ainda quando não usem máscaras. Contra Hobbes, dizia eu, contra os que estão na guerra de todos contra todos, os românticos nunca renunciaram aos afetos, aos mitos. C.G. Jung não acompanhou nem Hobbes, nem o pensamento liberal, mantendo-se fiel ao romantismo e ao espinosismo. Sua compreensão do social, do grupo, da comunidade é afetiva e essa chave está presente em Gilbert Simondon. Ao individuar o conhecimento de Jung, Simondon propõe uma "alquimia generalizada" (ROUSSEAU, 1987, p. 68-69)[24] e nela e com ela, os grupos sociais, comunidades e sociedades também se individuam. Essa ideia implícita na obra de Jung, explode com Simondon.

Da mesma forma que os indivíduos nas suas sucessivas individuações, a comunidade faz também a experiência da dissolução de suas funções e estruturas e também experiencia o renascimento com novas funções e novas estruturas. Cito Simondon (2020. p. 605): "O que há de mais importante na vida dos grupos sociais não é somente o fato de eles serem estáveis, é que em certos momentos eles não podem conservar sua estrutura: eles devêm incompatíveis relativamente a si mesmos, eles se desdiferenciam e se supersaturam; esses

24. Expressão de Pascoal Chabot (2002).

grupos, exatamente como a criança que não pode mais ficar num estado de adaptação, se desadaptam. Na colonização, por exemplo, durante um certo tempo, há coabitação possível entre colonos e colonizados, e depois, de repente, isso não é mais possível, porque nasceram potenciais e é preciso que uma nova estrutura irrompa. E é necessária uma verdadeira estrutura, isto é, saindo verdadeiramente de uma invenção, um surgimento de forma para que se cristalize esse estado".

Mas não é exatamente isso que *Bacurau* nos mostrou?! *Bacurau*, utopia de outros mundos possíveis. Aliás, não estamos vivendo essa individuação no Brasil e no mundo?! Claro que com bolsões petrificados representados pelos terraplanistas, meninos vestem azul e meninas rosa, pelas bananas que o presidente dos mortos-vivos nos oferece todos os dias. Ao lado dos petrificados, a comunidade-mundo se dissolve aos nossos olhos e é preciso, urgente, redescobrir outras categorias de pensamento que nos ajudem a pensar o que está em curso. Simondon clamava por uma *ciência humana* fundada sobre uma *energética* e não somente sobre uma morfologia. Cito-o: "uma morfologia é muito importante, mas uma *energética* é necessária; seria preciso se perguntar porque as sociedades se transformam, porque os grupos se modificam em função das condições de metaestabilidade" (SIMONDON, 2020, p. 605). Lembremo-nos que a energia, para Simondon, não é estável, nem instável; é metaestável/ pré-individual. Dito com outras palavras, resgatando os pré-socráticos, os chamados filósofos da natureza, e em particular Anaximandro com a noção de *apeiron*[25], Simondon propõe uma filosofia genética; o que lhe

25. Para Anaxímandro (610-546 a.C.) esse elemento primevo é o Ilimitado/Apeiron: matéria-prima a partir da qual se engendram seres limitados.

interessa é a gênese dos indivíduos em geral. O filósofo francês articula três regimes de individuação (físico/vital/psíquico-coletivo-transindividual) que brotam do campo pré-individual/metaestável. Todos os indivíduos daí devêm e devêm com os seus meios associados (pré-individual/metaestável) alimentando, a partir do vivo, individuações permanentes. Brotam do pré-individual e individuam-se sem cessar.

Os grupos, as comunidades, as sociedades se transformam a partir da *energética*, pois como indivíduos carregam consigo esse pré-individual, essa metaestabilidade (excesso de potência, de tensão, de desmesura/desmedido, supersaturado) e então quando entram em discrepância consigo mesmos, individuam-se.

É dessa "alquimia generalizada"[26] que, supomos, Bacurau deu uma bela mostra como grupo social, como comunidade de afetos-emoções e, por isso, é utopia do futuro recente de lugar nenhum, como aliás toda a utopia é.

A dobradinha Jung-Simondon – a partir das individuações – pode ser essa re-descoberta de um conhecer, de um pensar "para além" da Modernidade, para além do indivíduo

Carregamos em nós mesmos o Ilimitado do qual proviemos e o Ilimitado nos permite "possíveis porvires". Trata-se então de uma redefinição do que compreendemos por Ser.

26. Cito Simondon (2020, p. 607): "a Obra Magna começava por dissolver tudo no mercúrio, ou reduzir tudo ao estado de carvão – em que nada mais se distingue, as substâncias perdem seu limite, sua individualidade, seu isolamento, após esta crise e este sacrifício advém uma diferenciação nova: é o *albefactio*, e então a *cauda pavonis* que faz os objetos saírem da noite confusa, como a aurora que os distingue por sua cor. Jung descobre na aspiração dos alquimistas, a tradução da operação da individuação, e de todas as formas de sacrifício, que supõem retorno a um estado comparável àquele do nascimento, isto é, um retorno a um estado ricamente potencializado, ainda não determinado, domínio para a propagação nova da vida".

moderno; para além da revolta de Coringa e da violência de Gotham City; para além da inveja, ressentimento e vingança da família Kim contra a família Park. Precisamos compreender a "alquimia generalizada" – individuações – que está em curso, as infinitas Bacuraus em movimento. Precisamos desesperadamente de novas categorias de pensamento. Simondon é uma chave importante entre outros motivos porque nos convoca para uma *ciência humana*, uma nova *ciência humana* que tem como base não a forma desde sempre dada – o hilemorfismo aristotélico, que Simondon critica – mas uma *energética metaestável; energética* que daria conta dos "processos de tomada de forma e que tentaria reunir num só princípio o aspecto arquetípico, com a noção de germe estrutural, e o aspecto de relação entre matéria e forma"[27]. Individuação é expansão da vida em vida! Essa expansão depende, todavia, da morte das velhas estruturas e das funções, para, já insistimos, renascer. Nesse processo encavalado de morte e renascimento (PELBART, 2015), novas percepções e novas ações. Lunga e a comunidade de Bacurau deixou isso muito claro! Não expandimos a vida, alargando o velho; expandimos a vida morrendo e renascendo. A individuação traz consigo um novo mundo e, então, uma nova adaptação. Essa é a chave junguiana/simondoniana; chave que também dá conta, para ambos, da espiritualidade.

Aprisionados vivos em uma espécie de porão de Bacurau, construído para esse fim, o chefe, matador neoliberal [...] afirma

27. A nota 15 no livro já citado *A luz das formas e da informação*, "Em seu estudo da relação entre culturas, Leopold Sedar Senghor adota uma hipótese que confirmaria o sentido desse princípio de heterogeneidade organizada" (p. 606).

"isso foi só o começo". Os matadores neoliberais, caçadores, no parque de caça humano, pretendem voltar, voltar uma vez mais, duas vezes, quiçá muitas vezes. E Bacurau há de se individuar também vezes sem conta, diferenciando-se, singularizando-se, tomando uma nova forma, adaptando-se uma vez mais.

Bacurau depois da matança está de pé e volta a fazer o enterro de seus mortos, chamados pelos seus nomes: Marisa Letícia, Marielle... O Prefeito Tony Junior teve um triste e merecido destino: mascarado, com a máscara do diabo e cegado pela máscara, amarrado a um jegue, de trás para a frente na montaria, adentra o sertão... Bacurau de pé tendo ganhado a guerra volta a compor-se, criar sentidos, estruturas e funções. Bacurau renasceu. Individuou-se como uma nova comunidade de afetos, depois de ter-se dissolvido e guardará na sua memória existencial, no Museu Histórico de Bacurau, mais um episódio de história e de batalhas.

Suponho que essa é a utopia de Kleber Mendonça e Juliano Dornelles: a dissolução e a re-composição – que Jung e Simondon chamam de individuação – da comunidade afetiva/emocional chamada de Bacurau. Individuação do social, alquimia generalizada. Morte e renascimento. Bacurau está aqui no Nordeste brasileiro, está ali no exterior, está em São Paulo, está no mundo. *Bacurau* é o futuro, é o amanhã, é utopia. E nós que assistimos *Bacurau*, bacuremo-nos, vale dizer, aceitemos o mesmo processo de dissolução da nossa energia, das nossas forças e uma nova recomposição das energias e das forças. Diferenciando-nos como comunidade de afeto e emoção e como indivíduos, vamos nos individuando. Experiência do devir... Aliás, já em curso, vaticinamos "essa terra ainda vai tornar-se um imenso Bacurau". Essa é a utopia!

Referências

CARROZZINI, G. (2006). "Simondon e Jung: un confronto". In: CARROZZINI, G. *Gilbert Simondon*: per um assiomatica dei saperi – Dall'ontologia dell'individuo alla filosofia della tecnologia. San Cesario di Lecce: Manni.

CHABOT, P. (2002). "Simondon et la psychologie des profondeurs". In: CHABOT, P. *La philosophie de Simondon*. Paris: J. Vrin.

JUNG, C.G. (1953-). *The Collected Works*. Nova Jersey/Londres: Princeton University Press/Routledge & Kegan Paul [Bollingen Series X] Desta coleção, foram utilizados os volumes: *Symbols of Transformation, The Structure and Dynamics of the Psyche, The Archetype and the Collective Unconscious, Aion, Civilization in Transition, Psychology and Alchemy, The Symbolic Life*.

NUNES, R. (2019). "Bacurau não é sobre o presente, mas o futuro". In: *El País*, 6/out. [Disponível em https://brasil.elpais.com/brasil/2019/10/05/cultura/1570306373_739263.html].

PELBART, P.P. (2015). *O avesso do niilismo* – Cartografias do esgotamento. São Paulo: Ed. N-1.

ROUSSEAU, J-J. (1987). *Do contrato social*. Trad. L.S. Machado. São Paulo: Nova Cultural [Os Pensadores].

SCOTT, D. (2014). *Gilbert Simondon's Psychic and Collective Individuation* – A critical introduction and guide. Edimburgo: Edinburgh University Press.

SIMONDON, G. (2020). *A individuação à luz das noções de forma e de informação*. Trad. L.E.P. Aragon e G. Ivo. Rio de Janeiro: Ed. 34.

Biografias

Organizadores

Humbertho Oliveira

É médico e analista junguiano pela International Association for Analytical Psychology (Iaap), pela Associação Junguiana do Brasil (AJB) e pelo Instituto Junguiano do Rio de Janeiro (IJRJ). Organizou e foi coautor de várias obras, dentre elas: *Mitos, folias e vivências*; *Desvelando a alma brasileira: psicologia analítica e raízes culturais*; *Morte e renascimento da ancestralidade indígena na alma brasileira*.

Contato: humbertho@alternex.com.br

Roque Tadeu Gui

É psicólogo e analista em formação pela Associação Junguiana do Brasil (AJB), doutor em psicologia clínica e cultura pela Universidade de Brasília (UnB), além disso é editor do Observatório da Psicologia Analítica (OPA) da AJB.

Rubens Bragarnich

É psicólogo especialista em psicologia clínica, analista junguiano pela International Association for Analytical Psychology (Iaap), pela Associação Junguiana do Brasil (AJB) e pela International Association of Jungian Studies (IAJS). Também é membro-fundador do coletivo Polis, Psique & Política.

Contato: bragarnich@uol.com.br

Autores

Amneris Maroni

É psicoterapeuta, professora-doutora no Departamento de Antropologia da Unicamp.

Contato: amneris@plugnet.com.be

Ana Luísa Teixeira de Menezes

Atua como psicóloga e facilitadora de biodança. É analista junguiana pela Internacional Association for Analytical Psychology (Iaap) e pela Associação Junguiana do Brasil (AJB)/ Instituto Junguiano do Rio Grande do Sul. É doutora em educação e leciona nos programas de pós-graduaçao em educação e psicologia da Unisc.

Bruno Correia da Mota

É mestre em psicologia, psicólogo, professor universitário e psicoterapeuta junguiano. Atua como vice-líder do Laboratório de Psicologia e Informações Afrodescendentes da UFRRJ (Lapsiafro) e coordenador Regional da Articulação Nacional de Psicólogas(os) Negras(os) e Pesquisadoras(es) (Anpsinep).

Contato: bruno.correia.mota@hotmail.com

Carmen Livia Parise

É psicóloga e analista junguiana pela International Association for Analytical Pschology (Iaap), pela Associação Junguiana do Brasil (AJB) e pelo Instituto Junguiano de São Paulo (Ijusp).

Além de coordenadora do Arché (núcleo de psicologia arquetipica do Ijusp), é membro-fundador do Coletivo Aisthesis.

Contato: carmenlivia@hotmail.com

Cristiano Costa

É psicólogo e psicoterapeuta com orientação junguiana, analista em formação pelo Instituto de Psicologia Analítica da Bahia (Ipabahia), pela Associação Junguiana do Brasil (AJB) e pela International Association for Analytical Psychology (Iaap).

Integra o corpo editorial do Observatório da Psicologia Analítica (OPA) da AJB e atua como diretor executivo da Psych – Psicologia Clínica & Organizacional.

Contato: cristiano@psych.com.br

Denis Canal Mendes

É psicólogo, psicoterapeuta de adolescentes e adultos, especialista em saúde mental, mestre em psicologia clínica, analista-didata do Instituto Junguiano de São Paulo (Ijusp) e pela Associação Junguiana do Brasil vinculada à International Association for Analytical Pschology (Iaap) (Zurique), autor do livro *O psicopompo e a clínica ampliada* (Dobradura, 2018).

Guilherme Scandiucci

É psicólogo, mestre e doutor em psicologia. *Master of Arts* em estudos junguianos e pós-junguianos pela University of Essex (Reino Unido). Leciona na graduação em psicologia da PUC-SP.

Maurício Silveira dos Santos

É médico psiquiatra e candidato a analista pelo Instituto Junguiano do Rio Grande do Sul (IJRS), pela Associação Junguiana do Brasil (AJB) e pela International Association for Analytical Pschology (Iaap).

Contato: mauriciopsiq@gmail.com

Rosa Brizola

É pedagoga e especialista em educação, além de atuar como psicóloga e analista junguiana pela International Association for Analytical Pschology (Iaap), pela Associação Junguiana do Brasil (AJB), e pelo Instituto Junguiano do Rio Grande do Sul (IJRS). Além disso, coordena o Observatório da Psicologia Analítica (OPA).

Contato: rosabriza@hotmail.com

Sílvio Lopes Peres

É psicólogo e analista junguiano pela International Association for Analytical Pschology (Iaap), pela Associação Junguiana do Brasil (AJB) e pelo Instituto de Psicologia Analítica de Campinas (Ipac). Presta atendimento, supervisão clínica em Marília, Assis, Campinas e Londrina. É *personal researcher*, mestre em ciências da religião, pedagogia e teologia. Além disso, coordena o Grupo de Estudos de Psicologia Analítica e PsicoCine C.G. Jung.

Contato: silviolperes@hotmail.com

Vera Colson Valente

É psicóloga e professora de História; analista junguiana pela International Association for Analytical Pschology (Iaap) e pela Sociedade Brasileira de Psicologia Analítica (SBPA)

Contato: veracvalente@uol.com.br

Coleção Reflexões Junguianas
Assessoria: Dr. Walter Boechat

- *Puer-senex – Dinâmicas relacionais*
Dulcinéa da Mata Ribeiro Monteiro (org.)
- *A mitopoese da psique – Mito e individuação*
Walter Boechat
- *Paranoia*
James Hillman
- *Suicídio e alma*
James Hillman
- *Corpo e individuação*
Elisabeth Zimmermann (org.)
- *O irmão: psicologia do arquétipo fraterno*
Gustavo Barcellos
- *Viver a vida não vivida*
Robert A. Johnson e Jerry M. Ruhl
- *O feminino nos contos de fadas*
Marie-Louise von Franz
- *Re-vendo a psicologia*
James Hillman
- *Sonhos – A linguagem enigmática do inconsciente*
Verena Kast
- *Introdução à Psicologia de C.G. Jung*
Wolfgang Roth
- *O encontro analítico*
Mario Jacoby
- *O amor nos contos de fadas*
Verena Kast
- *Psicologia alquímica*
James Hillman
- *A criança divina*
C.G. Jung e Karl Kerényi
- *Sonhos – Um estudo dos sonhos de Jung, Descartes, Sócrates e outras figuras históricas*
Marie-Louise von Franz
- O livro grego de Jó
Antonio Aranha
- *Ártemis e Hipólito*
Rafael López-Pedraza
- *Psique e imagem – Estudos de psicologia arquetípica*
Gustavo Barcellos
- *Sincronicidade*
Joseph Cambray
- *A psicologia de C.G. Jung*
Jolande Jacobi
- *O sonho e o mundo das trevas*
James Hillman
- *Quando a alma fala através do corpo*
Hans Morschitzky e Sigrid Sator
- *A dinâmica dos símbolos*
Verena Kast
- *O asno de ouro*
Marie-Louise von Franz
- *O corpo sutil de eco*
Patricia Berry
- *A alma brasileira*
Walter Boechat (org.)
- *A alma precisa de tempo*
Verena Kast
- *Complexo, arquétipo e símbolo*
Jolande Jacobi
- *O animal como símbolo nos sonhos, mitos e contos de fadas*
Helen I. Bachmann
- *Uma investigação sobre a imagem*
James Hillman
- *Desvelando a alma brasileira – Psicologia junguiana e raízes culturais*
Humbertho Oliveira (org.)
- *Jung e os desafios contemporâneos*
Joyce Werres
- *Morte e renascimento da ancestralidade da alma brasileira – Psicologia junguiana e o inconsciente cultural*
Humbertho Oliveira (org.)
- *O homem que lutou com Deus – Luz a partir do Antigo Testamento sobre a psicologia da individuação*
John A. Sanford
- *O insaciável espírito da época – Ensaios de psicologia analítica e política*
Humbertho Oliveira, Roque Tadeu Gui e Rubens Bragarnich (org.)
- *A vida lógica da alma*
Wolfgang Giegerich